U0038315

吳怡著

新譯

莊子內篇解義

三民書局

刊印古籍今注新譯叢書緣起

劉振強

人類歷史發展，每至偏執一端，往而不返的關頭，總有一股新興的反本運動繼起，要求回顧過往的源頭，從中汲取新生的創造力量。孔子所謂的述而不作，溫故知新，以及西方文藝復興所強調的再生精神，都體現了創造源頭這股日新不竭的力量。古典之所以重要，古籍之所以不可不讀，正在這層尋本與啟示的意義上。處於現代世界而倡言讀古書，並不是迷信傳統，更不是故步自封；而是當我們愈懂得聆聽來自根源的聲音，我們就愈懂得如何向歷史追問，也就愈能夠清醒正對當世的苦厄。要擴大心量，冥契古今心靈，會通宇宙精神，不能不由學會讀古書這一層根本的工夫做起。

基於這樣的想法，本局自草創以來，即懷著注譯傳統重要典籍的理想，由第一部的四書做起，希望藉由文字障礙的掃除，幫助有心的讀者，打開禁錮於古老話語中的豐沛寶藏。我們工作的原則是「兼取諸家，直注明解」。一方面熔鑄眾說，擇善而從；一方面也力求明白可喻，達到學術普及化的要求。叢書自陸續出刊以來，頗受各界的喜愛，使我們得到很大的鼓勵，也有信心繼續推廣這項工作。隨著海峽兩岸的交流，我們注譯的成員，也由臺灣各大學的教授，擴及大陸各有專長的學者。陣容的充實，使我們有更多的資源，整理更多樣化的古籍。兼採經、史、子、集四部的要典，重拾對通才器識的重視，將是我們進一步工作的目標。

古籍的注譯，固然是一件繁難的工作，但其實也只是整個工作的開端而已，最後的完成與意義的賦予，全賴讀者的閱讀與自得自證。我們期望這項工作能有助於為世界文化的未來匯流，注入一股源頭活水；也希望各界博雅君子不吝指正，讓我們的步伐能夠更堅穩地走下去。

前言

記得我最早接觸《莊子》一書的時候，是在初二那年，從圖書館裡借到葉玉麟的《莊子白話譯本》。當我讀了第一篇〈逍遙遊〉之後，就被莊子那奇妙的想像力，怪異的思路和文筆所吸引住了。雖然，以我那時的年紀和知識，未必能把握莊子高深的哲理，但他筆下那一飛沖天的大鵬，那在泥地上自得其樂的靈龜，那高入雲霄的千年神木，數十年來，依然是那麼清晰而生動的活現在我的腦海中。

近幾年來，我在美國教《莊子》。學生們讀英文譯本雖然隔了一層，但他們仍然能透過文字的障礙，直接感受到莊子那透視人生的智慧，那提昇性靈的熱力。有位西方作家尼克衛司(Wes Nisker)寫了一本書，名為《瘋狂的智慧》，把莊子排名第一位，遠超過蕭伯納、馬克吐溫。在西方人的眼裡，中國民族缺少幽默感。可是莊子的幽默卻是照耀古今，超越中外的，因為他是以深睿的哲理化解了我們對生死、是非、成敗、榮辱、美醜、貧富的執著，使我們得到的是一種洞徹人生的智慧。

有一次，在課堂上，我提到楚王曾派兩位大夫去請莊子為相國，莊子卻婉拒了。有位學生便問：「莊子這樣做，豈不是獨善其身，而不能兼善天下？」我回答說：假如莊子接受了楚相的職位後，能否真正得到楚王的信任，能否把楚國治理好，猶是一個問號，然而即使把楚國治理好，在當時列強虎視眈眈下，究竟能產生多少作用？這也是個未知之數。不過有一點可以確信的，如果莊子從政，今天我們便看不到《莊子》一書，也欣賞不到那種灑脫自在，與天地合流，與萬物同化的真人境界。

莊子雖然沒有扛著救世的旗幟，到十字街頭去宣傳福音，到貧民區裡去賑濟物資，到政治舞臺上去大談改革，但他的思想，在中國兩千多年來，透過了文學的筆觸，不知提昇了多少人心。今天再傳到世界各國，透過了第一流學者的翻譯，如湯姆士默燈(Thomas Merton)的《選譯莊子》，更不知點化了多少西方人士。《莊子》一書就像一幅曠世的藝術傑作，可以古今同鑑。蘇東坡〈前赤壁賦〉上說：「惟江上之清風，與山間之明月；耳得之而為聲，目遇之而成色。取之無禁，用之不竭。是造物者之無盡藏也，而吾與子之所共適。」莊子所顯露的，就是千古以來，大家共賞的自然的無盡藏，我們以小乘大乘去評論他，都會變成了〈逍遙遊〉中那兩隻吱喳的小麻雀。

去年冬天，我應邀到佛光山講授《莊子》。起初，我心裡嘀咕，究竟要如何在佛學院裡去宣揚被視為外道的莊子，而能保持佛和莊兩方面都是主體，不是一主，一賓。也就是說：我既不能以佛學為主，處處拿莊子去陪襯佛理，而失去了莊子超然獨立的本色。同時，我也不能過分宣揚莊子的無拘無束，目空一切，而影響那些持戒守律的佛門弟子。後來，我想起《莊子・人間世》中談到葉公子高出任大使的時候，深怕得罪兩方君主，而誠惶誠恐。莊子的忠告乃是「傳其常情，無傳其溢言，則幾乎全。」這也就是說，我應該完全依照莊子的本意去講，不要先預設一個佛與莊子之間的對立。的確，當我簡要的講完了《莊子》內七篇後，學生們的反應是，原來莊子不是外道，他的思想處處和佛學相通。而我的感覺是，不知是莊周夢佛，還是佛夢莊周。

在這裡，我發現了莊子與佛學之間的一個平衡點，就是在出世與入世之間。中國佛家都強調他們是以出世的精神做入世的事業。但一般佛教信仰都把理論建立在人生無常，世間苦空上。他們要救世，就是要把人們從苦海中救出來。可是在他們還沒有把所有的人都救出來之前，他們的這套無常、苦空的說法，卻被許多人一知半解的誤用，而把這個世間看得太苦、太悲、太虛無了。至於莊子的思想認為人生雖然無常，但我們如果把生命和自然同化，便能轉無常為有常。世間雖然有苦，但世間萬物都是真實的存在，如果我們能體認萬化之美，這種有我執著的觀念之苦便會自然消失。莊子之所以在中國佛學上產生了轉變的作用，就是由於他美化了我們所處的世間。這在大乘佛學上本來也有異曲同工之妙，如《維摩經》中的如來佛「一足按地」，整個污穢的世間立刻變成了佛國淨土。可是我們沒有如來的佛足，所以只有等待如來的垂「足」。其實，我們都有佛性，當然也有佛足，只可惜我們不能像禪宗一樣去明心見性，徹悟真我，能用自己的足去「一按」。現在，莊子在二千年前不用佛足，便為我們顯露了這幅活生生的美麗世界，使我們不必說太多無常、苦空，也能忘我、忘物、外生、外死，而逍遙的遊於無窮無盡的大化之中。

很多人讀《莊子》，都以為莊子是懷疑論，宿命思想，和玩世不恭的人生觀。其實那不是莊子的本色，而是讀者們拿莊子的言論為藉口，來掩飾自己行為上的偏差。莊子的思想乃是要我們去發現真我。發現真我之後，自能體認萬物的真實存在，這樣便能轉變這個世間為美麗的世外桃源。可是很多人不願下工夫去體證真我，只知懶惰地享受莊子描寫的世外桃源。他們進入其中，較高明的，猶能悠遊自得，樂而忘返。等而下之的，便只知樹起標誌，設立觀光區域以圖利，或在其中，大吃大喝，弄得滿地紙屑，污穢了山明水秀，這又豈是莊子的本意？

在我撰畢本書後，原想寫一篇導言，介紹莊子的生平和理論，可是轉而一想，《莊子》一開端，便揭出了鯤化為鵬，一飛沖天的境界，這是多麼的有精神！多麼的有震撼力！而我要寫那篇說理說道、談是談非的文字，豈非令人掃興，尤其以「我」去看《莊子》，也難免不會犯了誤導，所以還不如不說，讓讀者自己去看原著，會會莊子的本真吧！

吳怡　寫於舊金山

二〇〇〇年二月

新譯莊子內篇解義　目次

內篇❶

逍遙遊❷第一

北冥有魚，其名為鯤。鯤之大，不知其幾千里也。化而為鳥，其名為鵬。鵬之背，不知其幾千里也。怒而飛，其翼若垂天之雲。是鳥也，海運則將徙於南冥。南冥者，天池也。❸

《齊諧》者，志怪者也。《諧》之言曰：「鵬之徙於南冥也，水擊三千里，摶扶搖而上者九萬里，去以六月息者也。」野馬也，塵埃也，生物之以息相吹也。天之蒼蒼，其正色邪？其遠而無所至極邪？其視下也，

亦若是則已矣！❹

且夫水之積也不厚，則其負大舟也無力。覆杯水於坳堂之上，則芥為之舟；置杯焉則膠，水淺而舟大也。風之積也不厚，則其負大翼也無力，故九萬里，則風斯在下矣，而後乃今培風；背負青天而莫之夭閼者，而後乃今將圖南。❺

蜩與學鳩笑之曰：「我決起而飛，搶榆枋，時則不至而控於地而已矣，奚以之九萬里而南為？」適莽蒼者，三飡而反，腹猶果然；適百里者，宿舂糧；適千里者，三月聚糧。之二蟲又何知！❻

小知不及大知，小年不及大年。奚以知其然也？朝菌不知晦朔，蟪蛄不知春秋，此小年也。楚之南有冥靈者，以五百歲為春，五百歲為秋；上古有大椿者，以八千歲為春，八千歲為秋。而彭祖乃今以久特聞，眾人匹之，不亦悲乎！❼

湯之問棘也是已。窮髮之北有冥海者，天池也。有魚焉，其廣數千里，未有知其修者，其名為鯤。有鳥焉，其名為鵬，背若太山，翼若垂天之雲，摶扶搖羊角而上者九萬里，絕雲氣，負青天，然後圖南，且適南冥也。斥鴳笑之曰：「彼且奚適也？我騰躍而上，不過數仞而下，翱翔蓬蒿之間，此亦飛之至也。而彼且奚適也？」此小大之辯也。❽

故夫知效一官，行比一鄉，德合一君，而徵一國者，其自視也亦若此矣。而宋榮子猶然笑之。且舉世而譽之而不加勸，舉世而非之而不加沮，定乎內外之分，辯乎榮辱之境，斯已矣。彼其於世未數數然也。雖然，猶有未樹也。夫列子御風而行，泠然善也，旬有五日而後反。彼於致福者，未數數然也。此雖免乎行，猶有所待者也。若夫乘天地之正，而御六氣之辯，以遊無窮者，彼且惡乎待哉！故曰，至人無己，神人無功，聖人無名。❾

堯讓天下於許由，曰：「日月出矣而爝火不息，其於光也，不亦難乎！時雨降矣而猶浸灌，其於澤也，不亦勞乎！夫子立而天下治，而我猶尸之，吾自視缺然，請致天下。」⑩

許由曰：「子治天下，天下既已治也，而我猶代子，吾將為名乎？名者，實之賓也。吾將為賓乎？鷦鷯巢於深林，不過一枝；偃鼠飲河，不過滿腹。歸休乎君，予無所用天下為！庖人雖不治庖，尸祝不越樽俎而代之矣！」⑪

肩吾問於連叔曰：「吾聞言於接輿，大而無當，往而不返。吾驚怖其言，猶河漢而無極也；大有逕庭，不近人情焉。」⑫

連叔曰：「其言謂何哉？」曰：「藐姑射之山，有神人居焉，肌膚若冰雪，淖約若處子。不食五穀，吸風飲露。乘雲氣，御飛龍，而游乎四海之外。其神凝，使物不疵癘而年穀熟。吾以是狂而不信也。」⑬

連叔曰：「然。瞽者無以與乎文章之觀，聾者無以與乎鐘鼓之聲。豈唯形骸有聾盲哉？夫知亦有之。是其言也，猶時女也。之人也，之德也，將旁礴萬物以為一世蘄乎亂，孰弊弊焉以天下為事！之人也，物莫之傷，大浸稽天而不溺，大旱金石流土山焦而不熱。是其塵垢粃糠，將猶陶鑄堯舜者也，孰肯以物為事！[14]

宋人資章甫而適諸越，越人斷髮文身，無所用之。堯治天下之民，平海內之政，往見四子藐姑射之山，汾水之陽，窅然喪其天下焉。」[15]

惠子謂莊子曰：「魏王貽我大瓠之種，我樹之成而實五石，以盛水漿，其堅不能自舉也。剖之以為瓢，則瓠落無所容。非不呺然大也，吾為其無用而掊之。」[16]

莊子曰：「夫子固拙於用大矣。宋人有善為不龜手之藥者，世世以洴澼絖為事。客聞之，請買其方百金。聚族而謀曰：『我世世為洴澼絖，不過數金；今一朝而鬻技百金，請與之。』客得之，以說吳王。越有難，吳王使之將，冬與越人水戰，大敗越人，裂地而封之。能不龜手，一也；或以封，或不免於洴澼絖，則所用之異也。今子有五石之瓠，何不慮以為大樽而浮乎江湖，而憂其瓠落無所容？則夫子猶有蓬之心也夫。」[17]

惠子謂莊子曰：「吾有大樹，人謂之樗。其大本擁腫而不中繩墨，其小枝卷曲而不中規矩，立之塗，匠者不顧。今子之言，大而無用，眾所同去也。」⑱

莊子曰：「子獨不見狸狌乎？卑身而伏，以候敖者；東西跳梁，不辟高下；中於機辟，死於罔罟。今夫斄牛，其大若垂天之雲，此能為大矣，而不能執鼠。今子有大樹，患其無用，何不樹之於無何有之鄉，廣莫之野，彷徨乎無為其側，逍遙乎寢臥其下，不夭斤斧，物無害者，無所可用，安所困苦哉！」⑲

語譯

北方玄遠的地方有一條魚，牠的名字叫鯤。鯤的巨大，不知有幾千里。牠蛻化而為鳥，名字叫做鵬。鵬的背脊，也不知有幾千里。當牠奮起而飛，牠的翅膀好像天上垂下的一大片雲。這隻鳥，在海氣運轉的時候，就飛徙到南方玄遠的地方。這裡，就是天池的所在。

《齊諧》，是一本記載怪異的書。該書上說：「鵬飛向南方玄遠的地方的時候，首先水擊有三千里那麼長，接著再順著扶搖的旋風向上直飛入九萬里的高空，然後乘著六月的氣息而去。」草澤中的水氣像野馬奔騰，空氣中的塵埃飛揚，以及各種生物以氣息互相吹噓。這種種都充塞在天地之間，我們向上看到一片蔚藍的天空，難道這就是天的本色嗎？還是因為距離太遠、無窮無極的緣故？如果從高空向下看，情景也是一樣的啊！

如果水積得不夠深厚，它就沒有力量負載大船。如果把一杯水倒在廳堂中的窪地裡，只能以小草為船，在水上浮。如果把一只杯子當船，就會粘著在地上，這是因為水淺而船大的緣故。同理，風積得不夠深厚的話，便沒有力氣載負巨大的翅膀。所以大鵬要直上九萬里的高空，使風積在下面，才能乘著它所造的風。脊背頂著青天，而不致墜落。然後牠才向南而飛。

這時，地面上的一隻蟬和一隻斑鳩笑鵬而說：「我興起而飛，碰到榆枋等小樹便停在上面。有時飛不到，最多再折返地面。又那裡需要直上九萬里之後才向南飛呢？」如果是到近郊的地方，只要吃三餐，回來後，肚子還不會餓。如果要到百里外的地方，就必須準備一夜的糧食。如果更遠到千里外的地方，一定要準備三個月的糧食，這兩隻小動物又那會知道這個道理呢！

小知識的不能了解大智慧的境界，壽命短的不能了解壽命長的經驗。為什麼如此？譬如見日即死的朝菌，不知道一天的時光。只活在夏天的蟪蛄自然不知道春天和秋天，這就是所謂的小年。楚國的南部，有一隻靈龜，以人間的五百歲為牠的春，五百歲為牠的秋。上古時候有一棵大樹，以人間八百歲為它的春，八百歲為它的秋，這就是所謂的大年，今天我們以活了八百歲的彭祖為壽命最長的人，大家都想和他相比，豈不是很可悲嗎？

商湯問棘的那段話也是這樣說的。在不毛的北方，有個冥海，也就是天池。其中有一條魚，身體寬有幾千里，沒有人知道牠的長度，牠的名字就叫做鯤。有一隻鳥，名叫鵬。牠的背脊像泰山那麼高，牠的翅膀像垂掛在天上的雲，兩翼拍著扶搖羊角的旋風而直上九萬里的高空。衝破雲氣，背頂著青天，然後再往南，飛向南方遙遠的地方。這時小澤中的麻雀譏笑大鵬說：「牠究竟想飛到那裡去啊！我向上飛躍，不過幾仞高，就降下來。我在蓬草之間翱翔，這也是我飛翔的最高境界。而牠這樣的飛，又能飛到那裡？」這就是小大之間的不同啊！

所以，有些人的才智可以勝任一種官職，他們的行為為一鄉之人所效尤，他們的道德合於一國之君的要求，也為一國之人所信賴，他們以此自視甚高。可是宋榮子仍然要譏笑他們。宋榮子的工夫是，世上的人都讚美他，他也不會因而受到鼓舞；世上的人都批評他，他也不會因而增加沮喪。他能劃定內外之間的分別，認清榮耀和恥辱之間的界限。他的工夫就是如此罷了！他這種人在世俗中也不是多見的，可是還有一些沒有建樹的。像列子這種高士，能夠駕風而行，輕靈而美妙，過了十五天的時光又折回來了。他在所有追求福樂的人之中，也是不多見的。他的駕風的工夫雖然能夠不用腳去行走，但還是對風有所依賴的。只有乘順天地的正道，駕御六氣的變化，而遊於無窮無盡境界的人，他們又那裡需要等待些什麼呢？所以說，至人不執著自己，神人不貪求功業，聖人不為名所累。

堯讓位給許由說：「當日月出來之後，火炬的光還不熄滅的話，這個火炬和日月爭光，豈不是難乎其難嗎？當及時之雨已經降下，仍然汲水灌溉，這樣的作法以求潤澤田地，豈不是勞而無功嗎？夫子你如果在位，天下一定治平。而我仍然佔住了這個位子，我自知才德不夠，所以請你出來治天下。」

許由回答說：「你治理天下，天下都已治平了，而我卻來代替你。難道我是為了虛名嗎？名位是事實的外表。難道我只是為了外表嗎？小雀築巢於深林中，也不過只能佔有一根樹枝；偃鼠渴飲河水，也只能裝滿一肚子而已。你還是請回去吧！天下對我一無用處。廚師雖不願烹調，管祭禮的尸祝，卻不能放下祭器，去替廚師掌廚啊！」

肩吾問連叔說：「我聽接輿的言論，說得大而不合理，遠而不知返。我驚駭他的話，好像天河一樣沒有邊際，大為荒誕，不近人情。」

連叔問：「他講些什麼？」肩吾回答：「他講：在遙遠的姑射山上，住著一位神人。他的皮膚像冰雪一樣潔白，輕柔婉約的姿態像少女。不吃五穀雜糧，只吸風飲露。他乘著雲氣，駕御飛龍，而遨遊於四海之外。他的精神向內凝聚，不傷害外物，使得稻米豐收。我覺得他的話有點怪誕，而無法相信。」

連叔說：「是嗎？瞎子，無法讓他看文彩的美觀；聾子，無法使他聽鐘鼓的音聲。難道只是形體上有瞎子和聾子嗎？我們的心知上也有瞎子和聾子，這話就是對你講的。這位神人，他的德行啊，將使萬物生氣旁礴，而求一世的平安。他那肯為治天下的政務而勞形役心呢？這位神人啊，外物不能傷害他，大水漫天而不能淹蓋他，大火使金石融化也不能使他燃燒。他的一點小小的塵垢粃糠，就可以鑄造成堯舜等聖王。他又怎麼肯以俗務為事呢？

宋國有一個人到越地去販賣禮帽。可是越地的人們都是剪短頭髮以花紋刺身的，不需衣冠。又那裡用得著禮帽？堯治理天下，平定海內的政事後，到姑射山和汾水的北面去拜見四位高士，回來後便如有所失，茫茫然好像丟掉了天下似的。」

惠子告訴莊子說：「魏王送給我一個大葫蘆的種子，我把它種植收成時，它內部的果實就有五石重。我用它來裝水漿，它雖堅硬，可是重得舉不起來。我把它剖開，成為瓢。它大得沒有水缸容納得下。它真個是虛有其大，我因為它沒有用，所以就把它擊碎了。」

莊子說：「你實在不懂得用大啊！宋地的人有一種可以使手不龜裂的藥。靠著這種藥物，使他們代代替人在水中漂絮為工作。後來有個人聽到了，便花百金要買他們的藥方。他們便召集全族的人共同商量說：『我們代代以漂絮為業，也只賺到數兩黃金而已。今天我們賣掉這個藥方，就可得一百兩黃金，還不如就賣掉它吧！』這個人買了藥方後，便獻給吳王。後來越國犯難，吳王便任命他為將軍。在冬天，與越國水戰，而大敗越人。因為他的功勞，而裂地封侯。使手不龜裂的藥方本是相同的一種，後者因而封侯，前者卻一直以漂絮為生，可見他們的運用各有不同。現在你有五石那麼大容量的葫蘆，為什麼不把它挖空而像一個大酒樽似的，放在江湖上，任它浮游。而你卻擔心它大得沒有地方容納。實在是你自己心量太狹窄了吧！」

惠子又說：「我有一棵大樹，人們叫它為樗。它的樹幹木瘤盤錯，不合尺度。它的小枝彎彎曲曲，不合規矩。生長在路旁，木匠都不屑一顧。今天你的話，大而沒有用，大家都會離你而去的。」

莊子回答說：「你難道沒有見過貓和黃鼠狼嗎？牠們躲藏在低下的地方，等待那些出來遊蕩的小動物。為了捕捉小動物牠們東跑西躍，不在乎地勢高或下。可是結果，牠們自己卻踩入捕獸的機關，困死於網羅之中。現在，那個犛牛，大得像天上掛下的雲。牠雖然身形巨大，可是卻不能抓小鼠。今天，你有這棵大樹，擔心它沒有用。為什麼不把它種植在無所用的地方，遙遠廣漠的原野。你可以在它旁邊徘徊而無所事事，你也可以逍遙的躺在它下面休息。你們都不受刀斧的砍伐，外物也不會有害於你們。因為你們的無所可用，又那有困苦的煩惱呢？」

解　義

❶內篇

《莊子》書分內、外、雜篇是根據郭象的《莊子注》本而來的。內篇共七篇，自古以來都認為出於莊子的親筆，可是到了近代，有些學者也懷疑內七篇不是莊子所寫的，他們所舉的理由如：司馬遷《史記》中批評《莊子》，只舉〈漁父〉、〈盜跖〉、〈胠篋〉等篇，而不提內七篇。以及內七篇都是有特定的篇名，不像其他外、雜篇都是舉該篇前面的二三字為名。這種有特定篇名的習慣都是後起的，也就是說內篇在外、雜篇之後。對於這種說法，也有很多學者提出反駁。但這些都是沒有定論的考證之言。我們今天研讀《莊子》，是要了解莊子這套思想的旨趣，把它應用於我們的生活上。至於誰是莊子？誰寫內七篇？這都是次要的問題。即使退一步，我們得到定論說內七篇不是莊子所寫，那麼內七篇總該有個作者，而此人思想的偉大就值得我們讚歎，遠勝過司馬遷筆下寫〈漁父〉等篇的莊子了。

如果《莊子》書，或莊子學說有一個中心思想的話，那麼毫無疑問的，這個中心思想就在內七篇裡。而且這內七篇，不僅是在內容上，甚至在篇名上，都很精密的構成了一個理論的體系，有如下圖：

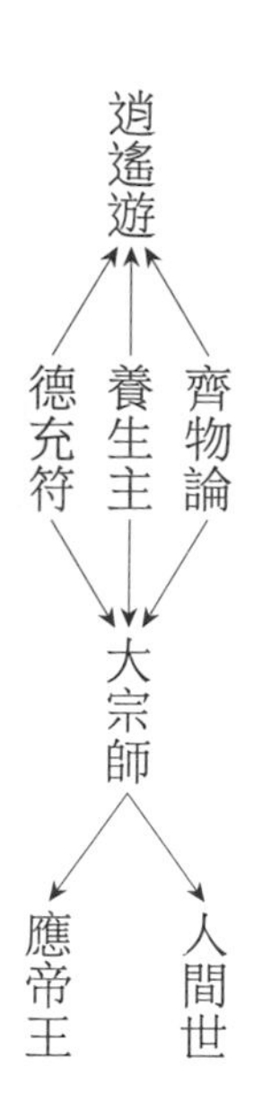

〈逍遙遊〉是莊子的理想境界，要達到這境界，有三條路子：一是〈齊物論〉中所講的體驗真知，二是〈養生主〉中所講的保養精神，三是〈德充符〉中所講的涵養德性。由這三方面的修養，才能證入〈大宗師〉裡所描寫的大道，才能成就〈大宗師〉裡所推崇的真人。唯有是真人，才能真正的逍遙而遊。一方面能遊於〈人間世〉裡的各種複雜的人際關係中，而此心不亂；另一方面能遊於〈應帝王〉裡的竭精盡慮的政治事業上，而此心常靜。

❷逍遙遊

「逍遙遊」三字據陸德明《釋文》：「逍，亦作消。遙亦作搖，遊亦作游。」郭慶藩《集釋》說：「逍遙二字，《說文》不收，作消搖者是也。」王叔岷《莊子校銓》：「消搖與逍遙乃是古今字。」但今本《莊子》都作「逍遙」，所以我們也就依據「逍遙」兩字求解。首先，我們看莊子自己如何運用「逍遙」兩字，在《莊子》書中，「逍遙」兩字一共出現了五次：「彷徨乎無為其側，逍遙乎寢臥其下。」（〈逍遙遊〉）「芒然彷徨乎塵垢之外，逍遙乎無為之業。」（〈大宗師〉）「古之至人，假道於仁，託宿於義，以遊逍遙之墟。食於苟簡之田，立於不貸之圃。逍遙，無為也。」（〈天運〉）「芒然彷徨塵垢之外，逍遙乎無事之業，是謂為而不恃，長而不宰。」（〈達生〉）「日出而作，日入而息，逍遙於天地之間而心意自得。」（〈讓王〉）從這五段話裡可以看出「逍遙」的兩個特色，一是它都作動詞和形容詞用，也就是說它本身不是一個哲學術語，是一種行為的表現，正因為如此，所以我們不能在「逍遙」兩字上求解，而應在達到逍遙的工夫上體驗。二是它都和「無為」「無事」相連。「無事」也是「無為」的運用，而「無為」卻是老子思想的要點。在這裡，一方面可以看出莊子和老子思想的承接，一方面也顯示了「逍遙」的工夫在「無為」。「無為」並不是什麼都不作，而是在心性上有很深的修養工夫。

值得我們注意的是，本篇雖名為「逍遙遊」，但「逍遙」兩字卻出現在全篇最後的幾句話中。如果本篇像其他外、雜篇一樣用前面兩個字為篇名的話，我們便很難抓住〈逍遙遊〉的中心旨趣，而只看到小知、大知、無己、無功、無名，及無用等分散的許多觀念。現在莊子既然以「逍遙遊」名篇，我們便可用「逍遙遊」去貫通全篇。

本篇的結構，第一部份，從「北冥有魚」到「此小大之辯也」，都是借鯤鵬和蜩鳩的寓言故事，來托出「大」的境界，這正是「逍遙遊」的方向。第二部份，從「故夫知效一官」到「故曰，至人無己，神人無功，聖人無名。」這是本篇的中心，是以修養的層次，寫出「逍遙遊」的最高境界。第三部份，從「堯讓天下於許由」到最後的「無所可用，安所困苦哉」，這是藉許多故事，把第二部份的中心思想，再加以推衍和證明。

❸ 這一段是《莊子》有名的寓言。《莊子》書中用了很多的寓言，都是以鳥獸、樹木、山川

為主角，演得非常生動活潑，引人入勝，這是《莊子》在文學上的一大特色。但《莊子》的寓言，和一般文學的寓言不同。一般的寓言，意思很清楚、容易把握，但《莊子》的寓言，在文字上和一般的寓言一樣淺顯明白，可是意義卻很深遠，如果沒有了解莊子的思想精神，便很容易把它當作遊戲文字，甚至產生誤解和錯用。因此閱讀《莊子》的寓言，有兩點值得注意：第一點，我們切勿以為這些有趣的故事，只是莊子詼諧的表現，而把它們當作譬喻來看。事實上，這些寓言，也是《莊子》的正文，我們必須留心每一個字背後的用意。第二點，我們必須了解寓言必有寓意。但寓言和寓意之間有一條鴻溝，我們要小心的跨越過去。因為寓言所講的是「物」，而寓意所指的是「人」。「物性」和「人性」的不同，就是這條鴻溝。寓言只是以物性來譬喻人性，這是一種文字上不得已的譬喻，如果我們粘著在物性上，以物性來詮釋人性，便會限制了人性，反而會向下的墜落，使人性流於物性。

現在就讓我們小心的看看這個寓言：

「北冥有魚」，陸德明《釋文》：「北冥，本亦作溟，北海也。嵇康云：『取其溟漠無涯也。』梁簡文帝曰：『窅冥無極，故謂之冥。』」雖然「冥」和「溟」可以相通，「北冥」含有北海的意思。但把「冥」解作「溟」或「海」都不如原來的「冥」字為佳。因為「溟」字是指水際的無涯，「海」字更落實在形體上。不像這個「冥」字，是水天不分的，是玄深幽遠的。莊子在其他地方也用過「北海」(〈秋水〉)，而在此處用「北冥」自有特殊的意義。一方面「北冥」與下文的「南冥」相對照，「南冥」在天際，當然不能解作「南海」。所以這個「冥」字是連結了水天一色，也就是統一了天和地的。另一方面，莊子在一開端便揭出了這個「北冥」，不只是指那遙遠的地方有個「北溟」或「北海」，而是把我們的視線無限的拓廣，使我們的思路進入玄深幽遠的境地。所以這個「冥」字打通了內外一體，也就是融合了心和境的。

然而這個玄深幽遠之處，並非空無一物，也非漆黑一片，「北冥有魚」，正如《老子》所謂：「窈兮冥兮，其中有精。」（第二十一章）這個「魚」字象徵了玄冥之中，有精、有物，這是《莊子》寓言的開端，也是萬化的開始。

「其名為鯤」，「鯤」字有兩解，一作魚子，如《爾雅・釋魚》：「鯤，魚子。」〈魯語〉韋昭《注》：「鯤，魚子也。」一作大魚，如陸德明《釋文》：「鯤，大魚名也。」崔譔：「鯤當為鯨。」這兩解正好相反。是否鯤本為魚子，在《莊子》用作大魚之後，才變成了大魚之名，也未可知。馬其昶《莊子》故引楊慎：「《國語》：『魚禁鯤鮞』乃魚子。莊子以至小為至大，便是滑稽之開端。」依我們的看法，如果在莊子當時，鯤就有小大兩義，那麼莊子用這個「鯤」字，是含有由小變大的歷程，並非故意作滑稽之開端。如果當時只有「魚子」一義，那麼莊子用「鯤」字是取其能生長，能變化的意思。因為這正是本段寓言的重點。

「鯤之大，不知其幾千里也。」這個「大」字，不僅是本段寓言的中心旨趣，也是《莊子》全書的中心思想。這個「大」字淺顯明白，為歷代考證家所不注，但在研究莊子思想的立場，卻不能略而不談。就拿這句話來說，如果鯤是魚子，莊子為什麼偏說牠大？如果鯤是大魚，為什麼莊子又這樣誇張的說牠大得「不知幾千里」？在表面上，鯤是主角，但實際上，「大」卻是靈魂。由魚子，而大魚，而無窮的發展，就是一個「大」的歷程。

分析莊子的這個「大」字，可以從下面的圖表看出它的內容和作用：

形體之大——由小變大——順
相對之大——破小為大——忘
絕對之大——化小成大——化

在《莊子》書中提到的「大」，約有三種：一是形體的大，如大舟、大椿、大瓠、大樹等。二是相對的大，這是觀念上的相比，如泰山與毫末，大年與小年，大知與小知等。三是絕對的大，這是精神上的無限向上發展，如大方、大通、大仁、大美等。對照這三種「大」，《莊子》書中還提到如何達到「大」的修養工夫。就形體來說，萬物都是由小變大的，如樹苗的變為大樹。然而在生長過程中，並不是那麼自然的，而是有許多曲折，有許多阻礙，因此必須懂得「順」字，在物來說，就是能「順」四時，「順」環境。在人來說，更要懂得「安時而處順」（〈養生主〉），才能保住天年。就相對觀念來說，這是人們由時空和心知的限制而產生的分別意識，因此要破小知而為大知，必須懂得「忘」字，能忘是非、忘生死、忘得失，才能證得大知，或真知。再就絕對的大來說，這是大道的境界。我們在認知上能忘是非之後，更要有「化」的工夫，在精神上能「化其道」，這樣才能「大而化之」，進入大道的逍遙境界。

再回到「鯤」上來看，不論牠有多麼的「大」，牠畢竟是從魚子，小魚，而大魚，慢慢發育，成長的。所以我們讀《莊子》的「鯤之大」，絕不能忽略了這一段由小變大的歷程，否則這個「大」便毫無來路，毫無氣力。

「化而為鳥，其名為鵬。鵬之背，不知其幾千里也。」「大」，就形體來說，會有所局限，因此必須能「化」才能轉成無窮之「大」。前面莊子說「不知其幾千里也」的「不知」兩字，已有意要打破這個局限，所以這裡接著說「化而為鳥」，終於突破了這個局限。這個「化」字常與「變」字連言，而作「變化」一詞，但「化」與「變」不同。「變」是指平面的改變、變遷或變動。如由小魚變到大魚，由小樹變成大樹，或由嬰兒變為白髮老人。這是在某一形體內的變，顯然是受這一形體所拘限的。而「化」卻不然，「化」是向上的轉化，是立體的發展，是突破這一形體的拘限，而作無窮的演變。就萬物來說，它、牠，和他們的形體，發展到極限後，便會衰亡，而變成其他物體。這就個體的生命來說是「變」，而就變成其他物體，有了另一種生命來說，可稱為「化」。因為在整個自然界，萬物生生死死，並沒有消滅，只是形體的轉換而已，所以又稱「大化」。但就人來說，我們雖然有形骸如其他物體，有終極，有死亡。可是人卻和其他物體不同，我們有精神、有智慧，我們在尚未走到終限，尚未面臨死亡之前，便知道轉化。這並不是說，這種「化」使我們的形體不會死亡，而是說使我們的精神超脫形體的拘限，而同於大化。再從大化的眼光來看自己的形體，便能任它變鼠肝，變蟲臂，而不會有所執著了。

在《莊子》書中所講的「化」，也有如以上所說的三種變化，一是萬物的變化，是指物種的演變，及人的生老病死、貴賤禍福等，如「是萬物之化也」（〈人間世〉）。二是指自然的大化，是指自然界的循環反覆，生生不已，如：「安排而去化，乃入於寥天一。」（〈大宗師〉）三是工夫的化道，是指修養工夫達到某程度後，超脫物累，精神上揚，而化入道體，即「不如兩忘而化其道」（〈大宗師〉）。莊子思想的精神是強調工夫的化道，是用「忘」字，把我們從萬物變化中提昇上來，而與自然的大流共化。

看過了這個「化」字之後，讓我們再回頭看看鯤化為鵬。在生物界，突變的現象也不少，如毛蟲變為飛蛾。但這種突變都是在一個生命結束，而蛻變到另一個生命。可是這個寓言中的鯤化為鵬，卻是由鯤的「大」而化為鵬的。不是一個生命的結束，另一個生命的開始，而是一個生命的轉進和上揚。關於這個「鵬」，古注都以為是鳳鳥，如《說文》：「鵬，亦古文鳳」，而鳳是傳說的神鳥。總之，我們不必執著鯤是那一種魚，鵬是那一種鳥，在莊子的筆下，牠們都是「大」的象徵。王夫之《莊子解》：「其為魚也大，其為鳥也大，雖化而不改其大，大之量定也。」這是說雖然鯤化為鵬，這個「大」卻是不變的。但這個「化」對於「大」有很大的作用，一般我們都強調「大而化之」，就是說能大才能化，在這裡，我們也可補一句：「化而大之」，也就是說，唯有能化，才能提昇入真正之大，無窮之大。在北冥中，「鯤之大」，必然受到海水的拘限，而「化為鳥」之後，鵬之「大」，便更為遼闊而無邊了。

「怒而飛，其翼若垂天之雲。」「怒」字，據《說文》段《注》：「古無努字，只作怒。」也就是說這裡的「怒」本是「努」字。「努」是振奮和奮力的意思，在《莊子》書中，不乏其例，如：「萬竅怒呺」、「怒者其誰邪」（〈齊物論〉）、「怒其臂以當車轍」（〈人間世〉）、「草木怒生」（〈外物〉）。莊子用這個「怒」字，雖無憤怒生氣的意思，卻有蓬勃生氣的樣子。因為由鯤化為鵬後，鵬不能長留海中，牠必須振翼而飛。由深海中奮起，勢必聲如怒號。所以這一個「怒」字，不僅寫出牠振奮之力，而且也寫出牠聲勢之大。

「垂天之雲」是指大鵬飛起時，起初兩翼下垂，然後再張開。由於翼之大，所以像天上垂下的一大片雲。試想鵬翼像垂雲的話，那麼牠的身軀豈不掩蓋了天空，這當然是寫牠的「大」。

但這裡的描寫不是靜的，而是動的。古注都把「垂天之雲」解作天邊的雲，如陸德明《釋文》引司馬彪說：「若雲垂天旁。」可是遠在天邊的雲往往停滯不前，缺乏動感。而此處翼下的垂雲，卻是動態的，有如風起雲湧，彌漫了天空，正是描寫這一振翼而飛的聲勢浩大。

「是鳥也，海運則將徙於南冥。南冥者，天池也。」「海運」是海的運轉，一般都注作海動。由海動而生風，於是大鵬就乘風而飛。如林希逸《南華真經口義》上說：「海運者，海動也。今海瀕之俚歌，猶有『六月海動』之語。海動必有大風，其水湧沸，自海底而起，聲聞數里。」但《莊子》此處不說海動，而說海運。也許是因為海動只是一時的變動，如海嘯，或颶風之類，而海運則是海的運行，也就是海中氣流的運轉，所以用海運較能表達一種自然變化的現象，不是像飄風、驟雨一樣的突然而起。

「南冥」和「北冥」相對。依據易學和道教修鍊的方位，北是坎位，屬陰，為黑；南是離位，屬陽，為明。所以釋德清《莊子內篇注》直指南冥為南明。雖然北冥有暗的意思，南冥有明的象徵，但就這個「冥」字來說，解作光明固然不恰當，解成黑暗也不妥貼。因為「冥」是玄深幽遠的意思，「北冥」是水際的無涯；「南冥」是天際的無邊。如果把「北冥」解作北海，「南冥」解作南海，那麼兩者都在海上，都是平面的位置，這條大鯤可以從北海直遊到南海，何必又要化鵬高飛，豈不是多此一舉。「南冥」和「北冥」不在一個平面，而是一在天上，一在地下。所以《莊子》接著便說：「南冥者，天池也。」拈出一個「天」字來，說明了「南冥」是在天上。所以說天池，因為在天上不可能有海，只能說池。歷來注家都根據成玄英《疏》：「大海洪川，原夫造化，非人所作，故曰天池也。」而把「南冥」解作大海，而說是天然之池。其實那一個大海不是天然的？這樣的解釋，豈不等於白說。顯然莊子講「天池」是有特別用意的，雖然這個「天」字在《莊子》書中有天然，自然的意思，但也有高高在上的「天」、造物的「天」，和形而上的「天」的境界。如「大浸稽天而不溺」（〈逍遙遊〉）、「且夫物不勝天久矣」（〈大宗師〉），以及「玄天」、「天道」、「天理」等。所以這裡的「天池」，是莊子把鯤化為鵬，及大鵬南飛的歷程，從人間提昇到天上，或形而上的境界。莊子說「南冥」，玄深幽遠，使人莫測去向，再解之以「天池」，卻突然開朗，別有洞天。使我們看到了大鵬的歸宿，在天池畔的逍遙之樂。這與本篇最後的「彷徨乎無為其側，逍遙乎寢臥其下」形成了前後的呼應。所以莊子拈出「天池」兩字，本篇的主旨逍遙遊的境界才完全呈顯了出來。

❹ 這一段是借《齊諧》一書的故事來描寫大鵬高飛時所乘的風力和氣勢。

「《齊諧》者，志怪者也。」《齊諧》是書名，內容不詳。據《莊子》所說，是一本記載了許多怪譚之書，而「齊」字可能是指齊地，因齊地靠海，人們常見海市蜃樓，想像力豐富，所以在先秦時代，齊地多方術之士。好辯論的「稷下先生」便是聚集在齊國的東門。又有注家如郭慶藩《莊子集釋》引俞樾之言，把齊諧當作人名。究竟是書是人，無關義理，不必深究。

「鵬之徙於南冥也，水擊三千里」，這段引證《齊諧》的話，不提鯤之化鵬，而把重點放在鵬的高飛上。水擊的「擊」作拍動，或激動解，這並不是指兩翼打水，而是指兩翼鼓動了風，由風而激水三千里。這是大鵬的造勢。

「摶扶搖而上者九萬里」，「扶搖」按《爾雅》：「扶搖謂之飆。」注：「暴風從下上。」

雖然「扶搖」是由海中拔起，向上直行的風，但不說暴風，而說「扶搖」自有它的美感。《淮南子・原道》注說：「扶，攀也。搖，動也。扶搖直如羊角，轉如曲縈，行而上也。」這是描寫這種風或氣流的迴旋而向上攀升。在《莊子》書中還用「扶搖」兩字稱高大的神木，如「雲將東遊，過扶搖之枝」（〈在宥〉）。可見「扶搖」兩字在莊子筆下，是具有高聳入天的壯觀的。同時「搖」字與「逍遙」的古字「消搖」還可相對應，豈不是「扶搖」也暗示了逍遙之遊嗎？「摶扶搖」的摶字，是以手把握的意思，但摶字也和搏相通，作拍字解。但就此處莊子所描寫的形象來看，還是以摶的本字為佳。因為這隻大鵬的向上飛昇不是拍著風而行，而是頭向上，雙翼好像緊抱著風，搖擺而直上。這是大鵬的順勢。

「去以六月息者也」這句話有兩種解釋：一是把「息」當作休息，指大鵬一飛就是六個月，如郭象《注》：「夫大鳥一去半歲。」或到天池休息六個月，如王叔岷根據《太平御覽》所引息上有「一」字，及李白〈大鵬賦〉：「然後六月一息。」另一是把「息」當作氣息，這和下文「生物之以息相吹也」的「息」字正好相應，釋憨山和陳壽昌都作此解。這兩種解釋，都解得通，但卻有不同的義理。前者著重在「六月」兩字，以六個月為期，仍然是有時間上的拘限，所以在向秀和郭象的《注》中，大鵬和後文的小鳥便成了相對。以至於近代有些注解認為大鵬也是有所待的，不是莊子的理想。後者著重在「息」字，是指氣息的運行，「六月」按憨山所注「周六月即夏之四月」。莊子當時用周曆，今天農曆用的是夏曆。所以「六月」即今陽春三月，正是陽氣漸盛的時候。這是把大鵬借陽氣之上升帶入了無限的大化之中，逍遙而遊。比較以上兩解，自以後者為勝。大鵬雖屬寓言，但寓言必有所寄，莊子是借大鵬托出了無窮「大」的境界，但境界不是一個空洞的想像而已，必有其工夫。這個工夫就由這個「息」字帶出了下文的生物之「息」，及風之積。所以如何順萬物之「息」，及如何培養風的氣息，這正是莊子寓言的微言大義處。

「野馬也，塵埃也，生物之以息相吹也。」野馬，是草澤中的水氣，陸德明《釋文》：「野馬，司馬云：『春月澤中游氣也。』崔云：『天地間氣如野馬馳也。』」塵埃，是空中的飛塵。成玄英《疏》：「揚土曰塵，塵之細者曰埃。」這是指因風而吹起的微塵。野馬和塵埃都是生物的以氣息互相鼓動。這是莊子描寫大鵬高舉南飛之後，再把鏡頭轉向大鵬和地面的空間，說明其間氣息的鼓盪的情形。

「天之蒼蒼，其正色邪？其遠而無所至極邪？其視下也，亦若是則已矣！」「天之蒼蒼」，是指天空顯出蔚藍的顏色。其實蔚藍不是天空的本色，天空的本色是無色的，而是因為長空萬里，才顯得一片蔚藍。這幾句話的重點在「其視下也，亦若是則已矣」一語。因為大鵬仰視蒼空，固然一片蔚藍；可是俯視大地，也是一片蔚藍。這是寫大鵬的飛翔之高。本來在大鵬上飛時，所激的水浪，所乘的扶搖之風，以及鼓動的野馬、塵埃，和生物相吹的氣息，現在都變成了一片蔚藍，似有若無。這說明了由工夫達到逍遙的境界之後，再回顧這些工夫，儘管曾下過大力氣、大轉折，但都成為逍遙遊的歷程。也就是說工夫都化成了境界。

❺ 這段話是寫大鵬乘風上舉，借積風之厚，以明工夫之深。

「且夫水之積也不厚，則其負大舟也無力。」這個「積」字，這個「厚」字，在工夫上，是關鍵字。本篇一開端寫「北冥」，就是托出一個玄深的境界，但海水的深厚是自然的形成，而人的工夫的深厚，卻並非自然而可得的，必須不斷的努力，才能累積深厚，深厚到了最高的境界，才能自然而化。這個「積」字就水來講，意義簡單，可是就修養工夫來說，卻大有文章，因為要如何積？積些什麼？才是真正的積，才會積而能化？「積」有負面的意義，「積」欲望，欲望愈多愈不足；「積」爭競的知識，知識愈多愈迷惑。這裡的「積」當然是正面的意思，在《老子》第五十九章也有同樣的「積」字，如「早服，謂之重積德。重積德，則無不克。」不過莊子的「積」除了老子的「積」無為無欲之德外，還有他自己的工夫。這裡只點到為止。

「覆杯水於坳堂之上，則芥為之舟」，「坳」是低窪，「坳堂」指堂中低窪處。「芥」是小草，這是指水淺只能載小草。

「風之積也不厚，則其負大翼也無力」，「風之積」，就大鵬的高舉來說，已有兩義：一是指大鵬等待風之積，也就是等六月風動；一是指大鵬順扶搖之風而上升，直達九萬里的高空而積風。就人來說，也有兩義：一是指等待時勢；一是指創造時勢。這多半是從一個政治人物的成就來說的。但就修養工夫來講，指的是積德，或積真知，卻是由內而外，而達到內外一體的境界。

「故九萬里，則風斯在下矣，而後乃今培風」，「而後乃今」有的注家作「乃今而後」（姚永樸）或「而後而今」（王叔岷引王引之），但「而後」，乃是承上文「風斯在下」而言；「乃今」是指「培風」而言。意義明顯，不必倒置。至於「培風」的「培」字，陸德明《釋文》：「培，重也。」王念孫《讀書雜志》：「培之言馮也。馮，乘也。」其實都不如原「培」字為佳。

《莊子》此處特別用這個「培」字乃是因為這個風是由積而來的，因為「培」是培育、培養之意。所以「培風」，雖有乘風之意，但卻時時培養著這個風，即是一面累積這個風，一面伴乘著這個風。

「莫之夭閼者，而後乃今將圖南。」「夭」是半途而夭折，「閼」是阻塞而不通。因為時時培養這個風，所以中途不會無風夭折。而風力又來自於天地的氣息，所以通行無阻，沒有滯礙。

❻ 這段話是借地上的兩隻小蟲對大鵬高飛的不了解，出語相譏，以反喻大鵬的大，和小蟲的小。

「蜩與學鳩」，「蜩」是蟬。「學鳩」是小鳩（司馬彪《注》）。蟬的生命短暫，不能過冬，卻在樹枝上振翼，自鳴得意。小鳩即小鳥，飛得不高，只能在小樹叢上跳躍，自得其樂。這兩者都是譬喻見識淺陋，不識大道的人們。

「我決起而飛，搶榆枋，時則不至而控於地而已矣」，「決」，陸德明《釋文》：「決，李頤云：疾貌。」「搶」，郭慶藩《莊子集釋》：「司馬、李云：猶集也。崔云：著也。支遁云：突也。」「決」是指念頭的突起。「搶」是指行動的突發。有的版本把「搶」改作「槍」（見王叔岷《莊子校銓》）。其實「搶」字很傳神，表示一念突起，而要搶登榆枋。這都是很快的動作。「榆枋」指的是小樹。由於是「決起」、是「搶」，沒有準備的工夫，所以有時達不到目的，而「控於地」。「控」，司馬彪：「投也」，即是搶空了樹枝而搶落在地上。

「適莽蒼者，三飡而反，腹猶果然；適百里者，宿舂糧；適千里者，三月聚糧。」「莽蒼」

是草野的顏色，指的是近郊。「宿舂糧」是指隔夜搗米為糧食。「三月聚糧」是指準備三個月的糧食。這是指去的地方愈遠，所準備的食物愈多。要達到的境界愈高，所下的工夫也愈大。

「之二蟲又何知」，「之二蟲」承接前文的「蜩與學鳩」，很清楚的是指蟬和小鳩。可是郭象解作蜩與鵬而說：「二蟲謂鵬蜩也。對大於小，所以均異趣也。夫趣之所以異，豈知異而異哉，皆不知所以然而自然耳。自然耳，不為也，此逍遙之大意。」雖然後代的思想家都不從郭《注》，如憨山便說：「比二蟲者，生長榆枋，本無所知，亦無遠舉之志，宜乎其笑大鵬之飛也，舉小知之人蓋若此。」後來考據家俞樾也說：「郭象《注》曰：『二蟲謂鵬蜩也。』此恐失之。二蟲當為蜩與鳩。」如果從文字的角度來看，只是「之二蟲」的注錯，也許是郭象一時的大意，後來的注疏家都很容易的便發現了這種錯誤而加以修正。可是郭象注錯了「之二蟲」，不只是文字的錯誤，而是在背後有一套錯誤的思想。如他說：「苟足於其性，則雖大鵬，無以自貴於小鳥。小鳥無羨於天池，而榮願有餘矣，故小大雖殊，逍遙一也。」又說：「夫小大雖殊，而放於自得之場，則物任其性，事稱其能，各當其分，逍遙一也，豈容勝負於其間哉！」這是把大鵬和小鳥平等看待，認為牠們如果都能滿足形體之所稟受，便都能得到逍遙。這就物性來說，並沒有錯。因為小鳥如果不滿足牠的形體，無論如何努力，也不能變成大鵬。可是人性卻不一樣，人性的向上一路是無限開放的，凡人和至人並不是天生的，也不是固定不變的，凡人只要通過不斷的修鍊都可成為至人。如果凡人只滿足他們世俗的生活，而不知提昇性靈，如喜逸樂者的沉於聲色，好貨物者的迷於斂財。他們自認不希聖、不羨壽、不愛名，是一種逍遙，其實是一種頹廢。莊子的逍遙，不是滿足物性，而是不受物性所拘；不是以人性去遷就物性，而是把人性提昇到神化的境地，去美化物性。可是由於莊子的寓言，以大鵬小鳥為主角，用物性去譬喻人性，因此很容易使人粘著在物性上，而關斷了人性的向上一路。我們舉郭象注錯了「之二蟲」，一方面為了說明讀《莊子》的寓言時，千萬不要粘著寓言的物性上；另一方面也為了強調莊子的逍遙不是隨便的任性而遊，而是達到了至性之後的率真而遊。

❼ 這段話是承接了前文大鵬和蜩、鳩的譬喻，進一步批評蜩與鳩之「小」，不能了解鵬之「大」。「小知不及大知，小年不及大年。」這兩句話就字義來說，很清楚。但就運用和修養來說，卻大有文章。先說小和大的不同，普通我們用一個「小」字，都是限定詞，只有一種意義，表示不好。當然只有非常特殊的例子，把「小」當作精微，如《老子》「見小曰明」（第五十二章）。此處「小知」、「小年」，顯然只有一種意義，就是淺陋和短暫。可是這個「大」字，卻有限定和不限定的兩種用法。就限定來說，「大」和「小」是一對比，「大」也被「小」所限定。「小」雖不好，「大」也未必佳，所以要小大一齊拋卻，這在佛家或禪宗是常用的思路。可是就不限定來說，「大」和「小」雖形似對比，卻並不對稱。「大」是無窮的，「大」是揚棄了「小」、超越了「小」、化解了「小」的無限的開放。正如《老子》所說：「大曰逝、逝曰遠」（第二十五章），這個「遠」就是無窮無限。我們之所以特別分析「大」之有限和無限性，就是由於歷代有些學者，執著「大」的有限性，認為「大鵬」與「蜩鳩」都是相對的大小，如郭象的《注》認為「苟有乎大小……同為累物耳。」接著又說：「故遊於無小無大者，無窮者也。」其實這裡所謂「無窮」，也即無窮之大。郭象的《注》在意義上並無不可，但在運

用和修養上可能會產生問題，因為我們把大小看成對比，也就是把「大」也加以限定，而成為另一種「小」。如果我們的智慧或德性沒有上達最高的境界，真正的忘大小，那麼可能會向下滑落，而變成了一種沒有智慧或德性的忘大小。有如下圖：

精神向上的「忘大小」，是超越了大小，而向無窮大發展；相反的，精神向下的「忘大小」，卻是不在乎大小，而自願居於小。《莊子》書中的蜩與學鳩，就是這種小。郭象的《注》就錯在以這種「小」為是，而歷來讀者的誤用《莊子》，也就是以這種「小」，來玩世不恭，而流於頹廢。

接著再看「小知不及大知」一語。顯然這句話是批評「小知」，希望「小知」能知道它的所限。這句話絕不是描寫「知」的不可能，要我們「捨知」，而是打破「小知」的自以為知。當我們拆掉了自己淺陋的知識所築成的樊籬後，我們才能轉「小知」為「大知」，我們的心靈才能向無窮的大知或真知開放，這是本章從開端到此處的一個結論，也是莊子立言的主旨。

可是《莊子》接著「小知不及大知」，而說「小年不及大年」。這在文學的寫法上，本是一個譬喻，其實是襯托前面一句的。粗看起來，並無不妥，可是在思想上推敲，這兩句話的境界卻不甚相同。因為「小知」如果不自己設限，便能憑努力修鍊，而成為「大知」。可是「小年」卻是形體上的限定，這在其他生物尤其如此，夏蟬永遠也無法和海龜比壽。也就是說「小年」即使通過修鍊，最多能延長幾年，也永遠無法變成「大年」。就拿人命來說，最多也只能活上一百多歲。八百歲的彭祖畢竟是神話。長生不老的神仙，也只是道教的玄談。所以「小知不及大知」是莊子的批評，而「小年不及大年」乃是莊子引喻的事實。

自「奚以知其然也」到「眾人匹之，不亦悲乎」。莊子順著「小年不及大年」，而舉了許多生物來說明小年和大年的對比。「朝菌」，司馬彪：「大芝也，天陰生糞上，見日則死。」「晦」是暗，指夜晚。「朔」是旦，指白天。《列子・湯問》：「朽壤之上有菌芝者，生於朝，死於晦。」「蟪蛄」，司馬彪：「寒蟬也，一名蝭蟧，春生夏死，夏生秋死。」「冥靈」和「大椿」，舊注都以為是樹木，如成玄英：「冥靈大椿，並木名也。」而羅勉道《南華真經循本》，王夫之《莊子解》，都以冥靈為靈龜。「彭祖」，成玄英《疏》：「姓籛，名鏗，帝顓頊之玄孫也。善養性，能調鼎，進雉羹於堯，堯封於彭城。其道可祖，故謂之彭祖。歷夏經殷至周，年八百歲矣。」這段話中，以「朝菌」、「蟪蛄」為小年；「冥靈」、「大椿」為大年。這兩者的相比，它們之間的不相及，是很顯然的，但也是無法改變的。當然莊子的用意不在凸顯這兩者的不同，而是最後以一般人的壽命與彭祖相比，以一般人的羨慕彭祖的長壽為悲哀。莊子的這一句「眾人匹之，不亦悲乎！」正是本文的關鍵，把「小年不及大年」的比喻，又轉回到「小知不及大知」的正題上。一般人的壽命和彭祖的長命相比，這是相對性的大小，也是限定性的，因為即使彭祖活了八百歲，比起「冥靈」、「大椿」來，仍屬有限。可是眾人卻以他為相比的對象，而事實上，連彭祖的這點長壽還永遠無法達到，所以莊子說：「不亦悲乎！」但莊子並非徒放悲聲，而是有言外之意，勸我們不必計較區區年命的短長，要把眼光放遠，以無窮的壽命為理想。但所謂無窮的壽命，不是神仙不死，而是打破年命的限定，也就是說要忘年，把「小年」和「大年」一齊忘卻。這個「忘」字把我們從形骸的拘限，轉入了心性修養的工夫上。使我們由「小知」，而「大知」，而「真知」。有了這種「真知」還有什麼年命短長之可悲？

就《莊子》這段話的思路來看，它的主旨本是借「小知不及大知」，來談如何提昇我們的「知」。但「知」的問題比較抽象，所以它借譬於「小年不及大年」，因為年命的問題是具體的，切身的，我們容易了解。可是年命的短長又是不能改變的，當我們能處理年命問題，能超越而不執著於短長的相對性時，我們的「知」自然就向上提昇而為大知，真知了。

❽ 這段話似乎都是重複前文，只是字句稍有參差，卻無新義。

「湯之問棘也是已。」湯是商湯，棘是湯的臣子，又稱夏革。棘和革，古音相同，可通用。在《列子》書中，有一篇〈湯問〉，就是記載商湯問夏棘之事。該篇所列都是有關天地無窮無極的問題，以及人間奇異的事情。莊子之所以提到「湯之問棘」，是因為前文的「冥靈」、「大椿」和此處所載「窮髮之北」至「翼若垂天之雲」的一段話都見於《列子・湯問》中。《列子》一書晚出，當然莊子所談，並非引自《列子》。如果不是讀《莊》者的按語混為正文的話，便是「湯之問棘」已有傳說，莊子引來證明他的所寫有據。

從「窮髮之北有冥海者」到「此小大之辯也」。「窮髮」，陸德明《釋文》：「崔云：『北方無毛之地也。』案毛，草也。地理書云：『山以草木為髮。』」「修」，長的意思。「羊角」，司馬彪：「風曲上行若羊角。」這是指海上生起的旋風，下小上大，有如羊角。「斥鴳」，陸德明《釋文》：「斥，司馬云：『小澤也。』本或作尺，崔本同。鴳，字亦作鷃，司馬云：『鴳，鴳雀也。』」即小澤中的麻雀。在這一段話中，「鯤」和「鵬」是分開來敘述，只是兩個大物而已。不像本篇首段莊子用一個「化」字把牠們連成一體，而有動的歷程，有工夫的寓意。所以這段話就文學和哲學來說，都不夠精要。本段唯一可作思想線索來探討的乃是「此小大之辯也」一語。「辯」與「辨」音同而通假，注家都解作「辨」。其實「辯」和「辨」都是分別的意思。此處「小大之辯」是指小大的分別。但並不是平面的、相對性的不同，而是指「小知」之不能了解「大知」的不同。如下圖：

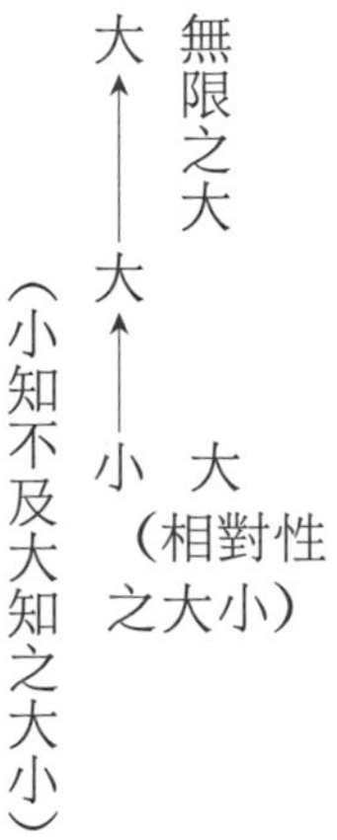

大（相對性之大小）
小 → 大 → 大（無限之大）
（小知不及大知之大小）

❾ 前文都是以寓言來寫意，到了這一段才轉入了正題，以人為主，談修養工夫的各種不同的層次。

「故夫知效一官，行比一鄉，德合一君，而徵一國者，其自視也亦若此矣。」「效」是功效。「官」是官職。這是指他的知識只能供一種官職的需要。這也就是「君子不器」（《論語・為政》）中的「器」字，只能限於一器之用。「行」是行為，「比」是比較，這是指他的行為可作一鄉之人所比的模範。如他在某一方面的成就，光宗耀祖，為鄉里所稱道。「德合一君」的「德」，由於被「合一君」所限定，因此不是指內在的德性，而是外在的德業。其實《莊子》書中的

「德」字，有時是正面的意義，如「至德」（〈馬蹄〉）、「德不形」（〈德充符〉），有時也有負面的意義，如「八德」（〈齊物論〉）。而此處的「德」，合於君主所需，自然指的是才德，或德業。憨山《莊子內篇注》，便注「德」為「才」。至於「而徵一國」的「而」字，王念孫《淮南子・人間訓雜志》引此文而說：「而與能同，能、而古聲相近，故能或作而。」其實這個「德」含有才的意思，當然也就包括了「能」字。不必在德字上又重疊一個「能」字，反而把這個「德」字看得比「能」還小了。事實上，才德如只合一君還是不夠的，因為君主代表一國，所以接著說「而徵一國」，表示他的才德之有用，為一國之人所相信。以上所說，在一般世俗的生活上，往往是極大的成就和尊榮，可是在莊子修養的境界上卻是最低的。「自視也亦若此」正寫出他們的自以為大。

「而宋榮子猶然笑之。且舉世而譽之而不加勸，舉世而非之而不加沮，定乎內外之分，辯乎榮辱之境，斯已矣。彼其於世未數數然也。雖然，猶有未樹也。」宋榮子在《莊子》書中只出現過一次，據馬其昶所引「梁玉繩云：『宋榮子即宋銒，荀子（〈正論〉）言宋子見侮不辱，韓子（〈顯學〉）言宋榮子義設不鬥，與〈天下〉篇言銒諸語正同。』」近代學人如劉師培、王叔岷都支持這種說法。甚至認《孟子・告子》中的宋牼也和宋榮子是同一人，這是因為「榮」、「銒」、「牼」聲可相通，而思想主旨也相似。不過就《莊子・天下》的宋銒來看，他們的思想有兩方面，即：「以禁攻寢兵為外，情欲寡淺為內。」而此處所描寫的宋榮子的思想主要是指「情欲寡淺」方面的，似乎是一位用意志力克欲的修養之士。

「猶然笑之」是承接了前文的「自視也亦若此矣」而來。「猶然」是「仍然」的意思，因為前者的自以為大，「仍然」不免見笑於宋榮子。至於宋榮子又憑什麼笑別人呢？乃是由於他自認有一套不受外物影響的工夫。「加勸」、「加沮」的「加」是多加的意思，也即是指全天下人的讚美和批評，不能使他多加鼓勵和沮喪。他之所以能如此，是由於他確切的劃定了內外的界線，使外在的毀譽不能進入心中；更由於他清楚的了解榮辱的實際境地。知道榮辱都是自己內心對外物的反應。如果心中無求，外物不入，便不會有榮辱的感覺了。莊子在描寫了宋榮子的思想後，接著說「斯已矣」，即是說「如此而已」。莊子為什麼有這個評語？因為宋榮子的這套工夫是屬於「不動心」的修養，但「不動心」有各種不同層次的境界。在《孟子》書中曾有告子和孟子「不動心」的辯論。此處宋榮子的「不動心」在莊子的眼中，層次尚低，只做到使外面的毀譽不入於心而已。「未數數然」有兩解：一作「汲汲」，如陸德明《釋文》：「數數，司馬云：『猶汲汲也。』崔云：『迫促意也。』」這是因數和速音相近而把數數當作汲汲追求的意思。另一作「計數」，如陸德明《釋文》又說：「簡文所喻反，謂計數。」王先謙、林雲銘、陳壽昌都作此解。前者是指他對世俗之榮譽不汲汲追求，只是再強調前文而已。後者是指在世俗中，不可多見。「數數」是有數可數。「未數數」是無數可數，即不多見。「猶有未樹也」這句話才是這小段話的重點，是指還沒有真正有所建樹。因為宋榮子只做到內外隔絕，使外界的毀譽不入於心。但尚沒有在心上做工夫，達到自然而化的境界。

「夫列子御風而行，泠然善也，旬有五日而後反。彼於致福者，未數數然也。此雖免乎行，猶有所待者也。」列子即列禦寇，在《莊子》書中除了此處外，〈應帝王〉、〈至樂〉、〈達生〉、〈田子方〉、〈讓王〉、和〈列禦寇〉等篇中都提到他，但從這幾段徵引中，可以看出列子是修道之士。他不像一般人只求「知效一官，行比一鄉，德合一君，而徵一國」，也不像宋榮子之流，只重制心，以避外在的榮辱毀譽的干擾。他所從學和交遊的都是鄭巫季咸、壺子、伯昏瞀人等方術之士。而他的境界還不及壺子和伯昏瞀人。也就是說列子所追求的是神仙方術，這和後來《列子》一書多談神仙修鍊的思想有關，雖然該書的作者是列子，近人考證為後人偽託之作，但列子必然是這種思想的先導，才有被偽託的可能。

本段的描寫就是從方術上來說的。「御風」是駕風，顯然是神仙法術，不是前面兩類人士所能達到的。「泠然」，指的是輕妙，郭象《注》：「泠然，輕妙之貌。」「善」，是靈的意思，《廣雅・釋詁》一：「靈，善也。」這是指列子的駕風而行，輕妙而虛靈。但這個「善」也有自以為善的意思，表現出駕風而行的那種輕靈自得的感覺。「旬有五日而後反」，一旬為十日，即十五日便返回。這是指列子的駕風而行受到時間的拘限，不能從心所欲，愛駕多久就多久。「彼於致福者」，「彼」是指列子。「福」是幸福，但不是指外在的名利榮寵，而是指精神上的福樂。例如在〈人間世〉中描寫心齋坐忘時，莊子說：「虛室生白，吉祥止止。」「虛室」是心的虛，「生白」是產生純淨的境界，而「吉祥」就是指精神的福樂，「止止」是紛紛的來集於此。從這段話裡可見「福」是透過了身心的修鍊工夫而得的精神上的妙樂。在此處，莊子是指列子的御風，在一般鍛鍊身心，希圖得到神通妙用的修道之士來說，也是極少見的。但是「此雖免乎行」，「此」是指駕風的工夫，這種工夫雖然能不用足而行，但駕風還要等待風起，所以說是依靠外在的風，是有所待的。在《莊子》書中常描寫到許多方術之士，列子當然是佼佼者，但這些方術都只是某一類的神通而已，不足以言大道。

「若夫乘天地之正，而御六氣之辯，以遊無窮者，彼且惡乎待哉！故曰，至人無己，神人無功，聖人無名。」這是最高境界的一種人，也即是莊子理想的修養工夫。「乘天地之正」的「正」，前人的注解，可歸納為兩種，一是指萬物的自然，如郭象《注》：「天地者，萬物之總名也。天地以萬物為體，而萬物必以自然為正。故大鵬之能高，斥鴳之能下，大椿之能長，朝菌之能短，凡此皆自然之所能，非為之所能也。不為而自能，所以為正也。故乘天地之正者，即順萬物之性也。」另一是指天地賦予萬物的正性正命，如憨山《注》：「正，天地之本也，如各正性命之正。」前者意義明顯，但容易錯解大鵬高飛，小鳥低躍，這種形體上的自足為正；後者雖有深意，但對於這個「正」始終沒有解釋。如果檢視《莊子》書中對於天地性能的描寫，這個「常」字可作「正」字的最佳詮釋。「天地之正」就是「天地之常」。如〈在宥〉：「吾與天地為常。」〈天道〉：「則天地固有常矣。」這個「常」字，一方面是自然之常，當然也包括了大鵬高飛，小鳥的低躍。另一方面是生化不已的常道。大鵬小鳥是形體的不同，但牠們同稟有生命的本質，在宇宙中同具生化的使命。所以「乘天地之正」，就是不論賦形有長短大小之不同，但都能發揮生命之正受，以完成天地之常道。

「御六氣之辯」的「御」和「御風」的「御」一樣是駕御的意思，但和「乘」字略有不同。「乘」有「順」的意味，而「御」卻是有意的駕御。「六氣」，陸德明《釋文》：「司馬云：『陰、陽、風、雨、晦、明也。』辯，變也。」一般注家都依此為解，因為意義明顯，是指自然氣象的變化。但這六氣只是陰陽二氣的變化，而陰陽二氣實際上也只是一氣的升降伸縮而已。因此能把握一氣，就能駕御六氣。此處的「辯」字，一般都解作「變」，是指六氣的變化，「辯」與「變」同音可以通假。但在本段中「辯乎榮辱之境」，已用過這個「辯」字，作辯別解。而此處的「六氣之辯」也可作六氣的分別解。列子的「御風」，只能駕風，碰到了雨便不行了。可是這最高境界的有道之士，則能分別駕御不同的氣化，即無論是陰是陽，是風是雨，是晦是明，都能各順其自然。

「以遊無窮者」，這句話托出了本文從開端一直貫通下來的這個「大」字。第一種人只求一官、一鄉、一國之功效是小，第二種人只講躲避外在的榮寵毀譽是小，第三種人只玩弄一點神通技能是小，只有最後一種人與天地相合，與萬化同行，才是真正的「大」。他們的「大」是無窮的「大」，無待的「大」。

最後的三句話：「至人無己，神人無功，聖人無名」是本段的結語。也是〈逍遙遊〉的思想精粹。這三句話表面上是承接了前文的「彼且惡乎待哉！」而來，是說明至人的不待己、神人的不待功，和聖人的不待名。這也就是所謂絕待，或絕對自由的境界。但是問題並沒有那麼簡單，前面描寫大鵬的高舉，要待海運、要待六月息、要待羊角扶搖之風。接著又說：「水之積也不厚，則其負大舟也無力」，這些豈不都是「待」嗎？於是有些學者認為大鵬不是莊子的自喻，飛向天池不是莊子的理想境界，因為大鵬猶有所待，大鵬在天池也只能休息六個月，不能永恆的逍遙。這種看法，我們在前面曾批評過那是出於描寫物性的寓言，和表達人性上揚之間的不同而產生的誤解。如果真正執著片面的無待的意義，那麼小鳥的想飛就飛，即使飛不到樹頂，掉到地上也無所謂，豈不是真正比大鵬還自由嗎？試想，這樣的曲解，又豈是《莊子》寓言的本意。所以要真正了解莊子逍遙的真義，必須對「待」與「無待」之間的關係有深徹的了解。「待」的意思是內在空虛，依靠外在的助力，或內心有欲，希求外在的物質，總之這兩者都是內在的不足，而被外物所拘累。至於「無待」在表面上是擺脫了這種拘累，好像是一無罣礙的意思。但「無待」不只是「待」的相反，而是「待」的超越。譬如只求「知效一官」是待，但「無待」並不是只做到沒有一官之效，而成無用之人。莊子的真意是要我們精神上揚，不執著於「一官之效」。用這個道理來看「至人無己，神人無功，聖人無名」。至人雖然無己，但無己的，並不就是至人。同樣，神人雖然無功，但無功的，並不就是神人；聖人雖然無名，但無名的，並不就是聖人。莊子這三句話只是結論，只托出了境界。要達到這個境界，還必須有工夫。這個工夫仍然是有所待的，只是不待於外物，而待於自力。因此就工夫來說，必須先修養自性，充實了自己之後，再不執著於自我，才能成至人；必須先成就功德，有了功德之後，再不依恃這種功德，才能成神人；必須先仁愛萬物，有了仁愛之實，而不貪戀仁愛之名，才能成聖人。所以「有己」之後，才能「無己」；「有功」之後，才能「無功」；「有名」之後，才能「無名」。《老子》說：「有之以為利，無之以為用。」（第十一章）所有的「工夫」都是有待的，如果第一步跨出去，就講無待，便將落入虛無頹廢的深淵，不能自拔，在工夫到了某一階段時，必須化之以「無待」，這樣工夫才不致執於一偏，而能提昇到更高的層次，到了最後，工夫成熟，才進入最高的絕待境界，這時，才是真正的「無己」、「無功」、「無名」，自在逍遙，了無罣礙。這種工夫的向上昇華有如下圖：

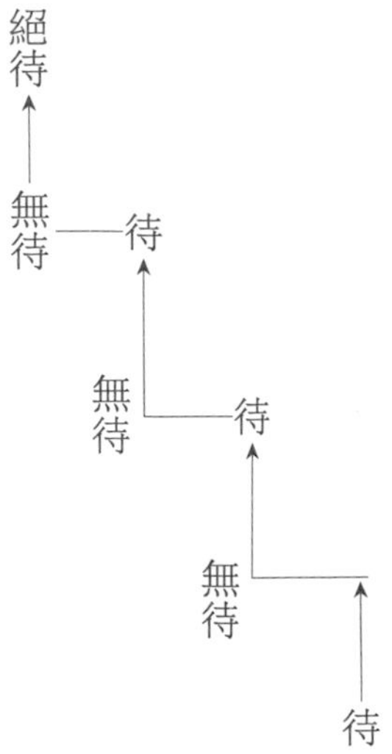

絕待←無待——待←無待——待←無待——待

❿「爝火」是火炬。「澤」作動詞，指潤澤。「尸」如尸位素餐，指不合適的代替。「缺然」指自感淺陋。這段話描寫堯把王位讓賢給許由。《莊子・天地》：「堯之師曰許由。」許由字仲武，潁川人，他和堯的真正關係是否如此，不得而知。但在他拒絕了堯的讓位之後，便逃隱於箕山。史書上，常把許由、務光等人排在一起，而務光在〈大宗師〉中卻受到了莊子的批評。所以我們分析這段話，如果是引申前面「聖人無名」的思想，那麼這個「聖人」的主角，是堯，而不是許由。許由只是陪襯，堯才是真正的有聖人之治，而不執著於聖人之名。

⓫「鷦鷯」，即桃雀，也指小鳥。「偃鼠」，即鼹鼠，或鼷鼠，也指小鼠。「尸祝」，是指祭神時的主祭的人。這段話是許由托辭自己對政治沒有興趣而謝絕堯的禪讓。值得注意的是有關「名」「實」的問題。因為堯的名實，和許由的名實似有不同。就堯來說，名是國君，實就是使天下平治。堯做到了聖人之實，而不在乎名，所以是聖人無名。但許由是賢士或隱士，他所謂的名是虛名，實是他的性命之真。他是為了保全性命之真，而不願因名受累。最多這也是至人無己的思想。

⓬ 肩吾、連叔和接輿都是隱士之流，他們的身世不詳。在《論語・微子》中也曾提到「楚狂接輿」。「大而無當」是指他的言論誇大而不合理。「往而不返」是指超越而不實際。「河漢而無極」是指像天河一樣遙遠無極境。「逕庭」，司馬彪：「激過之辭。」宣穎：「『逕』，門外路也。『庭』，堂前地也。勢相遠隔。今言『大有逕庭』，則相遠之甚也。」這些都是描寫接輿的話的荒誕不經。

⓭ 「藐」是遙遠。「姑射之山」是虛擬的山名。「淖約」形容體態的輕盈柔美。「處子」即處女。「疵癘」指病患災禍。「狂」是誑誕。這段話講神人的超逸，不食人間煙火，而能騰雲駕霧。當然這都是文學的描寫。但神人是指完全精神化的境界，也就是指至性，或真性，當然是超乎物質之上，而不受外境阻礙的。莊子的這些話好像是神話，就同大鵬和小鳥的寓言一樣，但絕非真的荒誕不經，而是有切實的工夫的。在本段話中，這個工夫就是「神凝」兩字。「神凝」是指精神內聚，純淨無欲。在表面上，好像是一般的打坐，禪定的境界。其實不止於此，莊子接著說：「使物不疵癘而年穀熟。」這句話看起來又是荒誕不經，好像神話。因為「神凝」是個人的精神修養，這與外面的萬物不受災害，穀米收成豐富又有什麼關係呢？難道是神人手指一揮，使得風調雨順，世界昇平嗎？當然不是。莊子的話雖然有時不免誇大，可是我們看看較為嚴肅的儒家，在〈中庸〉上也說：「喜怒哀樂未發之謂中。發而皆中節之謂和。致中和，天地位焉，萬物育焉」（第一章）。致中和是心性的修養，相當於「神凝」，而「天地位焉，萬物育焉」不正是「使物不疵癘而年穀熟」嗎？這兩者都是異曲同工的強調精神的內注，達到純淨的境界，自能和天地相合，與萬物共化。「使物不疵癘」是不傷害萬物；

「年穀熟」就是助成萬物的生化。

⑭「瞽者」是瞎子。「文章」指文彩。「時女」，《爾雅・釋詁》：「時，是也。」「女」即汝字，指肩吾。這是借喻無法使瞎子和聾子欣賞文彩與音聲，來批評肩吾也有心知上的瞎和聾，無法使他了解最高的精神境界。這也正是前文所謂的小知不及大知的意思。

「之人也」是指前文所謂的神人。「之德也」是指神人之德。「將旁礡萬物以為一世蘄乎亂」一語有兩種不同的斷句：

「將旁礡萬物，以為一世蘄乎亂」（王先謙、陳壽昌等）。「旁礡」，李楨解作「廣被」。「蘄」，是祈求的意思。「亂」，《爾雅・釋詁》：「亂，治也」。歷來注家除郭象《注》外，多作此解。因此這句話的意義是指神人之德廣被於萬物，而為一世求治平。

「將旁礡萬物以為一，世蘄乎亂。」這種斷句把「旁礡」解作「混同」（司馬彪），指神人之德與萬物混而為一。這和《莊子・齊物論》「萬物與我為一」的主旨是相合的。至於「世蘄乎亂」，歷來注家都解作世人祈求治平。可是近人陳啟天、陳鼓應等認為與下一句「孰弊弊焉以天下為事」似有不協，所以仍照「亂」字解，作為世人勾心鬥角，爭亂不已。

以上兩種斷句，縱然對字義解釋略有不同，但真正的意義並無出入，因為它們都是為了說明下一句：「孰弊弊焉以天下為事。」「弊弊」是指心勞形役。這句話是指疲於為治天下的政務而奔命的意思。其實不願以天下事煩心，只是神人「無功」、聖人「無名」的消極意義。真正的重點乃在「旁礡」兩字。「旁礡」和前面「神凝」相呼應，是指神人的精神內凝之後，而產生的一種通貫萬物生化的力量。《易經・乾文言》中曾說：「大哉乾乎，剛健中正，純粹精也。六爻發揮，旁通情也。時乘六龍以御天也，雲行雨施，天下平也。」這段話裡的「純粹精也」，相當於「神凝」，「旁通情也」相當於「旁礴萬物」。「時乘六龍以御天」，不正像神人的「乘雲氣，御飛龍」，而「雲行雨施，天下平也」不正是「使物不疵癘而年穀熟」，以及「以為一世蘄乎亂」嗎？在這裡，我們用《易經・乾文言》的話來比較，並非曲意附會，而是藉此說明莊子筆下的神人，固然是寓言，但並不只是一種神話，並不只是證明神人的「無」功，相反的卻是功參造化，而無法以世俗的功業來描寫它。說得明白一點，就是神人的德性與生化同體。

「大浸稽天」，比喻大水上達於天。「大旱金石流」，比喻大火使金石融化。它們都不能使神人受到一點傷害，因為神人與生化同體，大水大火都只是生化發展中的一個波浪而已。以這種境界去看堯舜的功業，豈不正是生化中的一點塵垢粃糠而已。所以說神人功參造化，又豈肯為世俗的物事而煩心。

⓯「資」，《廣雅・釋詁》：「資，貨也」，此處指賣貨。「章甫」是殷朝的一種禮冠。「越」即今紹興一帶。在古代被視為南蠻之地，所以說當地的人民斷髮紋身，不懂衣冠之禮。「四子」舊注為：王倪、齧缺、被衣、許由。事實上，莊子沒有明言，只是泛指四位高士。「汾水之陽」指汾水的北面，即今山西臨汾縣。「窅然」，即冥然，茫然的意思。這段話的重點在「喪其天下」一語，為什麼堯在往見了四子之後，卻「窅然喪其天下」？莊子沒有說明，但我們可以從前面的故事中得到暗示。越人的斷髮紋身，在莊子的筆下，卻代表了生活素樸，不需禮教的約束，由此可證堯往見四子的故事。四子在姑射之山，正是前面神人之所居。堯挾著「平

海內之政」的功業去見四子，顯然是碰了壁，至此而發現治天下的功業，比起神化的境界來，實在微不足道，所以他「窅然喪其天下」。這段話前人都認為是證明「至人無己」。但細觀內容，和前面兩段相似，而且堯是聖王，四子是神人之流，所以仍然講的是「神人無功」或「聖人無名」。真正討論「至人無己」的乃是後面的一大段故事。

⑯「惠子」即惠施，宋人，曾做過梁惠王的宰相。他是莊子的好友，但他屬於名家，他的理論在《莊子・天下》中有記載。「魏王」即魏惠王，後遷都大梁，所以又稱梁惠王。「瓠」即葫蘆。「其堅不能自舉」有兩解：一為成玄英《疏》：「虛脆不堅，故不能自勝舉也。」即指葫蘆皮的堅度不能負載五石的水漿。另一為林雲銘《注》：「堅，重也，非一人之力所能持。」兩解以後者較合理，因為這段文字是寫惠施的不能用大，所以葫蘆的「大」，也包括了「堅」等好的特質，如果葫蘆不夠堅，又如何能含有五石之實呢？「瓠落無所容」，簡文：「瓠落，猶廓落也。」這指的是大。由於瓢太大，所以水缸容不下。至於成玄英《疏》：「瓠落，平淺也。」「平淺不容多物」，似不甚合理。因為有五石那麼大的葫蘆，剖成兩半成瓢，又怎麼可能平淺不能盛物？

⑰「龜手」指冬天手上的皮膚凍裂似龜紋。「洴澼絖」，絖是絮，洴澼是漂絮的聲音。指以漂絮為業。「越有難」有兩解，一為成玄英：「越國兵難侵吳」，指越國犯難侵吳，一是張默生：「此言吳乘越有難。」「慮以為大樽」，司馬彪：「樽如酒器，縛之於身浮於江湖，可以自渡。慮，猶結綴也。案所謂腰舟。」又「慮」也作「思慮」解。「蓬之心」，蓬是蓬草，短曲而不暢直。比喻惠子的見解有如蓬草，不能通達事理的意思。這段話是批評惠施的「拙於

用大」。借「不龜手之藥」的故事來說明小大之用的不同，就故事本身來說，以不龜手的藥來幫助漂絮，這是小用；以不龜手的藥獻給君主，而得到封侯，這是大用。但這只是譬喻，因為裂地封侯，只是「一官之效」，也是用之小者。用這個道理去看本段話的重點：「何不慮以為大樽而浮乎江湖。」由於成玄英把「慮以為大樽」解作繫在身上的腰舟，後來的注家都沿引此解，把大瓠的大用當作渡河的腰舟，當然這比起惠施的「不能自舉」、「無所容」的不知所措來，好像是懂得了如何去用，可是離莊子思想中的「大用」，仍然差得很遠。因為身繫腰舟，又怎能比得上莊子無待的逍遙之遊。我們如果仔細研讀「何不慮以為大樽而浮乎江湖」一句話，「大樽」並不一定要解作腰舟。也可解作把葫蘆掏空了，放在水上浮游，因為葫蘆可以盛酒，所以用「樽」來比喻。葫蘆必須內部真空，才能浮於水面，這和前面的「盛水漿」，「不能自舉」，正好是一對比。前者（葫蘆掏空）無心，後者（盛水漿）有物。至於置大葫蘆於江湖，任其浮游，這是自性逍遙，這和前面的「瓠落無所容」，有意要吸水，卻找不到容器安放也是一對比，前者（葫蘆掏空）無意，後者（盛水漿）有用。我們細體莊子立言的真意，批評惠施的拙於用大，是因為惠施持有用之心而見小；相反的莊子的真正大用，是他主張捨有用之見而心大。這一點正是他為說明「至人無己」的意義。無己就是不要執著自己的有用，而把生命浪費在這種自以為是的小用上。所以必須無己，無用，才能保全生命的至真。

⑱「樗」是指一種質鬆葉臭的劣木。「擁腫」指樹幹盤結如腫瘤。「不中繩墨」，即不合木匠的規矩，無法製作。這段話是借大樹的無用，而被人所遺棄。但「大而無用」一語是重點，這段話緊接著前一段話，可見前面「何不慮以為大樽而浮乎江湖」講的是「無用」。只是惠施

執於名相，把無用當作真的無用，而不知莊子的無用卻有大用。

⑲「狸狌」指野貓和黃鼠狼。「敖者」指遨遊之物，即雞鼠等小動物。「跳梁」是跳躍的意思，「不辟高下」即不避高下。「機辟」是捕獸的機關。王先謙：「辟，所以陷物。」「斄牛」即犛牛，《說文解字》：「犛，西南夷長髦牛也。」這段話中，先舉狸狌的小用，不免於死；再寫犛牛的大而無用，反而保全生命。然後再歸結到本段的主旨。「無何有之鄉」一語，較為抽象。不像下一句「廣莫之野」，可解作廣大遙遠的曠野。「無何有」的「有」承接前面「患其無用」一語，因此可解作「有用」，所以「無何有」即無所可用的意思。也就是種植在一個不講實用，不被利用，完全沒有功利色彩的地方。由於這一句的哲學意義，因而使得下一句「廣莫之野」也含有超乎物欲，不為物累所及的曠野。這兩句話寫的是大樹，大樹的無用，是置於無用之地，在無用之地，也就無所謂無用了。接著下面兩句寫如何用無用，即無用之用。「彷徨乎無為其側」，即徘徊悠遊在它的旁邊無所事事。「逍遙乎寢臥其下」，即逍遙適意的在它下面寢臥休息。最後幾句「不夭斤斧，物無害者，無所可用，安所困苦哉！」是樹和人一齊描寫，事實上是以樹的「不夭斤斧」來寫人的「安所困苦哉！」這段話仍然是以「無用」寫「至人無己」。《老子》曾說：「吾所以有大患者，為吾有身，及吾無身，吾有何患？」（第十三章）正可和這段話相發明。

本篇至此結束，在第一段中，以大鵬的高飛，托出逍遙的工夫，而到本段末尾，點出「逍遙」兩字，可說通篇是描寫逍遙的境界。但其中「至人無己，神人無功，聖人無名」三句話卻是全文的眼目。所以後半篇的故事都是鋪陳這三句話的，也都是描寫一個逍遙的境界。

逍遙既然是一種境界，為什麼莊子要分開來寫至人、神人、聖人呢？當然這三種人各有其不同的方面，至人寫純真之性，神人寫出世之功，聖人寫入世之業。但問題還不在此，「聖人」，不是人人都有此身份的，文中以堯的平天下來作譬，這又豈是一般人所可及的？「神人」，也不是人人都能達到的境界，文中描寫神人的功參造化，又豈是一般人所能企及？可是「至人」，卻是以人的至性來寫的，是人人都具有的。所以這三種人的修養中，以「至人無己」為最簡捷，也最根本。只在我們不要念念有己，不要時時想到有用，便能不累於外，不拘於內，而能逍遙自在適性而遊。

齊物論❶第二

南郭子綦隱几而坐，仰天而噓，嗒焉似喪其耦。顏成子游立侍乎前，曰：「何居乎？形固可使如槁木，而心固可使如死灰乎？今之隱几者，非昔之隱几者也。」子綦曰：「偃，不亦善乎，而問之也！今者吾喪我，汝知之乎？女聞人籟而未聞地籟，女聞地籟而未聞天籟夫！」❷

子游曰：「敢問其方。」子綦曰：「夫大塊噫氣，其名為風。是惟無作，作則萬竅怒呺。而獨不聞之翏翏乎？山林之畏佳，大木百圍之竅穴：似鼻，似口，似耳，似枅，似圈，似臼，似洼者，似污者；激者，謞者，叱者，吸者，叫者，譹者，宎者，咬者。前者唱于，而隨者唱喁。泠風則小和，飄風則大和，厲風濟則眾竅為虛。而獨不見之調調，之刁

刁乎？」❸

子游曰：「地籟則眾竅是已，人籟則比竹是已。敢問天籟。」子綦曰：「夫吹萬不同，而使其自己也，咸其自取，怒者其誰邪！」❹

大知閑閑，小知閒閒；大言炎炎，小言詹詹。其寐也魂交，其覺也形開，與接為構，日以心鬥。縵者，窖者，密者。小恐惴惴，大恐縵縵。其發若機栝，其司是非之謂也；其留如詛盟，其守勝之謂也；其殺若秋冬，以言其日消也；其溺之所為之，不可使復之也；其厭也如緘，以言其老洫也；近死之心，莫使復陽也。喜、怒、哀、樂、慮、嘆、變、慹、姚、佚、啟、態，樂出虛，蒸成菌。日夜相代乎前，而莫知其所萌。已乎，已乎！旦暮得此，其所由以生乎！❺

非彼無我，非我無所取。是亦近矣，而不知其所為使。若有真宰，而特不得其眹。可行己信，而不見其形，有情而無形。百骸，九竅，六藏，賅而存焉，吾誰與為親？汝皆悅之乎？其有私焉？如是皆有為臣妾

乎？其臣妾不足以相治乎？其遞相為君臣乎？其有真君存焉？如求得其情與不得，無益損乎其真。❻

一受其成形，不亡以待盡。與物相刃相靡，其行盡如馳，而莫之能止，不亦悲乎！終身役役而不見其成功，苶然疲役而不知其所歸，可不哀邪！人謂之不死，奚益！其形化，其心與之然，可不謂大哀乎？人之生也，固若是芒乎？其我獨芒而人亦有不芒者乎？夫隨其成心而師之，誰獨且無師乎？奚必知代而心自取者有之？愚者與有焉。未成乎心而有是非，是今日適越而昔至也，是以無有為有。無有為有，雖有神禹，且不能知，吾獨且奈何哉！❼

夫言非吹也，言者有言，其所言者特未定也。果有言邪？其未嘗有言邪？其以為異於鷇音，亦有辯乎，其無辯乎？道惡乎隱而有真偽？言惡乎隱而有是非？道惡乎往而不存？言惡乎存而不可？道隱於小成，言隱於榮華。故有儒墨之是非，以是其所非而非其所是。欲是其所非而非

其所是，則莫若以明。❽

物無非彼，物無非是。自彼則不見，自知則知之。故曰：彼出於是，是亦因彼。彼是方生之說也。雖然，方生方死，方死方生；方可方不可，方不可方可；因是因非，因非因是。是以聖人不由，而照之於天，亦因是也。❾

是亦彼也，彼亦是也。彼亦一是非，此亦一是非。果且有彼是乎哉？果且無彼是乎哉？彼是莫得其偶，謂之道樞。樞始得其環中，以應無窮。是亦一無窮，非亦一無窮也。故曰莫若以明。❿

以指喻指之非指，不若以非指喻指之非指也；以馬喻馬之非馬，不若以非馬喻馬之非馬也。天地一指也，萬物一馬也。可乎可，不可乎不可。道行之而成，物謂之而然。惡乎然？然於然，惡乎不然？不然於不然。物固有所然，物固有所可。無物不然，無物不可。故為是舉莛與楹，厲與西施，恢恑憰怪，道通為一。其分也，成也；其成也，毀也。凡物無成與毀，復通為一。唯達者知通為一，為是不用而寓諸庸。庸也者，用也；用也者，通也；通也者，得也；適得而幾矣。因是已。已而不知其然，謂之道。⑪

勞神明為一而不知其同也，謂之朝三。何謂朝三？狙公賦芧，曰：「朝三而莫四。」眾狙皆怒。曰：「然則朝四而莫三。」眾狙皆悅。名實未虧而喜怒為用，亦因是也。是以聖人和之以是非而休乎天鈞，是之謂兩行。⑫

古之人，其知有所至矣。惡乎至？有以為未始有物者，至矣，盡矣，不可以加矣。其次，以為有物矣，而未始有封也。其次，以為有封焉，而未始有是非也。是非之彰也，道之所以虧也。道之所以虧，愛之所以成。果且有成與虧乎哉？果且無成與虧乎哉？有成與虧，故昭氏之鼓琴也；無成與虧，故昭氏之不鼓琴也。昭文之鼓琴也，師曠之枝策也，惠子之據梧也，三子之知幾乎，皆其盛者也，故載之末年。唯其好之也，以異於彼，其好之也，欲以明之彼。非所明而明之，故以堅白之昧終。而其子又以文之綸終，終身無成。若是而可謂成乎？雖我亦成也。若是而不可謂成乎？物與我無成也。是故滑疑之耀，聖人之所圖也。為是不用而寓諸庸，此之謂以明。⑬

今且有言於此，不知其與是類乎？其與是不類乎？類與不類，相與為類，則與彼無以異矣。雖然，請嘗言之。有始也者，有未始有始也者，有未始有夫未始有始也者。有有也者，有無也者，有未始有無也者，有未始有夫未始有無也者。俄而有無矣，而未知有無之果孰有孰無也。今我則已有謂矣，而未知吾所謂之其果有謂乎，其果無謂乎？天下莫大於秋毫之末，而大山為小；莫壽於殤子，而彭祖為夭。天地與我並生，而萬物與我為一。既已為一矣，且得有言乎？既已謂之一矣，且得無言乎？一與言為二，二與一為三。自此以往，巧歷不能得，而況其凡乎！故自無適有以至於三，而況自有適有乎！無適焉，因是已。⑭

夫道未始有封，言未始有常，為是而有畛也。請言其畛：有左，有右，有倫，有義，有分，有辯，有競，有爭，此之謂八德。六合之外，聖人存而不論；六合之內，聖人論而不議。《春秋》經世，先王之志，聖人議而不辯。故分也者，有不分也；辯也者，有不辯也。曰：何也？聖人懷之，眾人辯之以相示也。故曰辯也者有不見也。⑮

夫大道不稱，大辯不言，大仁不仁，大廉不嗛，大勇不忮。道昭而不道，言辯而不及，仁常而不成，廉清而不信，勇忮而不成。五者园而幾向方矣。故知止其所不知，至矣。孰知不言之辯，不道之道？若有能知，此之謂天府。注焉而不滿，酌焉而不竭，而不知其所由來，此之謂葆光。⑯

故昔者堯問於舜曰：「我欲伐宗、膾、胥敖，南面而不釋然。其故何也？」舜曰：「夫三子者，猶存乎蓬艾之間。若不釋然，何哉？昔者十日並出，萬物皆照，而況德之進乎日者乎！」⑰

齧缺問乎王倪曰：「子知物之所同是乎？」曰：「吾惡乎知之？」「子知子之所不知邪？」曰：「吾惡乎知之？」「然則物無知邪？」曰：「吾惡乎知之？」雖然，嘗試言之。庸詎知吾所謂知之非不知邪？庸詎知吾所謂不知之非知邪？且吾嘗試問乎女：民溼寢則腰疾偏死，鰌然乎哉？木處則惴慄恂懼，猨猴然乎哉？三者孰知正處？民食芻豢，麋鹿食薦，蝍蛆甘帶，鴟鴉耆鼠，四者孰知正味？猨猵狙以為雌，麋與鹿交，鰌與魚游。毛嬙麗姬，人之所美也；魚見之深入，鳥見之高飛，麋鹿見之決驟。四者孰知天下之正色哉？自我觀之，仁義之端，是非之塗，樊然殽亂，吾惡能知其辯！」齧缺曰：「子不知利害，則至人固不知利害乎？」王倪曰：「至人神矣！大澤焚而不能熱，河漢沍而不能寒，疾雷破山風振海而不能驚。若然者，乘雲氣，騎日月，而遊乎四海之外，死生無變於己，而況利害之端乎！」⑱

瞿鵲子問乎長梧子曰：「吾聞諸夫子，聖人不從事於務，不就利，不違害，不喜求，不緣道；無謂有謂，有謂無謂，而遊乎塵垢之外。夫子以為孟浪之言，而我以為妙道之行也。吾子以為奚若？」長梧子曰：「是黃帝之所聽熒也，而丘也何足以知之！且女亦大早計，見卵而求時夜，見彈而求鴞炙。予嘗為女妄言之，女以妄聽之。奚？旁日月，挾宇宙，為其脗合，置其滑涽，以隸相尊。眾人役役，聖人愚芚，參萬歲而一成純。萬物盡然，而以是相蘊。予惡乎知說生之非惑邪！予惡乎知惡死之非弱喪而不知歸者邪！麗之姬，艾封人之子也。晉國之始得之也，涕泣沾襟；及其至於王所，與王同筐牀，食芻豢，而後悔其泣也。予惡乎知夫死者不悔其始之蘄生乎！夢飲酒者，旦而哭泣；夢哭泣者，旦而田獵。方其夢也，不知其夢也。夢之中又占其夢焉，覺而後知其夢也。且有大覺而後知此其大夢也，而愚者自以為覺，竊竊然知之。君乎，牧乎，固哉！丘也與女，皆夢也；予謂女夢，亦夢也。是其言也，其名為弔詭。萬世之後，而一遇大聖，知其解者，是旦暮遇之也。⑲

既使我與若辯矣，若勝我，我不若勝，若果是也，我果非也邪？我勝若，若不吾勝，我果是也，而果非也邪？其或是也，其或非也邪？其俱是也，其俱非也邪？我與若不能相知也，則人固受其黮闇。吾誰使正之？使同乎若者正之？既與若同矣，惡能正之！使同乎我者正之？既同乎我矣，惡能正之！使異乎我與若者正之？既異乎我與若矣，惡能正之！使同乎我與若者正之？既同乎我與若矣，惡能正之！然則我與若與人俱不能相知也，而待彼也邪？化聲之相待，若其不相待，和之以天倪，因之以曼衍，所以窮年也。何謂和之以天倪？曰：是不是，然不然。是若果是也，則是之異乎不是也亦無辯；然若果然也，則然之異乎不然也亦無辯。忘年忘義，振於無竟，故寓諸無竟。」⑳

罔兩問景曰：「曩子行，今子止；曩子坐，今子起；何其無特操與？」景曰：「吾有待而然者邪！吾所待又有待而然者邪？吾待蛇蚹蜩翼邪？惡識所以然？惡識所以不然？」㉑

昔者莊周夢為胡蝶，栩栩然胡蝶也，自喻適志與，不知周也。俄然覺，則蘧蘧然周也。不知周之夢為胡蝶與？胡蝶之夢為周與？周與胡蝶，則必有分矣。此之謂物化。㉒

語譯

南郭子綦，有一次靠著几案而坐，仰首向天，緩緩吐氣，茫然的，好像丟掉了他的形體。這時，他的學生顏成子游正站在前面服侍他，便問：「究竟是什麼道理啊？形體固然可以變成枯槁之木，難道心神也可以變得像死灰一樣嗎？今天你靠几而坐，和以前你靠几而坐是完全不一樣啊！」子綦回答說：「偃啊！你問得很好。今天，我失去了自我，你知道嗎？你聽過人造的各種音籟，而沒有聽過大地的音籟。也許你曾聽過大地的音籟，可是你卻沒有聽過天上的音籟。」

子游說：「請告訴我這個道理。」子綦說：「大自然吐出來的氣息，叫做風。這個風不發作時好像沒有，可是一發作，則使得自然界的各種洞穴產生怒號。你難道沒有聽過那長風的嘶叫聲嗎？那山林的盤迴曲折，百圍樹木的枝杈，形成各種的洞穴，有的像鼻孔，有的像嘴巴，有的像耳洞，有的像方形的柱，有的像圓形的杯，有的像杵米的春臼，有的像水窪，有的像泥溝。當風吹進去之後，而發出的聲音，有的如水的激盪，有的如箭的呼嘯，有的似叱罵，有的如吸氣，有的像叫喊，有的似哭號，有的如低語，有的像犬吠。前面聲音發出『于』，後面聲音和著『喁』。輕風則所和之音也小，大風則所和之音也大。強風停了之後，各種洞穴又變得寂然無聲。你難道沒有看到風靜後，樹枝由激烈的搖動而變成慢慢的擺動嗎？」

子游說：「地籟是指各種洞穴所發的音響，人籟是指竹製樂器所奏的音響。可是什麼又是天籟呢？」子綦回答說：「風吹萬竅而有不同的聲響，這些聲響之所以如此都是由洞竅本身的形狀而產生的，但究竟這個發動風，產生音響的又是誰呢？」

（再從人心的竅穴來看，）大知思慮嚴密，小知思想散漫。大言氣勢凌盛，小言嘮叨不休。睡著的時候，意識交錯，醒覺的時候，精神外馳。此心與萬物相接相錯，每天都處在勾心鬥角的狀態中。心思有時緩慢，有時深沉，有時綿密。遇小恐，心神不安，遇大恐，心神麻木。心思的發動，好像箭矢的快速，就像我們以自己的見解去論斷別人的是非一樣。心思不動時，正如堅守誓盟一樣，為的是能穩操勝算。這種鬥爭的殺氣，就像秋冬之日，陽氣每天逐漸的消滅。我們的心念也是如此的沉溺，而不知反省。我們的心貪饜物欲，關斷了生機，變得枯槁衰竭。可說是將死之心，再也沒有回陽的希望了。我們情緒的變化，有時欣喜，有時易怒，有時哀愁，有時快樂。我們的心念有時多慮，有時多悲，有時反覆，有時惶恐。我們的態度，有時輕佻，有時縱逸，有時開放，有時忸怩。這些變化，就像聲樂出於樂器的空處，菌類因水氣的蒸發而成，是無中生有的。這一切現象的遷流變化，如白天和夜晚的交替，我們卻不知道它們是如何生成的。停止向外追逐吧！停止向外追逐吧！早晚如能證得這個，這個也就是萬物之所以生的主體了。

（現象界的一切，）沒有「彼」物的存在，也就沒有這「我」的存在。沒有這「我」的存在，也就無從去體覺「彼」物的存在了。這個關係似乎是近於真實的道理了。但僅知這種互存的關係，仍然不知道在「彼」「我」之後使他們生存的主體。這背後似有個真體主宰著，可是卻沒有徵象。就以「我」的存在來說吧！「我」能行動，可以證知「我」的存在，但使「我」行動的主體卻是無形無相的。「我」有精神作用，可是精神作用的主體，也是無形無相的。「我」的軀體有百骸、九竅、六臟，這些都具體的存在著，都是我身體的一部份，我和它們之間，誰比較親近呢？我都一視同仁的愛它們呢？或是我對它們有所偏私呢？就像君主對臣妾一樣。但臣妾之間是否能互相支使呢？或者一個是君，一個是臣才能層層支使呢？這樣推到最後，總有個最後的君，那不就是這個「我」的真君嗎？無論我們是否能見到這個真君的實體，這並不至於滅損真君存在的真實性。

當人們一受天的賦予而有了形體，雖然暫時身體不致消滅，卻是等待死亡的來臨。人們的肉體與外物相交，有如刀刃的相割相靡。走向死亡的終點就像飛馬的奔馳，停也停不住，這不是很可悲的事嗎？人們一輩子勞役，而見不到最後的成功，疲於奔命，而不知最終的歸宿，這不是極悲哀的事嗎？雖然人們認為目前還沒有死，但這又有什麼好處呢？人們的形體逐漸變化而至死亡，人們的心也隨著形體而亡，這才是真正極大的悲哀呢？人的生命是否這樣的令人迷茫，還是因為我自己的迷茫，而另有並不迷茫的人呢？如果大家都以他們現成的真心為導師的話，又有誰沒有自己的導師呢？不一定那些知道萬物變化而心有所主的人有現成的真心，即使愚人也有現成的真心。如果我們不能覺悟這個現成的真心，而好作是非之論，就像名家的詭辯，說什麼「今天起程去越國，而昨天早已到達了」等論題，這是以「無」為「有」的作法。如果是以「無」為「有」，即使有大禹般的神明，也不能知，我又如何能知呢？

人們的語言並不像風吹一樣，而是有意的。發言者所說的話，（隨意而定）並沒有一定不變的準則。如果是這樣的話，那麼他們所說的話，是否真有所說呢？或未曾有所說呢？他們自以為和小鳥啾啾之聲不同，是真的不同嗎？或並無不同？「道」是被什麼遮蓋而有真偽的產生？「言」是被什麼掩蔽而有是非的爭論？「道」去了那裡而不存？「言」究竟執著在什麼地方，而有所不可呢？「道」是被小有成就所遮蓋了，「言」是被外在的粉飾虛飾所掩蔽住。因此有儒家和墨家的是非爭論，他們都是以別人認為「非」的，而認為「是」。以別人認為「是」的，而說成「非」。像這樣的以「是」為「非」，以「非」為「是」，還不如捨是非，而歸於萬化的自「明」。

萬物的知見，無不是以不同於自己的為「彼」，也無不是以自己的為「是」。大家都以自己的立場去看別人，也就不能真正了解別人。反過來，只有自己對於自己的認識才是真正明明白白的了解。所以說，把別人看作不同於我的「彼」，這是由於我們的自以為「是」。我們的自以為「是」，也就是由於我們都把別人看作不同於我的「彼」。萬物互相以「彼」相待，也都以自己為「是」，這兩種觀念相互對立而衍生。雖然，觀念的相生，是隨起隨滅，隨滅隨起的，觀念的作用，是即可，也即是不可，即不可，也即是可的。觀念的判斷，有此因而非，也就由此因而是；有此因而是，也就由此因而非。可是聖人卻不順此而行，他們以天道之明來照物，而能任物的真是。

我們的自以為「是」，是由於我們的以別人為「彼」，我們的以別人為「彼」，也是由於我們的自以為「是」。這樣一來，別人的「彼」有彼的是非，我的「此」也有此的是非。但果真是否有「彼」和「是」的差別，或根本沒有「彼」和「是」的差別呢？「彼」和「是」的產生是對待而立的，這就像所謂道的樞紐。這個樞紐是在一個圓環的圓心之中，它可以左轉右轉，因應無窮。自以為的「是」是無窮的，批評別人的「非」也是無窮的，所以不必去追逐這種觀念的無窮，不如還歸天道的自明。

用名相去指物的「指」來譬喻這個名相的「指」不是所指之物的自身，還不如乾脆不用「指」，去表明這個「指」不是物的自身。用馬的名詞去譬喻名詞的「馬」不是真正馬的自體，還不如乾脆不用「馬」的名詞去表明馬的名詞不是馬的自體。天地雖大，抽象來說也像名相的「指」一樣，是一種稱謂。萬物雖多，約歸來看，也像名詞的「馬」一樣，是一種指稱。這種名相或名詞，約定俗成，說它可，也就可；說它不可，也就不可。我們追求的道，是它自己運行而成的；我們所運用的物，都是我們如何稱呼它們而得名的。由於是稱呼，為什麼這樣稱呼？這樣的稱呼就是這樣的稱呼，為什麼不是那樣的稱呼？不是那樣的稱呼就不是那樣的稱呼。其實萬物都有它們的本然，都有它們的本可。沒有一物是不然的，沒有一物是不可的。基於這個道理，譬如萬物之中，小如草莖，大如木柱，醜如癩病，美如西施，以及很多大而無當，反於常態，變化莫測，怪誕不經等事物，這個自然的道都是一爐而融之。就自然大化的現象來說，分的一面，就是成的一面，成的一面，也是毀的一面。事實上，萬物無所謂成與毀，因為成毀都相通於一體。唯有真正悟達的人，才了解道打通萬物而為一體的妙理。他們不以自己的「是」去用萬物，而能本之於萬物的自然之「庸」。這個「庸」就是天生萬物，各有其用的「用」。萬物各有其用，才能互相平等而「通」。能相「通」，才各有所得，而成就自體。能自「得」，也就差不多達到道的境地了。這也就是前面一再強調的順萬物之真是。已經順萬物的真是，而不知其所然，這就是所謂的「道」。

（相反的，）我們竭精勞神地去把萬物硬打成一片，而不知萬物的本體是相通相同的，這就如「朝三」的故事了。什麼是「朝三」呢？以前有一個耍猴子的人，他給猴子果實，說：「早晨給你們三個，晚上給你們四個。」猴子們都大怒。接著他又改口說：「那麼，早晨給你們四個，晚上給你們三個。」於是猴子們便大喜。由這故事，可見七個果實的總數並沒有增減，可是猴子們卻因此而有喜怒的不同。這個耍猴的人能在果實總數不變下，使猴子們轉怒為喜，這也是一種順物的自性，使它們各得其所需啊！所以聖人的用世，就是要調和是非的爭論，而回歸於天道自然均平的境界中，這就叫做來去自由的雙線道。

古代的人，他們的知識追求最高的境界。什麼是這最高的境界？他們以為未曾有物的無的境界是最高的，造極的，沒有比這更高了。其次的境界是有物，但尚沒有物與物之間不同的分別。再其次是已有物與物之間的不同分別，卻尚沒有是非的對立。當是非爭論一顯著，道便因此而虧損。道由此而虧損，愛欲就由此而形成。是真的有所謂「成」和「虧」呢？是真的無所謂「成」和「虧」呢！所謂有「成」和「虧」，就像古代有名的琴師昭文，當他一按琴弦，便有成虧。所謂無「成」和「虧」，就如他不動琴弦，便無成虧之可言。古來這些名人，如昭文的善於彈琴，師曠的善於擊拍和惠施的據梧而辯談。他們在這方面的知識，都是登峰造極的，所以他們的名聲都傳流下來。可是他們所喜好的技藝，都與眾不同。因此他們都強調自己的特色，以誇耀於人。他們誇耀不應該誇耀的，就像公孫龍等名家，一輩子只辯論堅白石是三個概念或一個概念等論題。而他們的後人，像昭文的兒子，徒拾父親的餘緒，終其一生，而無自己的成就。像他們這樣的技藝，如果算得上成就的話，即使不才如我也自有我的才能，也可算是成就了。如果像他們的技藝不能算是成就的話，那麼外物和我都沒有任何成就可言。所以這種「成」與「不成」的說法似滑稽，令人疑惑，但其中的智慧火花，卻是聖人所小心體取的。捨棄自以為是，而把自己寄存於平庸之中，這也就是所謂本之於自然的自明。

我所說的這些話，不知與萬物的真是相合呢？還是不相合？無論是相合與不相合，既然說了出來，都是一種言論。則與其他言論互相以彼此來相視是一樣的。雖然如此，我還是嘗試把它說出來。從時間上探討，萬物都有一個開始，而開始追溯到最初，這個開始之前卻沒有一個開始。再追溯上去，這個開始之前的「未始」，也沒有一個開始。再從空間來看，有存有的「有」，也有沒有存有的「無」。這個「有」、「無」都是始於無始。而這個「有」、「無」的無始，也是無始的。所以兩者都歸於「無」，那麼我們突然有了「有」和「無」之後，我們便不知這個「有」和「無」，究竟是真的「有」呢？或真的「無」呢？現在我說了這些話，也不知我真的有所說呢？或沒有所說呢？天下萬物，就自體來說，沒有一個東西是比秋天毫毛的尖端更大的，泰山比起它來也不能稱大。就自體的存在來說，沒有一物比少年夭折的人更長壽，甚至彭祖比起他來，也不算長命。真正能體證這個「我」，天地雖長久，卻與我共生存；

萬物雖眾多，卻與我為一體。既然在本源上都是一體，那還需要去說「為一」嗎？既然說了「為一」，就已經有了文字語言的概念了。這個本源的「一」，和用文字表達的「一」，已變成了「二」。這個「二」與我們要去「為一」的一，又衍成了「三」。這樣觀念的相衍相生，即使神算子也會數不清的。而況平凡的我們啊！所以從「無」去談到「有」，已變成了「三」，何況自「有」而談「有」，更不知發展到什麼境地了。因此最好一無所適，完全順萬物之真是吧！

這個道未曾有它的界限，我們的言論更沒有不變的標準。由於各自以為是，才有彼此的差別現象。這個差別現象，有左，有右，有倫理，有義理，有分際，有辨白，有競賽，有爭鬥，這是一般人所謂八種德行。在上下四方之外的宇宙，聖人只是把它放在一邊而不論說；在上下四方之內的現象，聖人只是加以論敘，而不評議。《春秋》治世是先王的心志，聖人雖評議，卻不強辯。這是由於現象界的一切，有可分的，也有不可分的；有可辯的，也有不可辯的。為什麼呢？聖人只是懷抱萬物，而一般人卻是辨別萬物，以表示自己的高明。所以辨別萬物便不能見萬物的真是。

大道是沒有道名的，大辯是不用言辭的。大仁是不自以為仁德的，大廉是不自言誠信的，大勇是不逞勇狠的。道如果表明自己是道就不是道，言語如果只講爭辯就不能表達真意。仁如果有一定準則就不能周遍，廉德如果清以自顯便不能徵信。勇如果勇狠忮求就不能成事。這五者本是圓融的，可是卻好像是方的。所以我們的「知」，必須止於所不知的境地，才是最完美的。誰又能知道不用語言文字的大辯，不靠名辭言稱的至道呢？如果能知這一點，就是所謂的天府了。天府如宇宙的倉庫，不斷的注入，也不會滿，繼續的酌用，也不致乾，使人不知它的水從那裡流到那裡，這叫做掩藏了光芒。

從前，堯問舜說：「我想攻伐宗、膾、胥敖三小國，在我臨朝時，想到這點總是心有不安，為什麼會如此？」舜回答：「這三個國家的君王，小得就好像生長在蓬草艾草裡的生物，你對他們為什麼心有不安呢？很早以前，有十個太陽同時出來，照耀萬物而不相礙，何況德行比太陽還要高明的聖人呢！」

齧缺問王倪說：「你知道萬物所以為是的標準是否相同？」王倪回答：「我怎麼知道啊！」齧缺又問：「你知道你所不知的嗎？」王倪回答：「我又怎麼知道呢？」齧缺再問：「那麼萬物都是無知的嗎？」王倪再答：「我又怎麼知道呢！雖然一切都不可知，但我試加以說明。你怎麼知道我所謂知，不是一種無知？怎麼知道我所謂不知，卻是一種知呢？我要問問你，人們住在潮溼的地方，便會得風溼的腰病和半身不遂，而泥鰍是否會得病呢？人攀在樹木上，便會氣結、戰慄、恐懼，猨猴是否也會如此呢？人、泥鰍、猨猴三者之中，誰知道真正合適的住所呢？人類吃牲畜，麋鹿吃草類，蜈蚣喜吃小蛇，鴟鴉喜吃鼠類，這四者之中又有誰知道正確的味道呢？猨以狙為雌，麋與鹿相交，鰍與魚相游，毛嬙和麗姬是人們公認的美女，可是魚兒看到她們，便會深深的潛在水底，鳥兒看見了她們，便會高飛，麋鹿看見了她們，便拔腿飛跑。這四者中，又有誰知道天下最標準的美色呢？以我的眼光來看，仁義的源頭，是非的路子，是混淆雜亂，我又怎麼能知道它們的分別呢？」齧缺又說：「你既然不知道這一切是利是害，難道至人也不知道是利是害嗎？」王倪最後回答：「至人已達到神化之境，大澤被焚盡而他卻不感覺熱，河漢凍成冰而他也不感覺寒，迅雷摧破山岳，飈風搖動大海，而他則一點也不感覺驚懼。像他這種工夫，可以乘駕天上的雲氣、騎跨日月兩輪，而遨遊於四海之外的宇宙。死和生，都不能改變他，何況區區人世間的利害關係呢！」

瞿鵲子問長梧子說：「我曾聽孔夫子談起：所謂聖人不從事於世務，不親近利，不逃避害，不喜欲求，不攀緣道。不說而說，說而不說，遨遊於塵世之外。孔夫子以為這些話都荒唐不羈，而我卻認為它們是精妙的道行。你的看法如何呢？」長梧子回答：「黃帝對精妙的道行也有所不明，孔夫子又那能知道妙道呢？至於你說這些話就是妙道之行也未免言之過早了。你好像是看到了蛋就想到司晨的公雞，看到了彈弓就想吃烤鳥的肉。我為你姑妄談一談吧！你也姑妄的聽一聽吧！我們何不依傍日月，擁抱宇宙，與之和合。任萬物的滑亂混雜，而自處於低的地位和它們互相尊重。人們都驅役自己的精神，而我卻自居於無知的愚人之心，而和萬代的生生變化融成純然的一片。萬物都有其自是，而我以此和萬物相待相攝。能如此，我又怎麼知道貪生不是一種迷惑呢？我又怎麼知道怕死不是一種迷途而不知回歸呢？麗姬是艾封地方的一個女孩，晉國國王開始召她入宮的時候，她怕得涕淚滿襟。後來到了王宮，與國王同睡在華麗的大床上，吃美味的肉品，於是她大悔以前哭泣的無知。同樣，我又怎麼知道人死了以後不後悔以前貪生之不當？就像做夢飲酒作樂的人，醒了以後便哭泣。做夢傷心哭泣的人，白天快樂地去打獵，當他們做夢的時候，不知自己在做夢。在夢之中又做另一個夢，覺醒之後，才知都是夢。等到有了大覺之後，才知所做的是大夢。只有愚笨的人自以夢為覺，好像自己知道得很清楚似的。是君主，是臣子，好像確實分明。其實孔子和你都在做夢，我說你做夢，也是一種夢話。這樣的說法，似乎是一種詭辯的談論，只有等萬世之後，遇到一位大聖，點我迷津，對於以前的夢境，猶如一夕之間的突然而悟。

假定我和你辯論。你辯勝了我，我勝不了你。難道你就真的對嗎？我就真的錯嗎？相反的，我勝了你，你勝不了我，難道是真的我對，而你錯嗎？這是說我們兩人中，必有一人對，或一人錯呢？或可能兩人俱對，兩人俱錯呢？我和你都不知道，這是因為我們兩人都各有蒙蔽。我能請誰來做裁判，加以辨正。請和你見解相同的人來辨正，此人既與你相同，又怎能客觀的辨正？請和我相同的人來辨正，此人既與我相同，又怎能客觀的辨正？請與我和你都不同的人來辨正，此人既與我和你都不同，又怎能客觀的辨正？請與我和你都相同的人來辨正，此人既與我和你都相同，又怎麼能客觀的辨正？然而我和你和第三者都不能知道，難道還等待其他的人物嗎？其實，自然變化聲息的互相對待，正如它們並沒有互相對待。因此我們要『和之以天倪』，即以天道自然來調和萬物的不同，順萬物的自是以發展，這樣才能使各物都盡其所得於自然的命限。什麼叫做『和之以天倪』？也就是說：『是』的還它一個是，『對』的還它一個對。如果『是』是真正的是，它就很清楚的與『不是』不同，不必去強辯。如果『對』是真實的對，它就很顯然的與『不對』不同，也無須去強辯。忘掉年命的長短，忘掉義理的是非，使我們精神振揚於無限，使我們的生命寄存於無限。」

影子的餘影問影子說：「剛才你走，現在你停；剛才你坐著，現在你起來，為什麼你沒有一定的操守呢？」影子說：「我是有所待而如此的啊！我所待的東西又有它的所待而如此的。我之所待就像蛇脫去的皮，蟬脫掉的翼一樣，都是沒有不變的定體。我怎麼知道我為什麼如此？我又怎麼知道我為什麼不如此？」

以前莊周做夢變成了蝴蝶，像蝴蝶一樣翩翩而舞，自以為得其所哉，不知自己是莊周。突然他醒了過來，發現自己的形體是莊周。不知道是莊周做夢變為蝴蝶，還是蝴蝶做夢變成莊周。莊周與蝴蝶之間，必然有所分別。這叫做物化，就是與物無礙，相與而化。

解義

❶齊物論

前篇〈逍遙遊〉，是一種遠觀的鏡頭，我們看著大鵬的一飛沖天，再直奔天池，使我們不禁驚歎這偉大的奇觀。全文講「無己」、「無功」、「無名」，甚至「無待」、「無用」都是境界語，讀了之後，雖然心嚮往之，可是我們仍然在地上。境界語聽起來很美，如果沒有工夫，只是一個空幻的想像而已，所以本篇就是專講工夫的。本篇好像爬山，當我們看到大鵬飛向高高的山頂時，我們沒有翅膀，不能跟著飛，我們必須一步步的向上爬。在這條通天的路上，雖然有奇草異花，但也滿佈了山岩荊棘。所以本文不僅在《莊子》全書，而且在古代的典籍中，也是最難讀的一篇，真是所謂：「不是一番寒徹骨，爭得梅花撲鼻香」（黃檗禪師語）。

本文題名「齊物論」，有兩種不同的斷句：一是「齊物」論。舊注都作此解，如《文選》劉《注》：「莊子有齊物之論。」《文心雕龍》：「莊周齊物，以論為名。」這是因為《莊子》書中本以「齊物」連讀的，如〈秋水〉：「萬物一齊，孰短孰長。」〈天下〉：「齊萬物以為首。」二是「物論」連讀為齊「物論」。自王安石、呂惠卿直到近代的一些學者，都作此新解，如王應麟：「莊子〈齊物論〉，非欲齊物也，蓋謂物論之難齊也」，嚴復：「物有本性，不可齊也。所可齊者，物論耳。」其實《莊子》書中明言「萬物一齊」，而且「論」字常單獨使用，可是「物論」兩字合言，卻沒有例子。就本文來說，談「喪我」，談「生死」，談「物化」，也不是物論兩字所能限。所以我們仍採取舊注，而作「齊物」之論。在中國文字裡，這個「物」字，除了物之外，也包括了人和事，因此說「齊物」自然涵蓋了一切人事上的是非之論。

「物性」本來是不齊的，孟子所謂「物之不齊，物之情也」，所以嚴復說：「物有本性，不可齊也，所可齊者，物論耳。」至於「物論」也是不齊的，所謂：「是其所非，而非其所是」（〈齊物論〉），否則，便不能稱為「物論」。不過「物性」和「物論」之間有點不同。「物性」的不齊是得之於「天」的，大鵬體大，小鳩形小，這也是自然賜予的，沒有好壞的差別。如果藉大鵬來譏小鳥，或藉小鳥來笑大鵬，這便是物論。物論是一種後天的觀念和知見，正和「物性」相反，是失之於「天」的。

雖然「物性」和「物論」不同，但莊子「齊物」的工夫卻只有一個，就是以「不齊」齊之。對於「物性」來說，所謂「不齊」就是不以自己的標準去齊同萬物，而任順萬物的自性以為真是。對於「物論」來說，所謂「不齊」，就是不參與物論中去強分是非，而以天道之明，去照破觀念的執著。總合來講莊子的齊物，不是直接向外去齊同萬物，而是向內做工夫，不以差別觀念去對待萬物。

前面我們譬喻研讀本篇有如爬山。在山腳下時，我們站在萬物之中，因此往往會在千差萬別中去比較。可是當我們向上爬到了山腰，再看萬物時，往往會把它們看得一樣低，而自己也從它們之中超拔出來，不致與它們一樣計較，但這時，向下看固然超脫多了，可是向上看仍然被群峰所擋，只看到下面「小」的不對，卻看不到上面「大」的無限。最後，再爬到山頂時，人與天齊，一片無限光明，向下看時，也虛無飄渺，連「小」「大」的差別與無差別都一時拋卻。

爬山難，爬精神的山更難。在本篇中，莊子為我們留下了許多記號，我們如果沿著這些線索，便不會迷失。首先莊子揭出「吾喪我」，要我們先忘掉這個形體的我、欲念的我，精神才能不受拖累，而向上提昇。接著莊子一再提出「真宰」、「成心」，也就是真我，使我們心有所主，而增加了向上提昇的力量。然後莊子三次講「以明」，四次講「因是」，這都是「齊物」的工夫，使我們打破重重的觀念執著。最後達到「天地與我並生，而萬物與我為一」，這是本篇的結語，也是精神的山頂。接著在山頂上有一片平地，即莊子所說的「大道不稱，大辯不言」等，這也是本文的結論，是精神的境界。然後便是下山的路，莊子舉了許多故事，使我們一路下來，不再為觀念所惑，而能欣賞到百花之美。最後回到了平地，又走進了萬物云云的塵世，這時候，真我與萬物相融，達到物我一體的「物化」之境。

〈齊物論〉所講的，就是一個從「知」上不斷超越，不斷提昇的精神歷程。

❷ 本篇以南郭子綦和他的學生顏成子游的對話為開端，他們都是隱士之流，生平無法詳考。「隱几」是憑倚著面前的几桌，但並不一定是靠著，而是意味靜坐的意思。「噓」是緩緩吐氣。為什麼要「仰天而噓」呢？這是指精神上通於天，吐氣而使心虛的意思。「嗒焉」，陸德明《釋文》：作「解體貌」，即如有所失的意思。「耦」，司馬彪《注》：「耦，身也。身與神

為耦。」俞樾說：「司馬云：『耦，身也。』此說得之。然云：『身與神為耦。』則非也。耦當讀為寓，寓，寄也。神寄於身，故謂身為寓。」其實司馬彪「身與神為耦」也沒錯，因為「喪其耦」是同時忘掉了形體和心知的我。如〈大宗師〉上描寫「坐忘」的「墮枝體，黜聰明，離形去知」。「離形」是忘形體的我，「去知」是忘心知的我。由於這次南郭子綦的靜坐是兩者皆忘，所以才引出顏成子游的驚訝，因為以前南郭子綦只是忘形，使軀體不動如枯木一樣，而這次他連心知也靜寂得有如死灰相似。顏成子游問：「何居乎」，就是何所據，也即是問為什麼如此。南郭子綦回答：「吾喪我。」這是本篇的關鍵，整個〈齊物論〉的思想便是由此而開展的，而直貫到底的。這句話中分別說「吾」和「我」。前者是指主體的，真正的我，後者是指客體的，形體心知的我。憨山大師便說：「吾，自指真我。喪我，謂長忘其血肉之軀也。」顯然，憨山大師替南郭子綦的「吾」字畫龍點了睛。因為顏成子游的「心固可使如死灰乎」就是看到南郭子綦的心念不動，而懷疑形體可以不動，而心念豈能完全死寂。南郭子綦認為顏成子游問得很好，所以他說一個「吾」，表示了「吾」的主體猶在，是「吾」去喪了「我」的。而「吾」之所以能喪我，是由於這個「吾」，從軀體和心知的我中向上提昇。所以前文說「仰天而噓」，後文接著以人籟、地籟，而托出了天籟，使這個「吾」和天合一。「籟」是簫管，此處指音聲的產生。南郭子綦藉天地和人間音聲的譬喻，把「吾喪我」的抽象觀念，說得極為生動活潑，同時也反喻了在外面的形體來看雖然似槁木，但內在的心念卻並不是死灰，而是在熙熙攘攘中，不斷超拔，不斷提昇。

❸ 前段人籟是指簫管等樂器之音。顏成子游聽過簫管之音聲，而不知道大地的音聲，所以

顏成子游說「敢問其方」。「方」，《廣雅・釋詁》：「方，義也」，即意義。於是引出了南郭子綦有關大地的音聲的一段描寫。

這段話中有許多自然現象的辭語：「大塊」，注家的解釋各有不同，郭象《注》：「無物也」，司馬彪《注》：「大朴之貌。」又注「天也」。俞樾：「地也。」《淮南子・俶真》高《注》：「天地之間也。」其實莊子這裡沒有明言，顯然有他的用意。「塊」是塊然不可分的意思，所以「大塊」就是指混然一片的那個自然的本體。「噫氣」的「噫」，《說文》作「飽出息也」，即氣的滿盈而出。「怒呺」即怒號，喻風聲的大。「獨」是獨自，即指汝。「翏翏」，郭象《注》：「長風之聲也。」「山林之畏佳」，有些注家把山林改作山陵，把畏佳當作山勢的盤迴之形。如奚侗：「林當為陵。」李頤：「畏佳，山阜貌。」司馬彪：「山高下槃回之形也。」但根據下文，都是描寫風吹進了大樹的孔穴中而產生的各種聲音，所以此處指山林，即山中的林木，反而更佳。至於「畏佳」，注家都釋作「崔嵬」，其實如司馬彪解作樹木的高下盤迴之形也可通。又如憨山解為「搖動」，陳壽昌當作「林木叢集」，林雲銘：「山林之低曲限之處，所以受風者。」也都可通。「大木百圍之竅穴」，這是以百人合抱那麼大的樹木為譬喻，所謂「竅穴」就是指樹木盤根錯節，而形成的各種孔穴。「似鼻」指兩孔相連，「似口」指一孔張開。「似耳」指孔形斜入。「似枅」指方形似柱之孔，「似圈」指圓形杯圈之孔。「似臼」，指圓形似舂臼之孔，孔內不通。「似洼」，指孔如窪地。「似污」，指孔內藏污泥。「激者」指聲音如水的激盪。「謞者」指聲音如箭的呼嘯。「叱者」指聲音如叱罵。「吸者」，指聲音如吸氣。「叫者」指聲音如喊叫。「譹者」指聲音如號哭。「宎者」指聲音如低語，「咬者」指聲音如犬吠。

這都是指風吹入了各種孔穴，而產生不同聲音。「前者唱于，而隨者唱喁」，李頤：「于喁，聲之相和也。」其實這是指風吹入了竅穴，進去時和出來時之聲音相隨。「泠風」，指輕涼的小風。「飄風」指迴轉的大風。「厲風」，郭象：「烈風」，但厲有疾之意，可解作快速的疾風。「濟」即停止的意思。「虛」指空虛無聲。這是指疾風一停，竅穴的聲音立刻沉寂。「之調調，之刁刁乎」，郭象：「調調，刁刁，動搖貌。」但「調調」是樹枝的搖動，「刁刁」是樹葉的微動，這是指「眾竅為虛」之後，樹上的枝葉也逐漸由激烈的搖動而慢慢的變為輕微的搖動，而逐漸的靜止下來。這是《莊子》文學手法的生動描寫。由樹枝搖動的餘波盪漾，一方面襯托出風入眾竅而產生各種聲音的一切作用；另一方面也使我們在風靜，眾竅為虛之後，看到樹枝搖動的餘波，而另有深思。

❹「比竹」是以竹管排列為簫。李勉《注》：「今世以單管為簫，而古簫則以二十三管，或十六管編列於一排而為之。」所以人籟就是指簫管的聲音。地籟乃是前段大樹竅穴因風而產生的聲音。在這段話中，顏成子游接著便問天籟，南郭子綦回答：「夫吹萬不同，而使其自己也，咸其自取，怒者其誰邪！」這是指人吹氣入簫管，或風吹氣入竅穴，而產生各種不同的聲音。這些聲音的不同乃是由於不同孔穴自己形成的，人和風所吹的「氣」本是沒有聲音的。如果人和風有自己的聲音，那麼吹入了孔穴中，便只能產生一種特有的聲音。可見這幾句話所談的仍然是人籟和地籟。因此南郭子綦回答「天籟」的話，只有「怒者其誰邪」一句。這個「怒者」的怒，與「萬竅怒呺」的「怒」相通，是指振奮使其產生聲音的意思。這句話有兩種作用：一是前文的總結，是關門的話，也就是指沒有一個怒者。如郭象：「物皆

自得之耳，誰主怒之使然哉！此重明天籟也。」馬其昶：「萬竅怒呺，非有怒之者，任其自然，即天籟也。」這解釋並沒有錯，因為天籟即自然的本體，自然本體是無聲的，當然沒有一個幕後的主持者在有意於為聲，就拿「大塊噫氣」來說，不用「吐氣」兩字，而用噫氣，就表示氣流自然的滿溢而流出。但這種解釋被錯用時，往往會潛伏了一個危機。就是把自然當作沒有意義，沒有生命的機械作用，於是自然本體被鎖在自然現象之內，關閉了向上通透之路。就像我們只聽到了萬竅的怒號，而聽不到無聲的風。當我們看到了樹枝的「之調調，之刁刁」，儘管此時萬竅為虛，我們聽不到無聲之風，但我們卻可以由視覺的所感，而體驗到風的作用。這時候，我們會再深一層的去探究風的背後是否還有一個主體的問題。這就像人吹簫管，吹的氣雖然本身無聲，可是畢竟有一個人在那裡吹，否則氣和簫管同時俱寂，又那會有美妙的音響。就地籟來說，很容易以自然現象一筆抹煞，可是就人籟來說，卻使我們由人的存在，而觸及了主體的我。所以「怒者其誰邪」的另一作用，卻是問題的轉變，是開放的，使我們轉入了下面一段講人的心理現象，而引出了真宰，真君的問題，也就是由這個「怒者」，使我們觸及真我的存在。如憨山《注》：「怒者鼓其發言之氣，乘氣而後方有言也。誰者，要看此言畢竟從誰而發也。但知言從己發，而不知有真宰主之。若不悟真宰，則其言皆是我見，非載道之言。」陳壽昌也注：「風之怒，又誰使之邪？可知冥冥中之主宰，莫非天也。故不更言天籟之何屬也，此不答之答也。」雖然「怒者其誰邪！」這是問話，南郭子綦並沒有回答。但這個線索卻一直貫通下去，他的回答正啟開了〈齊物論〉的全文。我們精神上的高峰，就循此路線一步步爬昇。

前面南郭子綦和顏成子游的對話已結束。接著莊子把「地籟」的譬喻運用到人間世上，從人類精神的各種現象中，去探索「怒者其誰邪」。

❺ 「大知閑閑，小知閒閒。」這裡的「大知」與「小知」與〈逍遙遊〉中的「小知不及大知」意義不同。在〈逍遙遊〉中，是批評「小知」的囿於成見，而無法了解「大知」的境界。而此處的「大知」與「小知」就像前面的孔穴一樣，有的大，有的小，只是形體不同而已，並無境界上高低的差別。「閑閑」，陸德明《釋文》：「閑閑，簡文云：『廣博之貌。』」不過本段多從心理描寫，把大知解為廣博，意義粗淺。其實，閑的原意為防杜，憨山：「閑乃闌檻，所以防物不踰越者也。」而《易經・家人卦》：「閑，有家。」（〈初九爻〉）〈乾文言〉：「閑邪存其誠。」都有這個意思。所以「大知閑閑」可解作知慮嚴謹，閑邪存誠的意思。「閒閒」，俞樾《注》：「《廣雅・釋詁》：『閒，覗也。』『小知閒閒』當從此義，謂好覗察人也。」在《莊子》書中閒和間常相混，憨山便把此處的「閒閒」當作「間間」，釋為「法度準繩，斤斤一毫不假借者」。陳壽昌也作「間間」而釋為「分別也」，這和俞樾的「覗察」意義也是相通的。不過「閒」的普通意義是閒散，指思慮不密，用功不勤，這和「閑閑」正好相反，所以就「閒」的本義來解也很合適。

「大言炎炎，小言詹詹」，這是由語言反映出心理的不同。陸德明《釋文》：「炎炎，李作淡。詹詹，李頤云：小辯之貌。」把「炎」當作「淡」是相應於《老子》「道之出口，淡乎其無味」（第三十五章），但《老子》是描寫道的作用，而此處大言，是相對於小言而論的，並非絕對的至言。而且「炎」和「淡」的意義相差很遠。我們仍然依據原字為解，「炎炎」是指大言的氣勢很盛，如義正辭嚴的語言。「詹詹」，《說文》：「多言也。」即嘮叨不休。

「其寐也魂交，其覺也形開」是指精神形狀。「交」是交錯，指睡覺時，精神交錯。「開」是開放，指醒了之後，五官開放，精神外馳。

「與接為構，日以心鬥」是指心與萬物相交接，每天勾心鬥角。以下一大段便是描寫心理的各種狀態。「縵者」是指心思的緩慢，「窖者」是指心思的深沉，「密者」是指心思的細密。「惴惴」是指心神憂慮而不安。「縵縵」是指心神驚懼而麻木。「其發若機栝」，陸德明《釋文》：「機，弩牙。栝，箭栝」，這是指心思的發動，就像飛箭一樣的快速。「司是非」，就是察是非。「其留如詛盟」，指心思不動，深藏勿露，就像立下誓盟一樣，絕不洩漏一點機密。「守勝」即是為了把握勝算。「其殺若秋冬」是指心思運用過度，生機被殺，就像秋冬一樣，逐漸蕭條衰退。「溺之所為之」指仍然沉迷於所作所為，而不知反省。「其厭也如緘」，前面的「溺」是指對外物的沉溺，而此處的「厭」是指內心的貪厭無已。憨山《注》：「厭，即厭足飽滿。」「緘」即封閉，指心機封閉，了無生意。「老洫」，《說文》段《注》：「《莊子》書云：『以言其老洫也。』『老洫』者，枯靜之意。洫，侐之假借。」又「洫」字多指溝洫，即老舊的溝洫，水淤塞而不通。唯《莊子・則陽》曾用過這個字，如：「與世偕行而不替，所行之備而不洫」，即敗壞的意思。所以「老洫」也指老而枯乾衰竭的意思。

以上講心思和心機。以下講「喜怒哀樂」等情緒的變化。「慮」是多求。「嘆」是多悲。「變」是反覆。「慹」是惶恐。「姚」是輕佻。「佚」是縱逸。「啟」是開放。「態」是作態。總之，這些都是情緒態度的表現。「樂出虛，蒸成菌」是指前面各種情態，都是因外物的刺激而起。如聲樂出於樂器的洞孔，菌類因水氣的蒸發而形成。這些都是由無而有的。所以「日夜相代乎前，而莫知其所萌」，指一切現象，遷流變化，就像白天和夜晚的相交替，我們卻不知它們究竟是從那裡產生的。「已乎！已乎！」是勸我們停止勾心鬥角，向外追逐，使心平靜下來，就像「厲風濟則眾竅為虛」一樣。在這個時候，「旦暮得此，其所由以生乎？」這句話是本段的結論，也是關鍵。它與前段的「怒者其誰邪！」互相呼應。「旦暮」是早晚，即一旦的意思。「得此」的這個「此」字，莊子沒有言明，但非常重要。對應前文，這個「此」指「莫知其所萌」的「所萌」，是體悟到各種現象背後的主體，也就是萬象之「所由以生」的主體。

然而如何「得此」，莊子沒有正面的指出，只是描寫現象界的各種錯綜複雜的存在與變化而已。藉這些存在與變化，莊子提醒我們去想一想這些存在是否真實，這些變化的背後是否有主使者。套用禪宗的話，要讓我們參一參。

❻ 參個什麼？莊子進一步提出了一個「真」字。在這段文字裡，莊子一再的明言「真宰」、「真君」，和這個「真」字。

「非彼無我，非我無所取。」「彼」，郭象《注》：「彼，自然也。」宣穎《注》：「彼，即上之此也。」「自然」兩字較為抽象，王夫之更明白的說：「彼謂外物。」「此」字莊子沒有明言，憨山更直截的說：「彼，即上此字，指真宰也。」但這個「彼」字，後文曾一再提到，如：「物無非彼」、「彼是方生」、「彼亦一是非，此亦一是非」。可見這個「彼」是指和「我」相對的一切。「非彼無我」，是強調「彼」的重要。因為沒有一切現象界的物體存在，也就沒有「我」，因為「我」也是現象界物體中的一個存在。「非我無所取」是強調「我」的重要，沒有「我」又怎能去覺知「彼」的存在？前面的「我」是指存在的「我」；後面的「我」是指心知作用的「我」。這是說明「彼」「我」互存的真理。這種互存的關係，有深淺的兩種意義，就淺的說，即「彼」「我」的相待，也就是前面所描寫的萬竅因風而成聲，人心因外物而產生各種心理現象。在這層上如果不能向上提昇，便會變成「彼」「我」的對立和相斥，而成為「我是」「彼非」的爭辯，這是本篇後文所謂的「彼是方生」之說。深一層的意義，是由「彼」「我」的互存，而證知「彼」和「我」都有真實的存在。唯有能證知真實的存在，物才能齊，我才能逍遙。接著莊子說：「是亦近矣。」這句話大有文章，它一面是肯定的，說明這種互存的關係是近乎真理的，另一面又似乎是否定的，是說這種互存的關係只是「近」乎真而已，尚沒有達到實際的「真」。所以莊子接著說「而不知其所為使」，也就是說「彼」「我」雖然互存，但誰使「彼」存？誰使「我」在？如果不能體悟到這個存在的主體，「彼」「我」的互存只是一個觀念，始終會落空，而成戲論。

「若有真宰，而特不得其眹。」這個「所為使」的，就是「真宰」。「宰」是主宰。莊子用「若有」兩字，似乎沒有肯定，這有兩個原因，一是這個真宰不是高高在上，控制萬物的主宰，如上帝，或創物主。所以用「若有」兩字沖淡了這種對權威的執著。另一是下面一句「特不得其眹」，「眹」是徵象，也就是看不到任何「真宰」的形象，所以是「若有」，也「若無」的。顯然，在這裡莊子提出了「真宰」，但沒有肯定得太快，而預留了探討的餘地。

「可行已信」以下一段話是就「我」的作用和形體來試探「真宰」的存在。「可行」是指可以行動。西哲笛卡爾有一句名言：「我思故我在」，而此處「可行已信」，正可解作「我行故我在」。也就是說我能坐臥作息，由這個行動的自主性中，足證有一個主動的我存在。只是我們看到了一切行動的形相，而看不到支使這個行動的主體。「有情」的「情」一般都解作「實」，如陳壽昌：「情，實也。」這是由感覺作用的「情」來襯托出感應活潑的主體。

「百骸」指身體內的所有骨骼。「九竅」指眼耳鼻口等七孔加上排泄器官的兩孔。「六藏」指心、肝、脾、肺，再加上左右兩腎。「賅」是包括的意思。這是以身體的器官為譬。如果我們對這些器官一視同仁的愛護，它們都是被愛的客體，就像君主對待臣妾一樣，那麼，總有一個君主高高在上，也就是說總有一個去愛護一切的主體。如果各種器官有主有客，依次支配，就像四肢聽命於心識，那麼心識又聽命於誰？也就是推到最後，總有一個發動命令的主體。在這裡，莊子便肯定的說：「其有真君存焉。」「真君」和前面的「真宰」意義相通。「真宰」是對萬物而言，「真君」是對人身而言，都是指存在或動用的主體。

本段行文至此，直指「真君」，意義已很明顯，為什麼又說：「如求得其情與不得，無益損乎其真」，而特別強調這個「真」呢？「益損」即增益和減損。憨山《注》說：「即所謂不增不減，迷之不減，悟之不增，乃本然之性真者」。這雖然是講禪的自性，但與《莊子》的主旨可以相通，都是說明這個「真」的超然獨立，不受思考和感覺所影響。試想，即使我們得到了這個主體的至精，也並不能使它的真性多添一分，因為「真」就是「真」，是質的存在，而不是量的多少。那麼，我們豈能由於無法得到它的至精，以至使「真」有所減損，甚至不存在呢？英哲羅素不相信基督教，他曾為文批評神學家們證明上帝存在的論證有問題。即使這些論證不能證明上帝的存在，那麼羅素也不能只是批評這些論證的有問題，而證明上帝的不存在。這都只是在知識層面的「求得其情與不得」，並不能使「真」更「真」，也不能使「真」變假。莊子只是那麼簡單的兩句話，卻已戳破了千古以來在文字上是是非非爭論的誤謬。

❼ 在這段文字中，進一步從形體的必亡托出了真心的存在。「一受」是受之於天，「成形」是得到了形體。「不亡」指目前形體的存在，「待盡」是等待死期的到來。「相刃相靡」是指與外物相交，有如刀刃的所加，與萬物一同披靡。這是描寫我們形體的趨於滅亡，像風馳一樣，無法阻止，這是形體的必然結果。「役役」是為物所役，也即為形體所役。「苶然」，陸德明《釋文》：「簡文云：『疲病困之狀。』」這是描寫我們一生奔波，求名逐利，可是卻隨形體之亡，而同歸消滅，這是人生所追求的一切隨形體而亡的悲哀。但最大的悲哀乃是：「其形化，其心與之然。」這句話有兩層意義：表面一層是指一般人看到形體的必亡，以為他們的心也跟著消失，一切斷滅，人生毫無意義，這是最大的悲哀，所謂「夫哀莫大於心死，而人死亦次之」（〈田子方〉），深一層卻是暗示了我們的心可以不隨形體而亡，也就是說我們有個真心，不受形體的影響。

這個真心是人人都具有的，所謂「夫隨其成心而師之，誰獨且無師乎？」這裡的「成心」有兩種截然不同的注解，一作成見，如成玄英《疏》：「夫域情滯著，執一家之偏見者，謂之成心。」一解作真心，如憨山《注》：「現成本有之真心也。」這兩種注解完全相反，因此不能不審慎的抉擇。本書解義偏於後者，以「成心」為真心，理由可從以下三方面來觀察：

一是從文勢上來看。前面提出「真宰」、「真君」，強調一個「真」字，接著說「其形化，其心與之然」，是一種大哀。文章的發展很顯然的，是層層深入，而扣緊了這個「真心」。如果此處的「成心」，語氣一轉，而變為「成見」，這便使前面的文字剛點出了一個「心」字，卻又突然的失落了。

二是從文字上來看。這個「成」字在《莊子》書中用得很多，除了普通意義的成功，成就，或小成，大成之外，和心連用的「成」字，如「心且成之」（〈人間世〉），及「無形而心成者邪」（〈德充符〉），前者指心中有意去促成的意思，是負面的；後者指心的化於道，卻是正面的。除此之外，「成」和「心」雖沒有連言，但卻是指修心的工夫，如：「參萬歲而一成純」（〈齊物論〉）、「德者，成和之修也」（〈德充符〉）、「獨成其天」（〈德充符〉）、「攖而後成者也」（〈大宗師〉）、「成然寐」（〈大宗師〉）、「使我乘成以隨先生邪」（〈大宗師〉）、「成於德而不累」（〈在宥〉）、「成於天」（〈天地〉）、「不足以滑成，不可內於靈臺」（〈庚桑楚〉），從這些引句來看，這個「成」字有精神修養上的很高境界，是指完整，純粹的意思。再就這個「心」字來論，《莊子》書中用得很多，雖然大都是指一般感覺作用的人心，可是莊子講「遊心」、「用心」，都是在心上用工夫，而向上提昇，因此在「心」的最高層面上，講「常心」（〈德充符〉），有時也稱為「靈臺」（〈庚桑楚〉）、或「靈府」（〈德充符〉），其實指的就是真心。

三是從文義上來看。如果把「成心」解作成見，那麼下文說：「奚必知代而心自取者有之？愚者與有焉」，便成廢話。「知代」是知道外物的替謝，「心自取者」，是指心對外物的感應，而知取捨，這指的是知者。愚者就是終身役役、茫然不知的人。如果說這兩者，都有成見，只要舉知者，就可以概括「愚者」，而不必再說「愚者與有焉」了。接著下一句：「未成乎心而有是非」，「有是非」就是有成見，怎麼又說「未成乎心」呢？顯然這是語義的矛盾不通。

相反的，如果把「成心」解作「真心」，意義便明顯而有深度。因為一般人的茫然，就是心逐於物，而不知所歸。真正不茫的人，就是能返觀自心，以真心為師。這個真心在此處所以稱為「成心」者，就是指完整自成的心，所謂「完整」是不為物相刃相靡，而被割裂破碎。所謂「自成」，是自我完成，不逐物而逝。這個「成心」不僅智者有，愚者有，任何人都有，正是所謂「如求得其情與不得，無益損乎其真。」接著「未成乎心而有是非」就是指不能通達這個真心，而徒講是非，就像惠施辯論中的一個題目：「今日適越而昔來」（〈天下〉篇）一樣。惠施的意思是指今天我們去越國，第二天我們到了越國之後，便可說昨天我們來越國。可是惠施故意把時間前後的因素拿掉，卻站在今天的時間上說：「今天我們去越國，昨天我們就到達了。」顯然這是一種顛倒事實的詭辯，是以「無」為「有」的，也就是說這種是非之見根本沒有標準，即使神明有如大禹，也無法了解。其實並非神禹無法了解，而是不需要去辨別。在這段話裡，稱禹為神，其境界還比〈逍遙遊〉中所提到的堯為高。禹的成就是治水，有大功於世，所以稱為神，〈逍遙遊〉中說：「神人無功。」這是由於禹有大功，而不自居功，所以是神人。試想禹連這樣的大功都不執著，那裡還會為那些無聊的是非而傷神。

❽ 本段再進一步說明如何超脫這些言論是非。「言非吹也」是指言論和使萬竅怒號的風吹不同。風吹是自然的現象，而言論卻是人們為了表達意念而發的。但由於人們的意念飄忽不定，所以說：「其所言者特未定也。」我們整天說話，究竟說了幾句有意義的話。我們捫心自問，我們是否真的有所說，或我們根本未曾說過話。佛在《金剛經》中說他講了四十九年的法，卻未曾講過一個字，實在值得我們深省。「其以為異於鷇音」，「鷇」，司馬彪：「鳥子欲出者。」

《說文》：「鳥子生哺者。」前者指小鳥剛從蛋殼中出來的叫聲，後者指小鳥求母鳥哺食的鳴聲。前者的意思是正面的，這表示小鳥在蛋殼內成熟之後而向外求出。禪師們用以表示學生的自悟，如雲門禪師愛用「啐啄之機」一語，表示小鳥在蛋內啐，母鳥在殼外啄，以喻師生之禪機相遇。這和前面把「成心」解作真心正可相通。後者的意思有點負面，因為小鳥求食，吱吱喳喳，鳴叫不休。這句話表面的意思是指那些言論者以為他們講的都是有得之見，和小鳥們的吱喳鳴叫不同。莊子說：「亦有辯乎，其無辯乎？」是反問真的不同嗎？或沒有不同。如果就小鳥的吱喳求食來說，兩者之間是沒有不同的。可是就小鳥自蛋殼內鳴叫而出，這是真心的體現，兩者之間便大不相同了。莊子只投下問話，而沒有明言，在這裡也值得我們深思。

「道惡乎隱而有真偽？言惡乎隱而有是非？」這兩句話把本段轉入了正題。「惡乎」是「何所」的意思。「隱」是隱蔽（郭象《注》），也就是遮蓋的意思。道本來是純然至真的，可是究竟被什麼遮蔽住了，使人看不見，而有真偽的產生？言本來是真實的一種表達，可是究竟被什麼遮蔽住了，使人看不清，而有是非的爭論？莊子這問話，後面自有答案，在這裡值得我們注意的是，為什麼說「道」有真偽，「言」有是非。這是因為「道」是靠自己親身修證而得的，得則真，不得則不真。不得而以為得，不真而以為真，便是偽。所以求道便有真偽的不同。相反的，「言」是用來表達事實的，表達得對與不對，這是是非的問題。譬如任何理論都是根據它們的假設，孟子言性善，荀子講性惡，都是一種假設，究竟性是善是惡不是理論能夠證明，但性善、性惡的理論都有它們的用處，根據它們的用處去判斷孰優孰劣，這是是非的問題，而不是真假的問題。所以談到「言」就有是非的爭論。

「道惡乎往而不存？言惡乎存而不可？」這是進一步追問道和言失落的原因。「往而不存」是指道離去而不能存在。本來，道是無所不往的，由於無所不往，也就無所不存。由於無所不存，因此每個人的心中都有道，即前文所謂的「成心」。可是很多求道的人，卻把這個道弄得不知去向，遠離了我們。所以莊子要問這個道究竟跑到那裡去，而不能存在我們的心中。「存而不可」是指言的存在卻是不對的。本來，言的作用是把意念固定下來，使人可以了解實意，而互相溝通。可是很多人只在言上堆砌，而實意卻被一層層的言語扭曲得面目全非，所以莊子要問這個言為什麼愈固定，而意義卻愈有問題？

「道隱於小成，言隱於榮華。」這是前面所提問題的答案。「小成」是小有成就。「小」意味著有所限，有所偏，也就是限於時空，偏於一面。萬物的發展，本來始於「小」。身為萬物之一，注定了就是「小」。但這個「小」是暫時的，是形體的。如果以此「小」為「成」，便是自限於暫時，自拘於形體。所以「小成」乃是指有了小小的成就後，志得意滿，以此為大成。這樣就會阻斷了向上發展的路子，而不能證大道。「榮華」是指堂皇富麗的話，也就是老子所謂「美言不信」的美言。本來「華」指的是美麗，但莊子在「華」字上加個「榮」，暗示了一種貪求虛榮的心理。「言」是表達真實的，可是一有「虛榮」的希求，便會在言辭上過分修飾，而失去了真實。試看古往今來的哲學家們都是為了追求真理，可是很多的哲學理論過於玩弄名相，變成了語言的遊戲，這就是「榮華」之病。從他們的表現來說，不能不說是「小成」，可是限於名相，始終不見大道。

「莫若以明」這是本文的一個關鍵，在下文中，還會重複強調兩次。前面的「隱」和此處的「明」正好是一對照。「隱」是隱於小成和榮華。莊子以儒墨為例，因為在當時儒墨兩家是顯學，是有成的，而墨家擺明以反儒為招牌，儒家的後學，如孟子等也批評墨家不遺餘力，因此他們之間的是非爭論也最為激烈，但依莊子看來，他們的是非爭論都是各有所「隱」，也就是拘限於他們的一偏之見。所以說與其以自己的觀點來批評別人，是非爭執沒有定論，還不如「以明」。這個「明」字雖然是對「隱」來說，不為「小成」所隱，不為「榮華」所隱，就是「明」。但在這裡，莊子還沒有替這個「明」字作正面的解釋。不過就不隱於小成來看，這個「明」是打開了向上之路，而見天道的大；就不隱於榮華來說，是打破觀念執著，而見事物的真。

❾ 要如何「莫若以明」？接著莊子從事物的存在，以及我們對事物的觀念的歧異，以說明如何捨棄觀念的歧異，以還萬物的真面目。

「物無非彼，物無非是。」這裡的「物」是指萬物。就萬物本身來說，它們的存在無不是客體的存在，如山是山，水是水，大鵬是大鵬，小鳥是小鳥，它們在宇宙間，純是客體的存在，都是「彼」。但就它們自己來說，都有它們自己的天地，即主體的存在，山有山的特色，水有水的性質，大鵬有大鵬的異能，小鳥有小鳥的特長，它們在自己的天地內都是主宰，都是真實的，都是「是」。近人把這個「是」解作「此」，與前面的「彼」對立。雖然易解易懂，而且「是」也有「此」的意思。但莊子在這兩句話中用「是」而不用「此」，也是有原因的。這是因為一方面承接了前文儒墨的「是非」，另一方面也為了兼及後文「因是因非」之說。不過就這兩句話來說，「彼」是指客體，「是」是指主體，這兩者就觀念來說是對立的；就萬物的存在來說卻是統一的，郭象的《注》：「物皆自是，故無非是，物皆相彼，故無非彼」，這是由後面的是非之論來注的，王先謙所謂：「有對立皆有彼此」，也是因後文的「彼此」來論的。可是這兩句話中，莊子只言「物」，是指萬物的自身，「無非彼」，「無非是」，也就是無不是「彼」，及無不是「是」，這是以「齊物」的觀點統一來看的，因此是客體，也是主體，沒有彼此的對立，沒有是非的爭論。

「自彼則不見，自知則知之。」這兩句話語氣一轉，從「物」談到「自」。也就是從本性絕對平等的「物」，談到觀念差別的發端者「自」。所謂「自彼」就是以「自己」的觀點來看「彼」，使得客體存在的「彼」變成了和自體對待的「彼」，於是以「自」去觀「彼」，也就是以我的眼光去看彼，永遠也無法突破彼我的間隔，去了解彼。譬如宇宙中，山高水深，各有本色，是自然平等的，如果以我的眼光來看，懼高的厭山高，畏水的怕水深，相反的，樂山的說山明，愛水的說水秀。這些都是以「自」為中心的「彼」，而不是「物」的「彼」，所以說「自彼則不見」。至於「自知則知之」乃是指這個「知」是出於自我的，因此自我的知是明明白白的。如果物只有「彼」，只有客體的存在，就沒有「知」的作用，這個「知」出於自我的，所以每個自我眼中的世界卻是不同意義的。但每個自我都以為他（牠）們所看到的是真的世界，也就是真的「彼」。

「故曰：彼出於是，是亦因彼。彼是方生之說也。」這裡的「彼」是指被主觀意識所視為的他物，也就是不同於自己的「他」。這個「彼」的為我們所認識，是由於我們自知的「自是」。

譬如說，山不知道有水，因為它也不知道自己是山，無知性作用的物質界的存在都是如此的，即前面所謂「物無非彼，物無非是」。可是有了知性作用，便有「自」「他」（彼）的差別意識。所以「彼」的認識是由於自是，即「彼出於是」。而我們的自是也是由於「彼」的對立。因為有了對外物的認識，才會有自我主觀的作用。譬如：見山見水是見「彼」，而樂山樂水便是自「是」。所以這個樂山樂水的「是」是出於見山見水的「彼」而生的。莊子在這裡不說「彼」「此」，而說「彼」「是」，可能是有原因的，因為「彼」「此」，只是一種對立，而「彼」「是」便含有很多主觀的判斷因素。所謂「仁者樂山，知者樂水」，由「樂山」「樂水」的自是而有「仁」和「知」的不同。「山」和「水」還是相差不大的自然界，我們對它們已有「仁」「知」的不同，如果我們所見的「彼」相差很大，如愛人，仇敵，那麼這個「是」自然也就大不相同了。所以「彼」和「是」之間的相應關係，是非常微妙，非常複雜的，說穿了，這就是人類的一切意識作用，心理現象。所謂「彼是方生」就是指這一種作用的相生相應。這裡用一個「方」字有「並生」的「並」的意思，指這種關係的同時產生，密切不可分。

「方生方死，方死方生。」此處的「方生」，即是前文的「彼是方生」。那麼「方死」又是什麼意思呢？王先謙《注》說：「然其說隨生隨滅，隨滅隨生，浮游無定，郭以此言死生之變非是。」固然郭象把這裡的「生死」解作軀體的生死，是說粗了，轉變了命題，與前後文不相銜接。而王先謙解作「其說隨生隨滅」，究竟「其說」如何隨生隨滅，也說得不夠清楚。我們推究莊子行文的思路，「方生」既然是指「彼是方生」，那麼「方死」，就是指這種「彼是方生」的方死。所以這裡的「死」不是指軀體的死，而是指這種作用，或關係的消失或破滅。

因為「彼」、「是」既然相生，那麼，「彼」不存，「是」也不存；「彼」改變，「是」也改變。它們的相生，是「方生」，而它們的不存，或改變，就是「方死」。從它們的不存來說是「方生方死」；從它們的改變來說，又是「方死方生」。譬如我們的心，像一面鏡子，當甲物出現在鏡前，那麼甲物和鏡中的甲像便同時存在，這是並生，也是方生。當甲物離開後，鏡中便空無形象，這是「方生方死」。接著乙物出現在鏡前，於是鏡中又由無生有，而有乙物的形象，這便是「方死方生」。所以我們的心的作用就像鏡子一樣，時時刻刻在那裡「方生方死，方死方生」。

「方可方不可，方不可方可。」這兩句話進一步寫主觀意識。本來，就萬物的真性來說，是沒有「可」與「不可」的分別。我們說「可」或「不可」時，都是依照自己的觀點，或某一立場所定的標準來立論的。因此當我們說這種情形「可」時，即已表明另一種情形「不可」。相反，也然。譬如《易經》中每一卦的爻辭，有吉有凶。但並不是說你占到這一爻，就一定吉或凶。因為，如果這樣的情形是吉，那麼，不照著這樣的情形去做，便凶。所以吉凶沒有一定，完全在乎你如何去做。同樣，「可」與「不可」也沒有一定，全在於你的立場，或標準。

「因是因非，因非因是」，王先謙《注》說：「有因而是者，即有因而非者；有因而非者，即有因而是者。既有彼此，則是非之生無窮。」這個注已很清楚。所謂「有因而是」指的是「自彼」而生的「自是」。也就是由於把我和其他的人或物分開，而產生歧異，因而凸顯了自我，於是產生了自是的觀念。一切都以自己為「是」，這就是「有因而是」。由於以自己為「是」，便以他人為「非」，這也就是「有因而非」。所以「因是因非」，「因非因是」的是非是相對的、相生的「是非」，而不是真正的「是」。

「是以聖人不由，而照之於天」，「不由」就是不順著「因是因非」的路子走。「照之於天」的「照」是觀照的意思，「之」是指萬物。這個「天」字，在《莊子》書中用得很多，除了有形的「天」之外，都是指自然，本然，本源，本真和無為等意義。所以「照之於天」也就是觀照萬物的本然，本真之處，也就是不以自我的眼光來看萬物，不以是非的觀念來看萬物，而以萬物生化的無為自然處，來體證萬物的真實存有。注意這裡的「照之於天」和前面的「莫若以明」是一對照。前面的「明」就是「天」之明，也就是萬物本真的自明。「自明」不是「自是」，因為「自是」是蒙蔽在彼我差別的觀念上，而「自明」卻是自體的真實顯現。

「亦因是也。」這裡的「亦」字語氣一轉，表示這也是一種「因是」，但與前面「因是因非」不同。因為前面的「因是」會產生「因非」，而此處的「因是」只是「因是」而已，不會產生「因非」。這裡的「因是」就是順萬物的「自是」，這個「自是」，不是前面與「彼」對待的自以為是，而是個體獨立的真實存在。即山是山，水是水的各有其存在的意義。所以這裡的「因是」是對應了「物無非彼，物無非是」的話，由於這個「因是」，才能使「彼」與「是」相融，使客體與主體合一，也就是順萬物個體的存有，這是〈齊物論〉的關鍵語，在後文還會再重複強調兩次。

❿ 接著進一步從前面彼是的相對和是非相生，說到彼是的相同，及是非的無窮。

「是亦彼也，彼亦是也。」這裡的「是」雖然一般注解都當作「此」，或「自」，但由於和下面「是非」相連接，所以莊子不用「此」而用「是」。因而這個「是」，可解作自以為是的

「是」，由這個「是」才凸顯了自我意識。那麼這句話是說自以為是，只是你自己的判斷，在對方來看，你的「是」仍然是「彼」。同樣的，我們認為對方的「彼」，也有他自己的判斷，也有他的「是」。在這裡，莊子由「彼是」的相對，而轉到「彼是」的相同的論點上來了。

「彼亦一是非，此亦一是非。」前面所謂「彼是」相同，是從它們的同為一是非來說的，也即「彼」有彼的是非，此有此的是非。「彼」「此」自以為是，是「是」。而「彼」「此」相非，是「非」。所以「彼」「此」的相同，是都有各自的是非判斷。不能說「彼」是「此」非，或「彼」非「此」是。

「果且有彼是乎哉？果且無彼是乎哉？」這兩句雖然是感歎的問話，卻寓有深意。「果且」，即果真，也即究竟的意思。說它「有彼是」吧！卻似乎沒有，因為「彼」、「是」都是由於觀念的對待而成。所謂「物無非彼，物無非是」，所以就物性來說，本無「彼是」的差別意識。可是說它「無彼是」吧，卻又不然，因為在人類的觀念中，有對外物的認識的「彼」，也有自知的「是」，這是事實，不能抹煞。這兩句問話乃是引導我們去深思，進一步去超脫「彼」、「是」的相對。

「彼是莫得其偶，謂之道樞。」「偶」是對偶，也即相匹的意思。這裡仍然只說「彼是」，而不說「彼此」，因彼此只是單純的對立。本來山高水深也是相對的，在自然界的相對，也是相映成趣的，如紅花綠葉。可是一有觀念上的是非判斷，「彼此」便成了「彼是」。即「彼」非，而「此」是，這便成為是非的判斷和爭執。這種爭執，都是以別人為非，自己為是。「是其所非，而非其所是」。所謂「得其偶」，即指這種是非的相互批評、對待而生。「道樞」是道的樞要。「樞」即門的樞紐，《釋文》：「樞，要也。」道樞即引喻為道產生作用的關鍵。所以這句話乃是說如能使「彼」、「是」的是非不至於因對立而生，是非的爭執也就自然歸於寂滅，這就是道的作用。

「樞始得其環中，以應無窮。」以門樞為例，「環」是承托門樞的圓洞，門樞置入其中，便可旋轉自如。以此來描寫是非，如郭象所《注》：「夫是非反覆，相尋無窮，故謂之環。環中，空矣。今以是非為環而得其中者，無是無非也。」這是譬喻道樞在圓環的虛空處，不逐是非，而能以不變應萬變，這句話中，用一個「始」字說明道樞一開始便不沾是非，因此絕不會跟著是非走。接著用一個「應」字說明道雖然超離是非，但絕不流於虛無，它作用於現象界，自有其因應的方法。

「是亦一無窮，非亦一無窮也。」是非之所以都是無窮，有兩種原因：一就空間的相對來說，彼此以是非爭執不休，永遠也沒有定論，這即是前段所謂「是其所非，而非其所是」。一是就時間的變化來說，今日之是，也許是明日之非，而明日之非，又會是他日之是。譬如我們在圓環上定一點，向右轉為「是」，因此一直向右轉都為「是」而構成了無窮的是；那麼向左轉為非，因此一直向左轉，也就變成無窮的非。當然這種「是」「非」，都是觀念的執著。向右轉向左轉，其實只是同一個圓環而已，並沒有所謂是是非非。

「故曰莫若以明」，這句話第二次出現。前面的「莫若以明」是對道之被隱，或心中有所隱，而各有是非的爭執來說的。此處的「莫若以明」是對是非的轉變無窮來說的。但值得我們注意的是「無窮」兩字。就是非無窮來看，本是負面的意思。可是真正通向「無窮」之後，「無窮」卻又能轉化了是非的相對。因為放眼無窮，是非的對立便自然消泯，就像幾何學中的多角形，如果多角形達到無限多的話，便幾近無角，而與圓相似。所以真正「是」亦無窮，「非」亦無窮，「是」「非」便無界限。這是莊子在本段中講「道樞」，而以無窮去點化了「是非」的爭執，這就是「以明」，以天道之明去轉化彼是的是非的對立。

⓫ 這一段再進一步就物體自身來強調它們存在的真實。

「以指喻指之非指，不若以非指喻指之非指也；以馬喻馬之非馬，不若以非馬喻馬之非馬也。」這幾句話歷來的注解都不夠清楚，但很顯然的，這裡以「指」、「馬」為喻，正好和公孫龍著作中的兩篇名著：〈指物論〉和〈白馬論〉相合。近代學者劉師培、王叔岷等都認為《莊子》此處的「指」、「馬」與公孫龍所論的「指物」「白馬」的主題不無關係。不過這種論題也是當時名家常談的，所以《莊子》此處所言也並不一定是針對公孫龍而發的。這裡的「指」，雖然是手指的「指」，但卻是用指指物的意思，因此引申而為指稱，或名相。這兩句話的意思是：如果我們用指物的名相去說明名相所指不是所指之物的本身，還不如不用名相去表現名相所指不是所指之物的本身。因為我們已用了名相，又說名相虛妄，這樣便永遠在自己建立的名相上打轉。譬如別人的理論，我們批評它的不是，而我們的批評卻是根據它而發的，無形中，我們便依它而行，不能自主。因此還不如放棄對它的評論，任它自是自非，這樣反而能使它（彼）與我（是）各順自性，而不相妨礙。下面兩句以「馬」為例。「馬」也是一種名相，是去指那種我們稱牠為馬的動物。這裡和前面講「指」不同的是：「指」是抽象的概念，而「馬」是特殊實物的名稱。這兩句話的意思是：如果以馬的名稱去譬喻我們用馬的名稱（如白馬）不能完全表達馬的實體，還不如放棄這個馬的名稱，去表達馬的名稱不能完全表達馬的實體。因為我們一用了「馬」的名稱，我們便會糾纏在這個名相的許多觀念上，如「馬」是用來供我們坐騎、驅使的，就像許多喜歡賭馬的人，一聽到「馬」字，便會想到馬的好壞和賭博的輸贏。這又那裡是真正馬的實性呢？所以我們不用「馬」的名相，反而能真正體察馬的真性。公孫龍講「白馬非馬」，莊子則更徹底的要「忘馬」。因為忘馬之後，人與馬才能同遊於自然，人不必騎馬而樂，馬也不必為人而馳。

「天地一指也，萬物一馬也。」這兩句話是前面「指」「馬」之論的結語。在這裡，關鍵是這個「一」字，天地雖大，但天地的名字也是一種指稱。萬物雖多，但萬物的名稱約歸來說，都是一種稱呼，就同稱為「馬」一樣。天地是指整個宇宙來說，如果以各種名相來看宇宙，便會形成各種學說理論，現在我們以「一指」來齊之，便知天地為一，就不致為指物而頻生異見。同樣，天地中的萬物各有稱呼，如稱山稱水，叫牛叫馬，如果我們了解這些名稱雖異，它們的作用只是一個。我們如知道萬物之名都是稱呼，我們就稱萬物為馬，這樣就不會因名稱而有歧視，而產生爭執。所以這「天地一指也，萬物一馬也」的意思，不是要我們看這個「指」字「馬」字，而是要我們悟這個「一」字。悟了「一」後，便知「天地一指」而無指，「萬物一馬」而非馬了。

「可乎可，不可乎不可。」這兩句話，近代學者因不可解而認為是錯出的。其實，這兩句話是承接「一指」、「一馬」而來的。既然天地萬物就名相來說，都是一種指稱，那麼稱馬為馬，固然可；而稱牛為馬也未嘗不可。但既然是一種指稱，便不是天地萬物的自體，因此任何名稱都不是真的自體，誠如《老子》所謂「名可名，非常名」(第一章)，所以執著這些名相都是不可的，稱牛為馬固然不可，稱馬為馬，也有所不可。

「道行之而成，物謂之而然。」前一句雖可解作「路是人走出來的」，但這樣解釋會把意義說淺了。此處的「道」對應前面的「道樞」，和後文的「道通為一」，所以是指天道，或自然之道。這個「道」是它自己運行而成的，不是靠人們的意識觀念所構成的。其實「道」字也是個空名，道所指的是天地萬物的自體的存在和變化。由於它們的自然形成，就稱為道，如山高水低，或山明水秀，這就是道。至於下一句的「物」，固然是萬物，但「謂之而然」就是我們給予它們稱謂，稱山為山，稱水為水。大家約定俗成，都是如此稱呼，也就以為當然。好像山就該叫山，水就該叫水。

「惡乎然？然於然，惡乎不然？不然於不然。物固有所然，物固有所可。無物不然，無物不可。」這裡的「然」是承接「物謂之而然」來的，萬物的稱謂既然是約定如此的稱呼，如此就是如此，不如此就是不如此。稱馬為馬，就是如此，不稱馬為牛，就是不如此。然而這都是名相，都是人的觀念意識賦予的，不需要為此而爭論。因為爭來爭去，還是屬於名相。值得深察的是，物本身有它的本然，有它的價值。而不是人以自己的觀念給予萬物應該如此，或有什麼價值的判斷。譬如以人的觀點，馬應該是負重的，供坐騎的。可是馬如果有靈性，牠的以為「然」、以為「可」卻和人的評價不同。人以為的「馴馬」，在馬來說也許以為是孬種。如果我們超離了人的觀點來看物性，或捨棄了自我的觀點來看萬物，那麼萬物都各有它們存在的意義和價值。

「故為是舉莛與楹，厲與西施，恢恑憰怪，道通為一。」「莛」，《說文》：「莖也」，是指草莖，喻小；「楹」，木柱，喻大。這是小和大的不同。「厲」，司馬彪：「病癩」，喻醜；「西施」，美女，喻美，這是醜和美的不同。《釋文》：「恢，大也。李云：『恑，戾也。憰，乖也。怪，異也。』」恢，是大而無當。恑，是反於常態。憰，是變幻莫測。怪，是怪誕不經。總之，前面是指相對的事物，後面是指怪異的變化。可是道卻能打通它們，使它們齊而為一。道如何能「通」，能「一」？這是因為「道行之而成」，也就是說道順著物性而使它們各自成就它們的特性，它們的功能。「通」就是通於它們的特殊性能，「一」就是使它們各自發展它們的功能。萬物之所以有小大、美醜、恢恑憰怪的不同，乃是由於執著一面，而歧視另一面，如果萬物都能順著本性，各遂其生，便沒有這些差別的爭執了。這句話中的「道」字很重要，唯有能合乎道才能「通」、能「一」。

「其分也，成也；其成也，毀也。凡物無成與毀，復通為一。」這是再進一步說明，道之所以能「通為一」，並非道有何神力，而是道和萬物一體。道之能「通為一」是由於萬物能「通為一」。萬物之能「通為一」，並非萬物的殊相使然，而是殊相所本的共相能「通為一」。譬如小草的「小」，大樹的「大」，都是殊相，這些殊相是個體的，當然不能「通為一」。可是小草有小草的生命，大樹有大樹的生命，就生命的本質來說是一致的，小草有小草的功用，大樹有大樹的功用，就在宇宙中的功用來說也是相通的。所以這些殊相的個別物，就整體的自然大化來說，是相通為一的。基於這個道理，莊子便進一步說：「其分也，成也；其成也，毀也。」「分」是分化，譬如樹木被砍伐，這是「分」，砍下的木材，做成傢俱，這是「成」。傢俱用久了，變得破舊而被遺棄，這又是毀。所以站在一面來說，有分、有成、有毀的不同，可是就整體的宇宙來說，只是物體的不同轉化，材料的重新組合而已，「無成與毀」之可言。所謂「復通為一」就是在萬物的殊相變化中，再回到整體的自然大化中，再「通為一」。這個自然的大化，也就是大道。

「唯達者知通為一，為是不用而寓諸庸。」「達者」是指達道者，也就是知道整體的自然大化的人。「為是不用」就是不用「為是」。「為是」的「是」就是前文「彼是」的「是」，指以自己的觀點看別人，而自以為是。所以「為是不用」，就是不執著主觀的成見。「寓諸庸」的「庸」字，依照下文的解釋是「用」的意思，但此處不以「用」，而以「庸」字來表達，乃是因為這個「庸」字還有平庸一義，這和「中庸」的「庸」字相通，是指平常的事物。「寓諸庸」就是存於平常的事物之中，即不以我觀物，而順萬物之本然。

「庸也者，用也；用也者，通也；通也者，得也；適得而幾矣。」近代學者有以為這幾句是前人的注解而誤入者（如嚴靈峰），有以為這個「庸」即是功用的意思。這幾句話是否該刪是屬於考證的問題，如無理論上的必要，我們不想隨意附會。事實上，就思想上來說，這幾句話非常重要。由於這裡的「庸也者，用也」，可反證前面的「寓諸庸」的「庸」雖有功用之意，並不能直接解作「功用」，否則莊子無須用這個「庸」字。這個「庸」是指平常的事物。然後此處接著解釋為什麼要存於平常的事物，因為平常的事物都各有其功用。我們要正視平常的事物，從平常的事物中，深體一物有一物的功用，而從一物有一物的功用中，更能體察到宇宙大化的功用。這樣便能打通殊相的小格局，而能融通萬物，這就是所謂「用也者，通也」。能融通萬物，才能在外，使萬物各得其所；在內，使自己心有所得。這就是「通也者，得也。」所謂「適得」是萬物與我各有所適，各有所得，然後才能幾於道，也就是和道相合了。

「因是已」，這是本文第二次用「因是」。也就是由於「寓諸庸」，使萬物各適其性，各得其位，這就是順萬物的真是，也就是順萬物的本然。這裡的「已」是指已經或本來的意思。

「已而不知其然，謂之道。」這裡的「已」是承接「因是已」而來，所以「已」是指「因是已」的意思。「因萬物之自然」而不知其然，這就是道。這句話正好和本段前面的「道行之而成」相對照，因為「道」的行是透過了萬物的，所以道的成，就是萬物的成，也就是已而不知其然。

⑫ 接著莊子更就「為一」的問題，進一步加以說明。

「勞神明為一而不知其同也，謂之朝三。」「神明」是精神心知之明的意思。此處「為一」和「道通為一」，「復通為一」完全不同。「道通為一」，是由道的成就萬物，自然的通而為一。「復通為一」，是萬物的歸於大化，自然的通而為一。可是此處的「為一」卻是勞神明去勉強的為一。就像「為是不用」的「為是」一樣，是以自己的觀點、立場，去迫使別人，或他物與我的私見私意為一。孔子說：「君子和而不同，小人同而不和。」（《論語・子路》）這裡的「為一」就是小人的「求同」，和我一致，而抹煞了各物的特殊性。「而不知其同」，就是不知道在道之中，或整體的大化之一，各物的性體都是相同的，這是萬物的本一。「朝三」即下文「朝三暮四」的故事。

「狙公」是養猴子的人。「賦芧」是給猴子果實。狙公說早上給牠們三個，晚上四個，猴子們便不悅，換過來，早上四個，晚上三個，牠們便大樂。「名實」就是名之實，「名」指數目，「實」指果實。這些果實的總數，仍然是七個，可是分配不同，卻令猴子們產生喜怒不同的情緒。我們看猴子的作法也許覺得好笑，可是我們自己也處在扮演猴子的角色而不自知。其實猴子的作法也有牠們自己的想法，如果猴子能言，牠們也會一本正經的說：「我的想法並沒錯，早上四個比早上三個好，因為多了這一個，我就有這一個的自主權，即使我留到晚上再吃，和朝三暮四一樣，而我卻享受了這一個的自主權，你們人類還不是一樣，假如這個月薪水四萬，下個月三萬，當然比這個月三萬，下個月四萬要好，因為先拿一萬，就有一萬的利息呵！」所以猴子的想法也無可厚非。那麼莊子以猴子的故事為例，究竟用意何在呢？莊子的用意不在譏笑猴子，而在尋求出對應的方法。

「亦因是也。」這是第三次提到「因是」。前面的「因是」都是就理論上來講，此處的「因是」卻是以猴子的故事來講，是涉及運用，所以較為複雜。就行文的次序來看，這裡的「因是」是指狙公給猴子果實，由朝三暮四，改為朝四暮三，使猴子由怒而喜，所以是順猴子的心理來說的。猴子的心理，就是人的心理，由於以自己為主，因而產生是非之見。這是前面講的「彼是」的相因和方生，也是此處所謂的「名實未虧而喜怒為用」。那麼「因是也」，又如何去因順猴子的自是呢？猴子的喜朝四，而怒朝三，固然是是非之見，那麼狙公如果堅持朝三暮四，告訴猴子們加起來的總數都是七，這就是「勞神明為一」，無異和猴子一樣去爭是非。既然總數都是七，狙公便應改為朝四暮三，對自己無虧，可是使猴子轉怒為喜，這就是

「亦因是也」。藉順著猴子的喜好，而「復通為一」。所以莊子的「因是」是一種極高明的處世方法，這是一面順萬物的自是，使它們各適其是，而不致產生爭端，因而「自是」自泯，以達到宇宙大道的真是。

「是以聖人和之以是非而休乎天鈞，是之謂兩行。」「和」是調和的意思。再從前面的故事來說，有的注把芧解作小粟，朝三暮四，是朝三升暮四升粟。如果以升來算的話，很簡單，把它們和起來，平均分配，朝三升半暮也三升半，豈不是無話可說了。問題是人間的是非不像數目一樣可以和起來，再平均分配的。那麼又怎樣才能「和之以是非」呢？這句話的意思是調和「萬物的是非」以「是非」。也即是的任它是，非的由它非，「是亦一無窮，非亦一無窮」，我處道樞之中，以應無窮。就像猴子要朝四暮三吧，就給牠朝四暮三，皆大歡喜。然而問題又出來了，如果是這樣對付的話，豈不是「是非不分」，沒有真理了嗎？其實不然，莊子接著補上一句「而休乎天鈞」，非常重要。「鈞」字與均相通，成玄英《疏》：「天均者，自然均平之理也。」「休」就是歸休的意思，也就是回歸到自然大化的均平之道。這個「均平之道」是兩行的，也就是雙線道。譬如朝三暮四、朝四暮三是雙線的，就猴子或人類的心理來說，只認定一種是對自己有利的，可是就道，或天鈞來說，總數都是七，都是相等的。因此這兩條路都可用，都可通。所以「休乎天鈞」即歸於天道的自然均化。

⑬ 這一段轉到人間來，先由古人的知識的混同，再指斥世俗是非的爭論。

「古之人，其知有所至矣。惡乎至？有以為未始有物者，至矣，盡矣，不可以加矣。」「知有所至」是指知識的最高境界。有的人認為這個最高境界，是「未始有物」的。「未始有物」

就是無物，即「無」的境界。如老子的「太上不知有之」，六祖慧能的「本來無一物」。這是遊心於萬物之宗，即道體的境界。

「其次，以為有物矣，而未始有封也。」有的人認為這個最高境界是「有物」的，就是「有」的境界。但我們可以觀照萬物的存在，與萬物合一而沒有「封」。「封」是界限。即沒有彼此的界限。這是遊心於萬物之中而無分別意識的境界。

「其次，以為有封焉，而未始有是非也。」再有的人認為這個最高境界是「有封」的，即有差別現象的，如山高水低，花紅柳綠，甚至有各種的名相，如小大，長短等。但我們面對這種形相，雖然知道它們的差別，但卻不以自己的主觀去作是非的論斷。也就是遊心於形形色色的萬物之中，而任其自然。

以上三種境界，如以莊子前面的話來比較，第一種「無物」即道體的境界。第二種「有物」而「無封」即「道行之而成」，「成」即成物。第三種「有封」而「無是非」，即「道通為一」和「復通為一」。就是歸於自然之化。

「是非之彰也，道之所以虧也。道之所以虧，愛之所以成。」在現象世界中，萬物都有它們差別的殊相。萬物各安其殊相，共融共化，這就是道。如果我們有了是非觀念，又以這種觀念去強加分別，於是我們就破壞了這個平衡和諧的道。「道之所以虧」並非指道本身的虧損，而是指我們自己生活的道受到了虧損。什麼是道受到了虧損？譬如道在現象界的作用是一氣的變化，這個氣稟賦於我，也稟賦於萬物，都是同一個氣。雖然我和萬物形體有不同，但我和萬物各順性而發展，互不相擾，便是同歸於一氣，就像魚生活在水中一樣。這就是平衡和諧的同一個道。現在如果我們有了分別心，有了是非的爭執，我們便由相對的二，而執著自己的殊相，便不能歸於一。我們所稟賦的氣，便有了虧損，由一而二，如果二不能和諧的歸於一，那麼這個二對於一來說，豈不是虧了一半。由二而三而四，則虧得更多（按本篇下文，有一而二，二而三之說，這和《老子》道生一，一生二，二生三完全不同，這一點下文再論）。道一有虧損，自我的私愛便凝聚而成。值得玩味的是為什麼莊子這裡提出的「愛」字，是在「是非之彰」、「道之所以虧」之後。這有兩個原因，一是本篇的主題雖然講真我和萬物的自體，但立論的方法卻是從知識方面著手，所以莊子行文至此，都是論小知大知，是非言說。二是由「道之所以虧」來說「愛之所以成」，這是把這裡的「愛」限定在觀念的偏執上，而不是發乎至情至性的愛。

「果且有成與虧乎哉？果且無成與虧乎哉？有成與虧，故昭氏之鼓琴也；無成與虧，故昭氏之不鼓琴也。」這裡的成和虧是承接前文的「愛之所成」和「道之所以虧」而來的。莊子先提出「果且有成與虧乎哉」和「果且無成與虧乎哉」的問話，這是莊子行文的筆法，重在引我們作深一層的思考。接著莊子以昭氏的鼓琴為例，提出他對這問題的看法。昭氏即昭文，按《呂氏春秋》所載，是鄭太師，善於彈琴。莊子說：「有成與虧，故昭氏之鼓琴也；無成與虧，故昭氏之不鼓琴也。」這兩句話，郭象《注》說：「夫聲不可勝舉也。故吹管操絃，雖有繁手，遺聲多矣！而執籥鳴弦者，欲以彰聲也，彰聲而聲遺，不彰聲而聲全。故欲成而虧之者，昭文之鼓琴也；不成而無虧者，昭文之不鼓琴也。」這段話解得很不錯，但都就形而上來說的。我們如果扣緊前文，把它落實來看，昭文的鼓琴，當然在琴藝上有特別的造就，這是「成」。但琴藝上再高的成就也是有所限的，譬如琴音表達鳥音，表達得再好，也不如真正的鳥鳴。所以一有所「成」，對真正的自然之道來說，便有所「虧」。那麼昭文的不鼓琴，當然是無成，也無虧了。但莊子前面曾說：「果且無成與虧乎哉？」這句話有深意，值得我們咀嚼。莊子在這裡沒有言明，但我們在這裡卻不能放過。如果這句話是指昭文在不鼓琴的時候，無成無虧，那麼一般不懂琴藝的人，從來都不鼓琴，也是無成無虧的。這樣的說法便無深意。假如昭文在琴藝達到登峰造極後，自覺有成有虧的道理，有段時期，不再鼓琴，或終生不鼓琴。這也有兩種情形：一是經過這段不鼓琴的體驗，他的琴藝勢必有新的突破，然而無論他的琴藝再高，他一鼓琴，仍然是有所成，也有所虧。另一是他終生不再鼓琴，當然是永遠的無成無虧了。後人對於他的評價，也只能以他有成有虧處來論。至於他的無成無虧處，可能已由琴之「藝」，而進入了琴之「道」了。我們這些推論，雖然莊子沒有提及，但從他「果且無成與虧乎哉」的問話，使我們相信「昭氏不鼓琴」一語，必有向上一路的深意。問題重點不在鼓琴與不鼓琴，而在以「無成無虧」的最高境界使我們向上提昇，也就是自覺有所成就的渺小，而把心胸向沒有拘限的大道開放。前面所謂「道隱於小成」，即是這個意思。

「昭文之鼓琴也，師曠之枝策也，惠子之據梧也」，接著是描寫小成之所以為小。師曠字子野，是晉平公的樂師。前面昭文鼓琴，如果此處又寫師曠奏樂的話，似嫌重複，所以改用師曠的一個特色「枝策」。「枝」是動詞，作杜持著，「策」是杖的意思。陳壽昌《注》：「曠，瞽者，杖策以行，而不見如見。故於鼓鐘之類，善擊考也。」這是指師曠目不能視，在行走時用杖，而在奏樂時，雖看不見，但卻善於敲擊樂器。所以「枝策」本非奏樂，只是引喻師曠雖盲，卻能轉變盲的缺點而有成就。惠子即惠施。「據梧」，有許多注解硬把「梧」解作琴瑟，這是為了配合前面兩人都是樂師，其實惠子以善辯成名，並沒有他善於琴瑟的傳聞。在〈天運〉上曾說：「倚於槁梧而吟」，這句話雖然沒有明言惠子，但描寫出這幅圖畫是靠著槁的梧樹旁吟詠不休。這裡用「吟」字不一定指的是歌唱，而是影射出精疲力竭的呻吟，這和「枯槁」的梧樹正好對比。總之此處惠子的「據梧」，是指惠子常在梧樹旁發表高論，或和人辯論。這是藉「據梧」的特色來寫惠子的小成。

「三子之知幾乎，皆其盛者也，故載之末年。」這裡用一個「知」字很特別，因為昭文、師曠都是善於奏樂，是才能，只有惠子的善辯才能算為「知」。但莊子都統稱三人的才能為「知」，這是把問題轉入了知性的範疇，也正是本篇一開始討論小知大知，和彼我是非的思路歷程。就昭文、師曠的音樂造就來說，各有他們自己的特色，本無不可。如果把這種才能稱為「知」的話，就暗喻他們不只是為樂而樂，陶醉於為樂，而是以樂為知，自許其音樂造就。以樂為樂，只是不斷的為樂，而無自以為知，自以為成的感覺，相反的以樂為知，便自以為有所成，便有成有毀。所以說在「知」的成就，這三位人物在他們的領域中都差不多達到很高的境界，這裡的「幾」不是幾於道，而是「幾」於他們所認為的最高境界。「盛」，有的注本解作「成」，雖然意義不錯，但就「盛」字的本義也很好，乃是指他們的成就盛傳一時，所以為史書所載，直到於今。

「唯其好之也，以異於彼，其好之也，欲以明之彼。非所明而明之，故以堅白之昧終。而其子又以文之綸終，終身無成。」這裡的「好之」與前文「愛之所以成」的「愛」正好對應。

這種「好之」是一種私愛。「以異於彼」，就是標榜自己之所好、所愛，而顯示自己和別人的不同。「欲以明之彼」就是拿自己所好、所愛的，來誇耀自己比別人高明。「非所明而明之」就是不應該「明」的而去「明」它。前面講「莫若以明」，這是歸於天道之自明。這是我們應該稱頌的，至於個人的一點小才能、小技巧，便不值得一提。相反的，如加以誇耀，就會「以堅白之昧終」。「堅白」是指公孫龍的一個有名的辯論叫做「離堅白」。這是用一塊堅硬的白石為例，一般人只知道這是一塊白色的石頭，或分開來是「堅」、「白」和「石」的三個概念，但公孫龍卻認為是「堅石」和「白石」的兩件事物。莊子舉這個例子說明像惠施和公孫龍等名家整天辯談這些昧於事實的論題而終其一生。「其子又以文之綸終，終身無成」，這裡的「其子」，有的說是惠施的兒子，有的說是昭文的兒子。但惠施和昭文是否有子承父業，實不可考。在這裡我們不必執著去解釋，可當作泛指他們的後人。「文之綸」，「文」是指文彩，或表現，「綸」是指綸緒，或緒業。也就是說他們的後人只是依靠前人的餘蔭，連前人的成就都沒有，所以說終身無成。這就同許多學派的後人，雖然以該派自居，卻無創始者的精神，徒拾渣滓，非但無成，反而變為該派的罪人。

「若是而可謂成乎？雖我亦成也。若是而不可謂成乎？物與我無成也。」「若是」指前面所指那些人物的成就，在莊子看來，都是一技一能，都是小成。如果說他們的技能是成就的話，那麼萬物都各有他們的技能，譬如，魚兒會游水，猴子會爬樹，人類會走路。同樣，每個人也有每個人特殊的技能，這些都算是一種成就，所以說我也有我的成就。如果說這些技能都不是成就，那是因為這些技能都是每物所自具的，不應該誇耀於人，而以為是了不起的成就，從這個觀點來看，我與萬物都是發展自己的特性，算不了什麼成就。

「是故滑疑之耀，聖人之所圖也。」這句話有點難解，前人的注解極為不同。一類是把「滑疑之耀」解作好的意思，如憨山：「滑疑之耀者，乃韜晦和光，不衒己見之意。言光而不耀，乃聖人之所圖也。」陳壽昌也注說：「滑疑，不明貌。耀者，不明中之明也。圖，務也。」另一類是把「滑疑之耀」解作不好的意思，如王先謙：「司馬云：『滑疑，亂也。』案雖亂道，而足以眩耀世人，故曰：『滑疑之耀。』聖人必謀而去之。」馬敘倫、蔣錫昌、王叔岷多持此說。然而這兩說真正的意思都相通，其所以不同，問題的癥結在「聖人之所圖」的這個「圖」字上。前者是正面去解「圖」字，當作圖謀，希求之意。後者因解不通，因此把「圖」字改字求解，蔣錫昌：「圖借作啚」、馬敘倫：「圖借為否」、王叔岷：「圖當作啚，古鄙字。」這種改字求解，除非萬不得已，不能多用。因為第一證據不足，第二求解是為了求易解，往往會忽略了原字的深意。如果把「滑疑之耀」和前文相銜接，承著「若是而可謂成乎？雖我亦成也。若是而不可謂成乎？物與我無成也」而來，因為這兩句話一下子講「成」、一下子又說「無成」，語句滑溜，也滑稽，所以稱「滑」。文義寓有深意，卻不能淺嘗即知，所以有「疑」。「滑疑」即「弔詭」的意思。但這並非玩弄文辭，而是在「滑疑」不明中，有智慧的火花，所以稱為「耀」。聖人所圖的「圖」，正如《老子》「圖難於其易」的「圖」，是具有小心將事，善於運用的意思。

「為是不用而寓諸庸，此之謂以明。」這就是聖人從「滑疑之耀」中所體取的智慧。由於我和萬物各有所成，各有特長，因此不必是己而非人，所以說「為是不用」，即不以自己為是。

而我和萬物各有所成，等於我和萬物各無所謂成，也就是沒有值得誇耀的所謂成就。我和萬物都是各適其所用而已，這就是所謂的「寓諸庸」。明乎此，才是真正的「明」。「以明」，就是由天道的自然，來明萬物的各有所用。

⑭ 接著莊子又把話題轉回來，反觀自己的論辯。

「今且有言於此，不知其與是類乎？其與是不類乎？」這裡的「言」是指莊子的這番言論。「與是類乎」的「是」，指萬物的真是。也就是說莊子自反他的這些話是否真能合乎萬物的真是？

「類與不類，相與為類，則與彼無以異矣。」這是說無論與萬物的「真是」相合或不相合，都是一種言論，都不能執之以為是，而認為是絕對的真理，或以為是了不起的成就，這樣就會如前面所說的各種言論互相以「彼」對待，就是認為自己都是對的，別人都是錯的。對於這幾句話，王船山以為「防人摘己，而先自破之」。也就是說莊子為了下面提出他的見解而鋪路，表明自己並不是「好辯」，而是「嘗試言之」。這是莊子以退為進的寫法。

「雖然，請嘗言之。有始也者，有未始有始也者，有未始有夫未始有始也者。」這幾句話是從「時」方面向上追溯，萬物都有它們的「開始」，這是「有始也者」。而這個「開始」卻沒有它的「開始」，也就是「開始」的「開始」是無始。因為「開始」如果有始的話，它就不再是「開始」了。所謂「有未始有始也者」，是說未有開始的有始，也即是「無始」。而這個「無始」更沒有它的「開始」，如果「無始」有個「開始」，它就不再是「無始」了。所謂「未始有夫未始有始」是說未有開始的未有開始的有始，也即是沒有開始的「無始」。總括這些話，就是把萬物的開始，追溯到無窮無始的境界。

「有有也者，有無也者，有未始有無也者，有未始有夫未始有無也者。」這幾句話是從「空」方面超越對待而向上提昇。「有」和「無」是《老子》書中的兩個重要觀念。《老子》第一章說：「無，名天地之始；有，名萬物之母。」又第四十章：「天下萬物生於有，有生於無。」「無，名天地之始」，和前文「有始也者」的一段話相似。而「有，名萬物之母」，與本段話的「有」相似。這是指現象界的存有。但有「有」，也就有「無」，所謂「有無相生」（《老子》第二章）。但「有」的開始是「無始」，如前文所示，而「無」的開始也是「無始」，所以說「未始有無也者」。再向上提昇，這個「無始」的開始，絕不是「有」，否則便不是「無始」，所以說「未始有夫未始有無也者」。

綜合這兩段話，可以用圖表示如下：

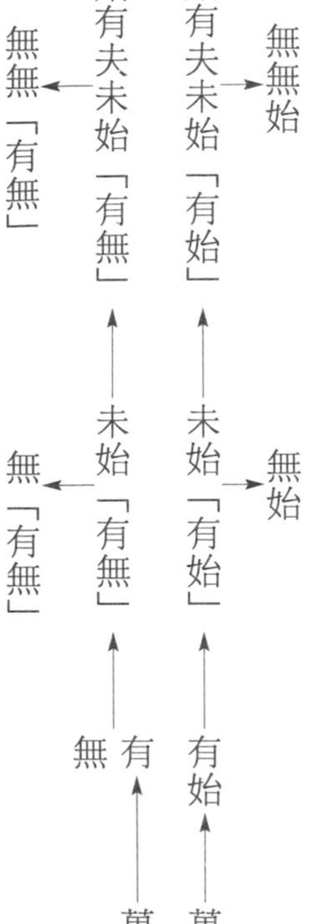

萬有 → 有始 → 未始「有始」 → 未始有夫未始「有始」
未始「有始」 → 無始
未始有夫未始「有始」 → 無無始

萬有 → 有　無 → 未始「有無」 → 未始有夫未始「有無」
未始「有無」 → 無「有無」
未始有夫未始「有無」 → 無無「有無」

「俄而有無矣，而未知有無之果孰有孰無也。今我則已有謂矣，而未知吾所謂之其果有謂乎，其果無謂乎？」「俄」是忽然的意思。這是依據前面所說的無「有無」，和無無「有無」

而來。所以當前的「有」「無」，不知所始，只能說是「俄」然而有「有無」。但產生了「有」、「無」之後，在現象界，又是「有無相生」（《老子》第二章）的，所以「有」、「無」並沒有一個固定的標準。執「有」執「無」都是片面的見解。由此而推之，莊子自喻他所說的話，究竟是「有謂」或「無謂」他也有所不知。這話在表面上，好像是自謙之詞，其實是有深意的。莊子說了這些話，當然是「有謂」，而莊子問「果有謂乎」？就是要我們不應執著「有謂」，而要知道其無謂。但他又緊接著問「果無謂乎」，這是深恐我們又執著「無謂」，而忽略了從「無謂」中所顯現的真「有謂」。這幾句話作為前面一大段話的結語，就是為了讀者不致因前面所說「未始有夫未始有始」和「未始有夫未始有無」而落入了虛無的洞窟中，而不知其中的深意。

在這裡還有一點值得我們注意的，本文從開始以來，都是莊子的言論，為什麼前面他不說「有言於此」和「今我則已有謂矣」，而在此處卻特別強調他要說的話？這是因為前面的話都是在批評「彼此」、「是非」，要我們不以己見為是。而在這裡莊子卻提出了他正面的理論。就像爬山一樣，至此已爬到山頂，達到了本文的結語，就是下面所說的一大段話，所以莊子才特別要說「有言於此」。

「天下莫大於秋毫之末，而大山為小；莫壽於殤子，而彭祖為夭。天地與我並生，而萬物與我為一。」「秋毫」是秋天的毫毛。毫毛的尖端到了秋天，變得非常細微，這是形容最小的東西，可是莊子卻說它極大。「大山」即泰山，當時的人都以泰山譬喻最高最大，可是莊子卻說它極小。殤子是少年夭折的人，莊子卻故意說他高壽，而彭祖活到八百歲，莊子卻說他夭折。這些話在表面上都是指大小長短並沒有一定標準。然而其中還有深意。因為「沒有一定標準」是由於我們用「一定標準」去衡量。在這裡，不是以秋毫和泰山相比，殤子和彭祖相較。秋毫如果是大的話，泰山畢竟大過秋毫，無論如何泰山總不能比秋毫為小。同樣殤子如果是長壽的話，彭祖總比殤子多活幾歲，又怎能比殤子還短命？所以這幾句話的意義可分兩個方面。首先「天下莫大於秋毫之末」，是就萬物的性體來說，秋毫之末在形體的比較上雖然極為微小，但就自體來說，它和其他萬物是一樣的，它不比萬物大，萬物也不比它大。其次「大山為小」，是就萬物的形體上來說的。如果從性體上來說，泰山和秋毫之末一樣，不能說「大山為小」。可是我們常舉泰山為例來譬喻，所以莊子故意說它小，因為在比較上來說，泰山比起天地，豈不又是小嗎？同樣「莫壽於殤子」，這是就性體來說，萬物都是同一的永恆，因此沒有任何東西比殤子長壽的了。至於「彭祖為夭」乃是就年歲的比較上來說。彭祖儘管活到八百歲，比起千年的神木，或永恆的宇宙，豈不又是短促有如殤子？所以這幾句話在這裡的用意是藉形體大小的差別沒有標準，而托出性體的超越相對，而為下面兩句結論鋪路。

「天地與我並生，而萬物與我為一。」如果讀〈齊物論〉就像爬山的話，那麼這兩句話就是山的頂峰，也是全文的結論。「天地」代表久長，「並生」是指同生。這個「我」在天地間，只是一瞬，又如何能與天地同生？或共長久？其實這個「我」有三方面的存在，一是「時間」，一是「空間」，一是「性體」。「我」在時間上和空間上，都是短暫的、局部的，可是在性體上，卻是整體的、永恆的。這裡的「我」，自是就性體上來說的。「並生」的「生」字很有深意，不是說「天地」和「我」在開始的時候同時產生，或將來「天地」與「我」同時消滅。而是指「天地」和「我」相合於一個「生」，也就是同一個「生」之體。「天地」在形體上雖然比「我」耐久，但在無窮的宇宙上，仍然只是短暫的一段。它和我之相比，就像彭祖與殤子一樣。不過彭祖和殤子只是就時間的長短來相比。此處卻不是就年歲的相比來論，而是拈出一個「我」字把天地與我相融，相融於一個「生」字上，把「我」融入了天地的生生不已。這個「生」字正是〈齊物論〉的眼目。全文從觀念的辨析，到此精神畢露。就是這個「生」字，不僅使我和天地共永恆，而且也把我和萬物打成一片。「我」本為萬物中的一個極小的部分。前面秋毫與泰山的相比，已打破形體上的大小觀念。此處更從「生」字上，把我和萬物合為一體。所謂「為一」，並非從外面，硬把它們整合為一。像唯物論者，把人貶為物，把萬物都以機械化的物質來統一。也不從內面，把它們拆散了而歸於一，像印度佛學，講四大皆空，使萬物無自性而於空處為一。此處是從生生處說為一。「並生」是就現象處來看，「為一」是從本源處來看。《老子》說：「道生一，一生二。」（第四十二章）這個一就是道的始生，也就是萬化的源頭。所以「萬物與我為一」是指在生生的本源上，萬物和我是一體的。

「既已為一矣，……而況自有適有乎！」這一段話是接著「萬物與我為一」之後，特別對「為一」兩字加以說明。因為「為一」是指本來的一體，是自然的一體。可是這個「為」有施為的意思，因此易被誤解為使其合一。甚至誤用為使萬物與我合一。所以莊子認為既然本來是一體的，說它們「為一」已是多餘。但現在既然說了「為一」，是不得已的，因此不應執著於這個「一」。否則，萬物的「本一」，和我們用語言描寫的「一」，已變成了「二」。然後我們又念念不忘去「為一」，拼命努力去「合一」，這豈不是又形成了「三」。即是萬物的本「一」，語言的為「一」，以及觀念的合「一」。單單這個「一」字，便衍化而為「三」，更何況對「本一」的誤解，對語言「為二」的誤用，以及對「合一」的方法的紛紜，更形成無法計算的觀念。「巧歷」是指巧於計數的人，像這種善於計算的人也無法算得清，更何況普通一般人？莊子說「為一」，本是為了打破人我的間隔，而還歸於「無」的境界，可是一執著於「一」，便使無變「有」，而衍生了不少葛藤，更何況一開始便執著於「有」，執著於名相的分別，豈不是更紛紜複雜了嗎？

「無適焉，因是已。」「無適焉」的「適」承前面「自無適有」和「自有適有」的「適」字，是指觀念的衍生無窮。在「無適」之後，斬斷了觀念執著，才能「因是已」，即順物自然。這是〈齊物論〉第四度強調「因是已」。「我」之所以能與「天地並生」、「萬物為一」，就是沒有分別之心，「無」吧！就任它去無，「有」吧！就任它去有，這樣便不會「自無適有」，也不致「自有適有」。這才是無適而無不適。

⓯ 至此，〈齊物論〉已爬到了最高的山頂，就是道的境界，所以接著《莊子》有兩大段文字論「道」的。

「夫道未始有封，言未始有常，為是而有畛也。」「未始」是本來就沒有。「封」是界限，也即是指分別。道是萬物生生不已的境界，在這境界中，萬物各依其性分而生，這個「生」的本質是一體的，絕沒有不同的分別。至於「言」是發乎人的觀念意識，隨生隨滅，因是因非，根本沒有一定的標準。用這個沒有定常的「言」，去描寫「道」，當然是不可能的，可是人們偏偏執著於這個「言」，用「言」去勾畫出自己以為是的「道」。這就是所謂的「為是」，即自以為是。一切的問題便出在這個「為是」上。「畛」，是界域，也即觀念的分別。

「請言其畛：有左，有右，有倫，有義，有分，有辯，有競，有爭，此之謂八德。」這裡的「八德」並非指八種德行，而是指八種自以為是的觀念。前人對這段話的注解都各不相同。不過這段話是承接「為是而有畛」而來的，所以都是因「自以為是」而產生的自以為「得」。「德」是「得」的意思。「左」是以「左」為是，「右」是以「右」為是，這是以方位而言，以自己所處的立場、角度為是。〈中庸〉所謂「所惡於左者，無以交於右；所惡於右者，無以交於左。」正是批評這種偏執。「倫」和「義」雖然據《釋文》：「崔本作『有論、有議。』」也可通，但原字並不難解。「倫」是倫常，指尊卑次序，即以尊為是。「義」是理，即以自己有理為是。這兩者是以禮義而言。「分」是不同，即以不同於眾，樹標新立異之言為是。「辯」是好辯論，即強辯而以為是，這兩者是以言論而言。「競」是競逐時尚，以自己領先別人為是。「爭」是爭取，以自己爭而有得為是，這兩者是以用力取勝而言。總之，這八者都自以為見道而有得，自稱為德，其實都是歧見，使我和萬物被割裂了。

「六合之外，……聖人議而不辯。」「六合」是指東西南北的四方，加上下的兩向，也即指有形的天地。「六合之外」是指天地之外，其理玄深，不是思想所能及，所以聖人「存而不論」。「存」是把它存放在一邊，不去談論它，也不否定它。「子不語怪力亂神」（《論語・述而》），所謂不語正是不論的意思。「六合之內」是指天地之內，即自然的人生的各種現象。「論而不議」，「論」是論述，只是對各種現象加以描寫；「議」是評議，指加以批評。譬如知山高水深，但並不因愛山高，而批評水深，反之亦然。「《春秋》經世」當然是指孔子寫《春秋》為了治世。「議」即指《春秋》的一字褒貶，使亂臣賊子懼。「不辯」指《春秋》的筆法雖然是評議，但都是據理而論，所謂微言大義，絕不是觀念遊戲，徒逞口舌之辯。

「故分也者，……故曰辯也者有不見也。」「分也者」是自以為是，而把人我加以分割。但「萬物與我為一」，人和我本質是一體不可分的。「辯也者」是好辯以求勝人。其實真正的理是超越語言觀念，所以不是辯所能及的。「聖人懷之」的「懷」字是抱的意思。《老子》有「聖人抱一」（第二十二章）之句。這個「一」，也是「為一」的「一」。如何才能抱一呢？吳怡《老子解義》釋為「虛而生物」，也即是虛其心，而使物自生。這正可以作此處「懷」字的解釋。俗語所謂虛懷若谷，能虛其心，才能和道相合，和萬物為一。一般人卻好辯以為是，以求勝人，所以一著辯談，心智便被自以為是的觀念所蒙蔽。正如《老子》所謂「不自見故明，不自是故彰」（第二十二章）。

⑯ 接著，進一步去描寫道的境界，以及如何懷之。

「夫大道不稱，大辯不言，大仁不仁，大廉不嗛，大勇不忮。」這裡所論的五者，第一個是道，其他四個是德，也即道之用。「大道不稱」是指大道不可名，因此不是任何語言文字觀念思考所能表示的，所以大道不在「辯之」，而在「懷之」。「大辯不言」，是指真正的辯白在乎事實本身，而不需要靠言辭的爭論。孔子說：「天何言哉！四時行焉，萬物生焉」，這就是大辯。「大仁不仁」是指最高的仁德，使萬物生長，而不自以為有仁恩於萬物，正如《老子》所謂「上仁為之而無以為」（第三十八章）。「大廉不嗛」的「嗛」字據王叔岷《莊子校銓》引諸家考釋以為即謙字的假借。但大廉何以不謙？意思還不夠清楚。根據下文：「廉清而不信」，可見這個「嗛」字含有「信」的意思。事實上「謙」字本和「誠」字有關。〈大學〉：「夫誠者，毋自欺，如好好色，如惡惡臭，此之謂自謙。」古注疏家都把自謙解作自足，其實以義為解，即自誠也。而「嗛」字在《漢書・藝文志》上明言「《易》之嗛嗛」，而《易經》的「謙」正是「誠」的表現。所以用誠釋謙本為正解。不過「大廉不嗛」的「嗛」是用它的負面意義，可作小誠小信解。「大勇不忮」的「忮」，據《說文》「忮，很也」，即狠的意思。又《詩經》有「不忮不求」（〈雄雉〉），《毛傳》：「忮，害也。」但此處「忮」和「求」對比，「求」是有所求，有卑順的意思，而「忮」是狠，嫉害，有高驕的意思，所以「不忮不求」可解作「不亢不卑」，所以這裡的「大勇不忮」就是「大勇」沒有驕亢的態度。

「道昭而不道，言辯而不及，仁常而不成，廉清而不信，勇忮而不成。」「昭」是指表達清楚。道是自然的法則，它是存在於自然運化中。表達清楚的道，已是加添了許多人為意識，已不是原來的道了。如果有人特別提出來說那就是道的話，顯然那只是他的意見，而不是真正的道。「言辯」是用語言去辯別，這已為語言所限，而不能彰顯真實。「仁常」是指固定的仁，已落於一種德目，而不能周流各種德行。譬如《論語》中的「仁」，依據伊川的解釋有「專言之仁」和「偏言之仁」。「專言之仁」是指統合所有德行的仁，「偏言之仁」是指屬於一種德行的「仁」，如「知仁勇」並言的「仁」指的是「愛」。「仁常」就是指這種偏於講「愛」的仁，只是一德，而不是諸德之本，所以不能周流普遍。「廉清」指講究自清的廉德，因執著於小信，反而不是至誠的大廉。「勇忮」是嫉惡鬥狠之勇，只能逞一時的快意，而不能成就大事。

「五者园而幾向方矣。故知止其所不知，至矣。」「园」即「圓」字。奚侗曾根據《淮南子・

詮言》「五者無棄而幾向方矣」之句把「园」改為「無棄」。其實，不以《莊子》原書為本，而以晚出的《淮南子》來更改《莊子》原文，這是顛倒次序的作法。何況「园」字遠比「無棄」兩字深而有味，更切合莊子原意。此處「园」和「方」是一對比。正如《易・繫辭上》所說：「蓍之德圓而神，卦之德方以知。」（〈上傳〉第十一章）「蓍之德」是指易道，「圓而神」是指圓融而神妙，無所不通，「卦之德」是指卦象，「方以知」，是指限於卦的方位，即形相，而有知。這對比正好與「园而幾向方」相通。「园」是指「大道」、「大辯」、「大仁」、「大廉」、「大勇」等都是道的境界，所以是圓融神妙，無所不達的。「幾近方」，是指它們在運用上，落於現象，所以是幾乎近於方的。這裡的「方」就是「方以知」。「方」是方方正正，即道德義理的規矩。這是屬於知性的作用，即本段所謂的「稱」、「言」、「仁」、「嗛」、「忮」，都是一面德行的表現，執著它們便易流於固蔽。誠如陳壽昌《注》：「圓則靈明四達，方則滯迹一隅。」此處「幾近方」就是指沒有變成方，而是在運用上，易於近方而已。因此我們要化方而為圓，向上超拔。所謂「知止其所不知」，這個「不知」就是圓而神的境界，也就是道體的境界，我們的知從「方」，即已知，而到「圓」，即不知，便是從小知而昇入大智，從知識而智慧了。

「孰知不言之辯，不道之道？若有能知，此之謂天府。」「不言之辯」是大辯，是理的本身。「不道之道」是大道，即道的本體。能知此至理大道，即智慧。稱之為天府，陳壽昌注天府為：「曠然虛空，包括萬有」。這個「天府」，在外，就是自然，在內，就是真心。

「注焉而不滿，酌焉而不竭，而不知其所由來，此之謂葆光。」「注焉而不滿」是寫不增；

「酌焉而不竭」是寫不減。不增不減是性之體。「葆」，《釋文》：「音保，崔云：『若有若無，謂之葆光。』」朱駿聲：「葆，假借為包。」林希逸：「葆，藏也。藏其光而不露，謂之葆光。」前面講「天府」是指天之虛，可以覆蓋一切。此處「葆光」是指地之有，可以包容一切。《易・坤象辭》「含弘光大」，及〈坤文言〉：「含萬物而化光」正是葆光的意思。這是光的內蘊。「天府」寫「圓」，而「葆光」寫「近於方」。〈齊物論〉寫到這裡，一面是登上了高峰，達到圓融神妙的境界。如大鵬之遊於天池，我們心智之入於天府。接著又將下山，回到現象世界。運用之妙在「近於方」而不為方，在「葆光」，有其光，而不耀其光。

⑰ 「故昔者堯問於舜曰：『……，而況德之進乎日者乎！』」這段話接著「葆光」而說，如何回到現象界的運用。「宗、膾、胥敖」，是三個小國的名稱。不見於經傳，可視為寓言。堯想征伐這三國，為什麼「南面而不釋然」？「南面」是君臨天下，「不釋然」是心有不安。堯之所以心有不安，是因為他有仁心，不忍征伐。可是他尚沒有達到大仁的境界，所以反而因仁而不安。「三子」是指三國之君，「存乎蓬艾之間」是指他們小得有如在蓬艾之間的生物。「十日並出，萬物皆照」是寓言，描寫「十日」能夠「葆光」，所以既不相燒，而且能遍照萬物，使萬物非但不因強光而灼毀，相反的，卻能各遂其生。「德之進乎日者」是指德不滯於一方，而達於圓妙，即上面所謂的「大仁」。在這一境界上，莊子的意思，是勸堯不應以征伐這三小國為事，如真能達到「大仁」的境界，自能以德感化他們，何勞征伐？

⑱ 在現象界的運用，就是用知。用知的毛病就是自己樹立知的標準，自以為知，而以這種小知去看事物、判事物。這就是自己畫了一個「方」的框框，以這種框框去規範天下。堯之

所以要攻三小國，就是這種框框的作祟，以下莊子鋪陳了三段，就是說明這種「知」的誤導。唯有打破這種小知，才能用知而不執著於知，用知而能上達圓妙之境。

「齧缺問乎王倪曰……『吾惡乎知之？』」齧缺和王倪都是莊子虛構的人物。這段話有三問：第一問：「子知物之所同是乎？」陳壽昌《注》：「所以同於自是之故。」也就是說萬物所以為是的標準是否相同。如你認為美，我是否也以為美。你以為好，是否我也以為好。如孟子所謂「心也有所同然」。王倪回答「吾惡乎知之？」我既不能知，這便已否定了同以為是的標準。所以有第二問：「子知子之所不知邪？」這個問題問得很巧妙。如果王倪回答「知我之所不知」，那麼問題又出在「知」字上，因為憑什麼去「知」你之所不知。這有兩種可能，一是我們普通說我不知真理，這是已認定了有真理，而說自己的知有所不及，二是我們根本懷疑有真理，而推說不知。所以這兩者，一有一無，都是兩邊。王倪避免掉入這個窠臼中，便整個否認而說：「吾惡乎知之？」即我怎麼知道我的不知，我又怎麼知道「知我之不知」。這是一個非常狡猾的逃脫法。可是齧缺仍然不放過，而追問：「然則物無知邪？」其實這也是齧缺的結論。當然王倪不會回答「否」而說物有知，因為這完全推翻了前面的回答。如果王倪回答「是」，這又產生了矛盾。既然「物無知」，那麼我們又憑什麼知「物無知」。所以王倪仍然巧妙的用同一個回答說：「吾惡乎知之？」這三個回答，只是一個意思，即是我憑什麼知道它們。這段話借三個回答以托出知的標準的問題。

「雖然，……，吾惡能知其辯！」接著這段話解釋一般的知是沒有一個固定標準的。「庸詎」，《釋文》：「李云：『庸，用也，詎，何也。猶言何用也。』」其實「庸詎」即是指用什麼標準。整句意思乃是憑什麼知道我的知是不知，我的不知卻是知呢？這是對知和不知的雙重揚棄。因為說「知」與「不知」，都假設了一個標準。符合標準的是知，不符合的是不知。如果這個標準根本不成立，那裡還有「知」與「不知」的分別呢！莊子這段話一開頭便斬斷了我們的觀念意識的執著。接著他舉許多事物為例。「溼寢」，睡在潮溼地方，「偏死」，半身痲木。「鰌」，泥鰍。「惴慄恂懼」，指惴息、戰慄、眩目、懼怕。「芻」，食草之獸，如牛羊，「豢」，食穀類之獸，如豬等。「薦」，美草之類。「蝍蛆」指蜈蚣，「甘帶」，喜食帶狀之小蛇。「鴟」，貓頭鷹。「猨猵狙」，猨即猿。猵狙，也是猿猴類。「毛嬙」，越美女西施。「麗姬」，晉獻公的嬖妃。「決驟」，快速奔逃。以上一大段乃是借各種飛禽走獸和人類，來說明各有偏知偏好，而沒有標準的地位、標準的食物和標準的顏色。如果不知道我們的知沒有標準，而以自己的觀點為尺度，便會造成知識判斷的混亂。「仁義之端」，是指仁義的端點，端點一錯，便各有各的仁義，如盜跖批評孔子是假仁義（見〈盜跖〉）。「是非之塗」指是非的路子。路子不同，自然各有各的是非，如儒墨，各是其所非，而非其所是。「樊然」，煩亂貌。「殽亂」，即淆亂也。

「齧缺曰：『……，而況利害之端乎！』」齧缺接著把話題一轉，由是非轉到利害。是非指對外在的判斷，而利害卻是有關於自己切身的問題。齧缺發現王倪一問三不知，如再問利害，他也會同樣回答不知，所以齧缺提出至人來問「至人固不知利害乎」？問至人，其實就是問至人的真知。因為普遍的知識固然有所限，不能知是非利害，那麼至人的真知是否也無所知呢？王倪的回答：「至人神矣！」這裡的「神」指的是神化，也就是超乎物質，完全的精神化。所謂至人，即至性之人，也就是指性體的境界。大澤燒焚，天上的河漢因凍結而乾涸，疾雷摧破山嶽，飄風震撼海洋，這些都是現象界的變動，只能對現象界產生作用，而不能影響性體。所謂「乘雲氣，騎日月，而遊乎四海之外」都是描寫性體順自然的變化，與天地萬物合一。即前面「天地與我並生」，「萬物與我為一」的境界。「死生無變於己」指死生不能影響我。這是說我的軀體雖有死生，但我不懼死、不求生、任順自然，所以死生不能改變我。「利害之端」是指利害的端點，一切利害的爭執起於這個端點，其實利害本是事實，譬如生就是生，死就是死。可是怕死求生就是一個取捨的觀念。同樣「利害之端」就是一個分別利害的取捨觀點。由於這個觀點的不同，便你有你的利害，我有我的利害，而形成了一切利害的爭端。至人神化，連死生都能超脫，還有什麼利害的爭端可言。這一大段話是把真知從利害的爭端中超拔出來。

⑲ 接著下面一大段說明知的大病在乎迷執，不能見道。

「瞿鵲子問乎長梧子曰：『……。吾子以為奚若？』」瞿鵲子和長梧子都是莊子筆下假託的人物。「夫子」是指孔子，因為後文曾提到孔子之名「丘」。不過下面一大段話，不是孔子所說，而是瞿鵲子引出孔子對該段話的批評。「不從事於務」的「務」，《爾雅．釋詁》：「務，強也。」郭象注為「勉強」，這與聖人無為對稱，陳壽昌解作「世故」，即世俗的事務。綜合起來，「務」是「為」的意思，也就是在有為的事業上有所成就。「就利」是趨就於利益，「違害」是遠離損害。「喜求」是貪求。「緣道」是指攀緣於道，也即執著自己的觀念以為道。「無謂有謂」是不言而言，是指雖不用言語，但已表達了真意。「有謂無謂」，是言而不言，是指雖然說了語言，但真意卻在言外。這正如〈寓言〉所謂：「終身言，未嘗言。終身不言，未嘗不言。」「遊乎塵垢之外」即不為世俗所累，而遊心於虛無逍遙之境。「夫子以為孟浪之言」是指孔子以這些話不切實際，只是空談。「而我以為妙道之行也」是指瞿鵲子以為這正是玄妙之道的實行。注意這裡用了一個「妙道之行」的「行」字，是特別對前面這些行為的肯定。

「長梧子曰……，見彈而求鴞炙。」「聽熒」，司馬彪作「疑惑」。「熒」有火光跳動，不清楚的意思。這是指黃帝對這些話尚不能置可否，而不是心中有疑惑。因為黃帝在《莊子》書中修道的境界很高，何至於對這些話疑惑。如有不解是不解這些是否是妙道之行，而不是這些話太高了，黃帝也有不明。前人注解，都錯會了這段文意，而把黃帝之「聽熒」，當作對這段話的疑惑。其實黃帝所「聽熒」的是妙道。而不是這幾句話所說的行為。「丘」是孔丘，「女」是瞿鵲子。這是指孔子不懂妙道，批評這段話孟浪，是不知。而瞿鵲子的「亦大早計」是因為他尚沒有體證妙道，而說這段話就是妙道之行，也未免言之過早。就像看到了雞蛋，便想到公雞司夜的報曉。看到了彈弓，便垂涎烤鳥的香味。

「予嘗為女妄言之，……，而以是相蘊。」其實長梧子以下的這段話，比起前面的「妙道之行」來還要虛玄多了。因為長梧子所嘗試去描寫的是這個「妙道」，自己也不敢肯定以為是，所以說是姑妄言之。不論長梧子的「姑妄」是如何的表達言語的有限，但很顯然的是，他沒有答覆瞿鵲子所談妙道之「行」的問題，而是揭出了另一個境界。「旁日月」是指和日月相伴。「挾宇宙」是指手把宇宙，即懷抱宇宙。「為其脗合」是指和日月、宇宙相合。「置其滑涽」，「置」是任置，「滑」是亂，「涽」是混。這句話是指任由現象界的參差不齊。前面和日月、宇宙相合，實際上，就是和萬物相合，正如《老子》所謂的「同其塵」。接著「以隸相尊」，「隸」是指最低賤的事物。「相尊」，就是相尊重，也就是不輕視最低賤的事物。「眾人役役」指一般人為塵勞所役。「聖人愚芚」，「芚」，司馬彪：「混沌，不察分也。」即聖人自處愚鈍，混然無知。即《老子》「愚人之心」之意。「參萬歲而一成純」，這句話是指聖人並非真的愚昧，而是他的性體，通古今，和萬化相合。「一成純」，是指成為純然的一體。「萬物盡然」，即萬物皆有其真性，雖然在一般人眼中，是「隸」、是「役役」，但就性體來說，卻是平等一味的，這就是所謂的「一成純」。「以是相蘊」，這裡的「是」即真是，也即「萬物盡然」的「然」，「一成純」的「純」。「蘊」，郭象《注》：「積。」也是含的意思，也就是萬物都含有真是。總括這段話與前面瞿鵲子的話相比，顯然前面的「妙道之行」，只是一般道家的修養，而這段話，卻是在心性上的直證道體的境界。難怪黃帝也未必能達到，何況孔子和瞿鵲子的批評和讚美，都只是在表面上的理解而已。

「予惡乎知說生之非惑邪！……，是旦暮遇之也。」「說生」是悅生，「弱喪」是沉溺於迷失。「蘄」是期求。「君乎，牧乎」是指君主和被管之民。「固哉」，固陋的意思。「弔詭」，即諔詭，指奇異怪誕。這段話先以生死為例，說明我們的貪生怕死都是心理的作用，就像做夢，人生似夢，可是我們還要做白日夢，這是夢中又有夢。在做夢的時候，都自以為是，自以為有知。等到醒了之後，才知道以前所做的是夢。所以我們對是非的爭論，生死的取捨，都是在做夢。可是一般的夢，總會醒過來，而人生的夢卻未必能醒。所以這段話最後說：「萬世之後，而一遇大聖」，這裡說「萬世」，是指時間的久長，也即覺醒之不易。很多人是一輩子做夢，至死也不醒。「大聖」、「知其解者」是譬喻見道。「旦暮遇之」是指見道之後，就像早晚一樣近在眼前。這裡「萬世」和「旦暮」對言，即表示不見道，猶如萬世而不醒，見了道，就像晚上睡，早晨醒，一切現成，活潑而鮮明。

⑳ 接著這一大段話藉是非沒有標準，以托出「忘」為入道的工夫。

「既使我與若辯矣，……，而待彼也邪？」「若」字和「而果非也邪」的「而」字都是指「你」。「黮闇」，李頤《注》：「不明貌。」此處實指有所蒙蔽而不明。這段話說明了是非之見都是由於每個人囿於某種成見，所以互相辯論，而沒有一個正解。這似乎走入了懷疑論的路子，否定了「知」的標準。可是「而待彼也邪」一語，卻又轉出了一片天地。在表面上，這句話是指沒有可待以判斷是非的。這個「待」是依靠的意思，「彼」是指外在的標準。事實上，這是句問話，在我，你，與其他的人都無可待的時候，我們究竟要如何自處？是否還有在我，你，他人之外的存在可以解決這個問題？

「化聲之相待，若其不相待，和之以天倪，因之以曼衍，所以窮年也。」「化聲」，注家都把它解作「是非之辯」。其實，「化」是指萬物的變化，「聲」是指聲響。這是引喻人們是非的爭辯，固然喧嘩不已。而萬物的變化，也是聲聲不止。如生之聲、死之聲、雌雄求偶之聲，所以「化聲」是總括萬化的聲息。這些「化聲」在表面上是相待的，如生死的相續。但「若其不相待」，也就是說各物都各有其生，死只是一瞬的轉化，譬如人的生雖然短暫，也能活上幾十年，死只是瞬息之間的變化，死了之後，變為他物，又以另一種生，存在於世間，所以真正分析起來，都是生生的相續。而每一個生都是永恆的存在，如僧肇〈物不遷論〉所謂「各性住於一世」。也就是每物在它們所存在的單位時間內，都是永恆的。「和之以天倪」，《釋文》：「天倪，李音崖，云：『分也。』崔云：『或作霓，際也。』」合起來，就是分際，「天」的分際，即自然的分際。也就是萬物得之於自然之份的不同，而有分際。「和」即是調和，也就是使它們的不同能夠和諧相合，相得益彰。如紅花配綠葉，山高襯水深。「因之以曼衍」，《釋文》：「司馬云：曼衍，無極也。」陳壽昌：「曼衍，猶游衍也。」按曼是漫，衍是生，即順萬物之性相而生。該長的長，該短的短，宜高的高，宜低的低。「所以窮年也」這句話是這一小段的結句，卻是關鍵的話。前面我們不把「化聲」解作是非之辯，與這句話有關，因為是非的辯論和窮年的意義並不甚相切。事實上，就人來說，是非是最大的爭論，而就物來說，並沒有是非的爭論，而只有生命長短的不同。所以我們把「化聲」解作萬物變化的聲息，就是指它們的生命而言。因此最後說「窮年」意思便能一貫。「窮年」並非活得無限，而是活到它們應活的年齡。

「何謂和之以天倪？……，則然之異乎不然也亦無辯。」接著，再申說「和之以天倪」。前面只是大化來說，此處指如何運用。「是，不是」，指觀念的是非而言，「然，不然」，指萬物的當不當而言。是與不是都各有它們的見解，誠如前面所謂的沒有客觀標準，所以不須去爭辯誰是誰非，同樣，然與不然都各有它們存在的意義。如果去強分然與不然，就會把各物存在的意義變成了是非的觀念來辨別了。所以「和之以天倪」即：是也好，不是也好；然也好，不然也好，都任它們去。於是，不是也是它們自己的「是」，不然也是它們自己的「然」。因為只有兩物交相批評時，才有是非；交相比較時，才有然與不然，如果各各平行發展、互不相斥，則都是「是」，也都是「然」了。

「忘年忘義，振於無竟，故寓諸無竟。」「忘年」是忘生命的長短，「忘義」是忘是非的爭辯。「振」，林希逸注「振動鼓舞」。這一個「振」字很重要，使這個「忘」字不致變成糊塗不分的忘，而是生命上揚的振起，有「覺」字的意義，和前面的「大覺」相對照。「無竟」即無止境。因為講是非然否，都是俯首注視有限的年命、有限的義理，可是當我猛然醒覺，仰首蒼空時，卻是面對無限的宇宙，任我遨遊。「寓」字，是寄寓的意思，也就是以無窮的宇宙為家，存身其中，與大化共遊。

㉑ 最後〈齊物論〉以兩個寓言故事為結論，此處是以影子和影子的影子寫觀念和真我的關係。

「罔兩問景曰：『曩子行，今子止；曩子坐，今子起；何其無特操與？』」「罔兩」是指影子的外圈，即餘影。「景」即影子。「曩」即剛才。「特操」，指特立獨行的操守。這裡是借影子的餘影，跟著影子動止，窮於奔命，而懷疑影子沒有一定的操守。影子的餘影如是非的爭執，影子如是非的判斷。

「景曰：『吾有待而然者邪！……惡識所以不然？』」「蛇蚹蜩翼」，成玄英《疏》：「蚹者，蛇蛻皮也。蜩翼，蜩甲也。言蛇蛻舊成，蜩新出甲。」這是指蛇蛻掉的皮，和蜩換掉的翼，都不是蛇和蜩的自體。另陳壽昌《注》：「蚹，蛇腹下齟齬也。蚹之行隨乎蛇。翼之飛，隨乎蜩。」這是說像蚹隨蛇動，翼從蜩飛，皆有所待，而不能自主。兩注以前者較佳。本來蛇皮是蛇的一體，可是蛻出的蛇皮卻已非蛇體，同樣蜩翼也是一樣的，這譬喻我們的身體本是和我們的真我自體不可分的，可是身體卻會衰亡，有如蛇蚹蜩翼。在這段話中影子所待的就是身體，而身體所待的是真我。可是這個身體卻變化不實，所以使影子所待而無特操。前面我們以影子喻是非的標準，那麼影子所待的身體，就如我們的思想觀念。本來思想觀念也為真我所發，可是思想觀念形成之後，卻為我們的欲望所左右，因此虛幻不實有如蛇蚹蜩翼。這種關係可以下圖表示：

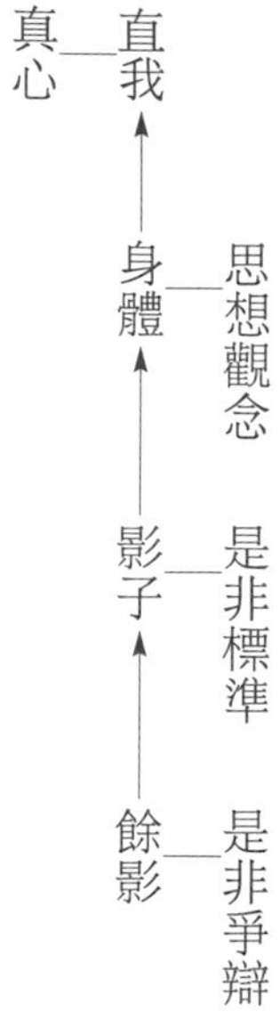

真我——真心
↑
身體——思想觀念
↑
影子——是非標準
↑
餘影——是非爭辯

影子的回答：「吾有待而然者邪！」這是指影子有待於身體。可是身體不能自主，必須有待於我們的精神。所以影子又說：「吾所待又有待而然者邪？」這句話是關鍵，如果這所待的是蛇蚹蜩翼，便是有待於欲望觀念，夢幻空花，真是夢中做夢，沒有覺醒之時。相反的，如待於真心，或真我，這所待便立刻轉成無所待，而一任大化而遊。這時罔兩即真體，還有什麼怨言。所以莊子問了兩句：「惡識所以然？惡識所以不然？」這並不是加強懷疑之論，使我們更添一頭霧水，而是藉這反問，使我們清醒，看出什麼是蛇蚹、什麼是蜩翼。

㉒ 這段是以莊周夢蝴蝶來描寫覺的境界。

「昔者莊周夢為胡蝶，栩栩然胡蝶也，自喻適志與，不知周也。」「栩栩」，崔譔本作「翩」，成玄英《疏》作「忻暢」，即逍遙快樂的意思。這是寫夢境，人生如夢，夢中自以為志得意滿，猶如蝴蝶的翩翩而舞，不知是莊周在做夢。這段話中提出「莊周」一名，這是莊子故意把「莊周」客觀化了，看成和蝴蝶相等的一個人物，這樣才能互相共夢而同化。

「俄然覺，則蘧蘧然周也。不知周之夢為胡蝶與？胡蝶之夢為周與？」「俄然」是忽然，「蘧蘧」，李頤注：「有形貌。」陳壽昌：「覺貌」，即覺醒而有知。這裡的「覺」是對前面的「夢」而言。照理應該是明明白白知道是莊周在做夢變為蝴蝶了，可是莊子語氣一轉，又說不知是莊周夢蝴蝶，還是蝴蝶夢莊周，這一轉語，又把覺推向了夢境，而轉出了下面大覺的境界。

「周與胡蝶，則必有分矣。此之謂物化。」石永楙以為「周與胡蝶，則必有分矣」一語為注文誤入，文義難通，應刪。其實，這句話非但刪不得，而且極為緊要。沒有這句話，莊周蝴蝶不可分，糊塗一片，便會落入了黑暗的「物化」之中。回到這故事的本身。當莊周夢為蝴蝶時，蝴蝶只知自己，而不知有莊周，這就同在這個塵勞世間中，每個人都只有自己，而不知有他人。我們雖然眼看到在形體上有我有他人的不同，而我們所謂分別心，不是真正知道有我也有他人，而是只有我而沒有他人。所以在覺醒之後，如果說莊周仍然只知有莊周，而不知有蝴蝶，這與蝴蝶的只知有蝴蝶，而不知有莊周有什麼差別？但在這裡不同的是，已意識到「不知周之夢為胡蝶與？胡蝶之夢為周與」，這一反思，已把蝴蝶和莊周平放在一起，一視而同仁了，接著「周與胡蝶，則必有分矣」，更深入到兩者的真體，而有真的分別。這句話，很多注解都把它當作一般形體的分別，而忽略了莊子在此處特別用一個「必有分」的「必」字的真意。陳壽昌注得好：「以本真論，必有分矣。」這是說證到了真我之後，才知莊周有莊周的真我，蝴蝶有蝴蝶的真我，莊周與蝴蝶有分，即各有其分，而互相轉化，不僅莊周可以夢蝴蝶，蝴蝶可以夢莊周，而且莊周可以化蝴蝶，蝴蝶可以化莊周，這即是物化。用青原惟信禪師的譬喻來說，未修道以前的見山是山，見水是水，就像蝴蝶之知蝴蝶，而不知有莊周。修道之時的見山不是山，見水不是水，就像莊周覺醒之後，不知莊周夢蝴蝶，還是蝴蝶夢莊周。證了道之後的見山只是山，見水只是水，就像知莊周蝴蝶的必有分，認清真我之後，又使莊周和蝴蝶同化。所以這裡的物化，不是把我降下來，變成了物，再和物同化。而是在修養達到真我境界後，把物提昇上來，和物同化。

〈齊物論〉一開頭，說「吾喪我」，標出一個真我，到了最後談「物化」。整篇文字的脈絡，很清楚的，都是貫串在一個真我上。有真我，才能主導「物化」，而不被物所化。才能齊「萬物」，而不為「萬物」所齊。

養生主❶第三

吾生也有涯，而知也無涯。以有涯隨無涯，殆已；已而為知者，殆而已矣！為善無近名，為惡無近刑。緣督以為經，可以保身，可以全生，可以養親，可以盡年❷。

庖丁為文惠君解牛，手之所觸，肩之所倚，足之所履，膝之所踦，砉然嚮然，奏刀騞然，莫不中音，合於〈桑林〉之舞，乃中〈經首〉之會。文惠君曰：「譆，善哉！技蓋至此乎？」庖丁釋刀對曰：「臣之所好者道也，進乎技矣。始臣之解牛之時，所見無非牛者，三年之後，未嘗見全牛也。方今之時，臣以神遇而不以目視，官知止而神欲行。依乎天理，批大郤，導大窾，因其固然。技經肯綮之未嘗，而況大軱乎！良庖歲更刀，割也；族庖月更刀，折也。今臣之刀十九年矣。所解數千牛矣，而刀刃若新發於硎。彼節者有閒，而刀刃者無厚；以無厚入有閒，恢恢乎其於遊刃必有餘地矣，是以十九年而刀刃若新發於硎。雖然，每至於族，吾見其難為，怵然為戒，視為止，行為遲，動刀甚微，謋然已解，如土委地。提刀而立，為之四顧，為之躊躇滿志，善刀而藏之。」文惠君曰：「善哉！吾聞庖丁之言，得養生焉。」❸

公文軒見右師而驚曰：「是何人也？惡乎介也？天與，其人與？」曰：「天也，非人也。天之生是使獨也，人之貌有與也。以是知其天也，非人也。」❹

澤雉十步一啄，百步一飲，不蘄畜乎樊中，神雖王，不善也。❺

老聃死，秦失弔之，三號而出。弟子曰：「非夫子之友邪？」曰：「然。」「然則弔焉若此，可乎？」曰：「然。始也吾以為其人也，而今非也。向吾入而弔焉，有老者哭之，如哭其子；少者哭之，如哭其母。

彼其所以會之，必有不蘄言而言，不蘄哭而哭者。是遁天倍情，忘其所受，古者謂之遁天之刑。適來，夫子時也；適去，夫子順也。安時而處順，哀樂不能入也，古者謂是帝之縣解。」❻

指窮於為薪，火傳也，不知其盡也。❼

語譯

我們的生命有限，而知識卻是無窮的。以有限的生命去追逐無窮的知識，這是耗精損神的。而以這種耗精損神的追逐知識為知識，追逐不已，更是危害心身的。對於善事，去做時，千萬不可為了貪名而作。對於不好之事，不要靠近它，使自己免於任何內外的刑罰。順著身心的虛空，以為正路，這樣才能保存自己的身體，保全自己的生命，護養自己的精神，使自己活到最高的年命。

有位姓丁的廚師被徵召去為文惠君示範解牛。他在解牛時，手的踫觸，肩的倚靠，足的踐踏，膝的相抵，劃然有聲。他的刀子向上推進，豁然而開。這一舉一動，都是音樂的節奏。合於〈桑林〉的舞步，和〈經首〉樂曲的韻律。文惠君看了後便說：「啊！太好了，想不到宰牛的技術達到這樣的境界！」這位廚師便放下了刀，回答說：「我所喜歡追求的是道，它是超越了一切技術的。在我開始解牛時，我所看到的，就是實實在在的牛。三年以後，我在解牛時，所看到的，卻不是整個的一隻牛了。到了十九年後的現在，我解牛時，是以我的精神去與牛相遇，而不是用肉眼去注視牛。這時，我的感官知覺停止了，而精神意識卻前行。我順著天然的肌膚紋理，刀子劃開皮肉的空隙，進入了筋骨的空洞處，一切都因應著那固有的情狀。所以那些枝生的經脈，附在骨上的肌肉都不是阻礙，何況那些較大的骨骸呢？一個善於用刀的廚師，通常都須一年換一把新刀，這是因為他常用刀去切割。至於一般的廚師幾乎一月須換新刀，因為他們用刀去砍折牛骨。現在，我的刀用了十九年，解剖了數千隻牛，可是我的刀刃鋒利得好像是剛從磨石上磨過的。這是因為牛身上的骨節是有空隙的，而我的刀刃卻是薄得幾乎沒有厚度。以幾乎沒有厚度的刀刃進入有空隙的骨節間，當然是寬大得好像刀刃在其中悠遊一樣。所以十九年了，我的刀刃還好像是從磨石中磨過的。雖然，有時候，我遇到筋肉相纏結的地方，那時，我知道很麻煩，便很小心的，注意力集中，精神意識緩緩而行。我手中的刀微微的動，忽然間，整隻牛已被解了開來，好像是泥土一樣灑在地上。這時，我提著刀站了起來，看看四周的觀眾，志得意滿。我愛惜我的刀，好好的把它藏了起來。」文惠君聽畢，便說：「太好了，我聽丁師傅的一席話，也知道養生的道理了。」

公文軒有一次看見右師而驚訝的說：「他是怎麼樣的一個人啊，為什麼只有一隻足？是天生的？還是人為的？」接著他自答說：「想必是天生的，而不是人為的。天生使他只有一隻足，所以他由天所稟，也就只有一隻足了。所以他的獨足是天生的，不是人為的。」

草澤旁的野雞，走十步啄到一粒食物，走百步飲到一口水。牠不願被養在雞籠中。牠的精神雖然能自主自得，卻不求世俗的善名。

老子去世時，秦失去弔唁。只哭了三聲，便離去。老子的弟子奇怪的問：「你是否是我老師的朋友？」秦失回答：「是啊！」弟子又問：「可是你這樣輕率的弔唁怎麼可以呢？」秦失回答：「可以的！開始時，我以為老子是人，可是現在我覺得他已不是人了。剛才我進去弔唁時，看到有年紀老的人哭他，好像喪子一樣。有年紀輕的哭他，好像喪母一樣。他們心中所感觸的，恐怕是不想說卻不能不說，想不哭也不能不哭的。他們這種對老子去世的哀悲之心，是違反了天道自然，和人生至情的，他們忘了生命是自然所賜，最後又須回歸自然。老子來到這個世間，是時的變，使他來，現在他離開人間，也是順著時間變化而去的。我們如果能安於時的變化，順著變化而走，一切的悲哀和快樂便不會進入我們的心中。這就是古人所謂的解脫了天帝生化的執著。」

用手指一直忙著去拿薪木燃燒，薪木所化的火焰，卻傳之永遠，而無窮盡。

解義

❶本篇承前篇〈齊物論〉而來。前篇由應付物，而說到知。於是提出一大套如何轉小知為大知，也就是如何超知、化知的理論。而本篇由知，說到生。於是把知放在一邊，提出一段養生的方法。

本篇題名「養生主」，是養生之主的意思，「養生之主」有兩義：一是「養生」之主。也就是說養生的方法很多，這裡是談養生中最主要的精神。這裡的「主」，是主旨之意，和前面「逍遙」之遊，「齊物」之論的「遊」和「論」，是同一層次的。另一是養「生之主」。即養「生命之主體」，是指本性，或精神。如憨山《莊子內篇注》：「此篇教人養性全生，以性乃生之主也。」王夫之《莊子解》：「形，寓也；心知寓神以馳，役也；皆吾生之有而非生之主也。」這是說我們的肉體和心知都不是生之主。生之主乃是精神。

「生」是生命，人們一提到生命，就只想到軀體的存在；一提到養生，就只想到肉體的長壽。後來道教講長生，雖然在理論上，主張性和命雙修，但一般人追求長生，也只是為了軀體的不死。其實在莊子眼光中，這種只求軀體的長壽和長生，也是一種欲望。有了這種欲望，根本就違反了養生的主旨。試看古今不知多少人，吃丹藥，求長生，反而速死。也有不少人，講究特別的補藥，甚至追求各種鍛鍊身體的秘方，到頭來，還是不能長壽。這都是由於他們只注意表面的保身，而不知真正的養生之道。

本篇所討論的真正的養生之道，乃是莊子思想的兩把鑰匙，一是忘，一是化。合起來，就是忘生而後能化其生。忘生是不執著軀體生命的長短，一切順其自然；化其生就是使生命化於大道，與自然共化。

❷ 莊子一開端便抓住生和知的相對而說：

「吾生也有涯，而知也無涯。以有涯隨無涯，殆已；已而為知者，殆而已矣！」此處的「生」是指軀體的生命，當然是有限的，而此處的「知」有兩層意義，一是對外物的認知，一是指人事上的知謀。莊子曾說：「知者，接也；知者，謨也。」（〈庚桑楚〉）「接」是心識與外物的相接。由於物量的無限，所以這種知識是無窮的，也即無有邊涯的意思。「謨」即是謀，《莊子》書中常常將知和謀連用，如「知謀不用」（〈天道〉）、「知者，謀之」（〈讓王〉），也即是說這種知識和心中的欲念有關，所以知是「爭之器」。在人事上的一切是非爭鬥，都是知。莊子說：「是亦一無窮，非亦一無窮。」可見是非之知是無窮的。以有限的生命去追逐無限而又是沒有標準的知識，自然是「殆已」。「殆」有二義，一是疲殆，一是危殆。「已」是已然如此的意思。所以這裡的「殆已」，是指精力的耗損已是如此。接著「已而為知者」的「已」是承接前文的「殆已」，指如此的耗損。「殆而已矣」的「殆」較前文的「殆」為嚴重，是指危殆的意思。因為前者，以有涯隨無涯，縱然耗損精力，猶是對外在客觀知識的追求，本無可厚非。可是「已而為知者」，非但沒有放眼外在的真知，而是誤把這種耗損精力的迷執為真知，這是迷上加迷，正如〈齊物論〉所謂的「近死之心，莫使復陽也」。舉個例來說，人類對宇宙人生真理的探索，儘管我們所得的，猶如大海中的一片貝殼，甚至窮畢生精力，還得不到這點小小的成果，但這種探索本身，自有它的價值和意義。這正是哲學、宗教、和科學的精神。可是在這三方面的園地上，有很多理論、見解、和方法，非但沒有帶領我們面對無限的真理去追求，相反的，卻製造了許多觀念、術語、和成見，像烏雲蔽日一樣，把這條本來光明的路子，層層圍住，猶如迷宮一樣，使我們窮畢生的精力，不是去求知，而是在他們設計好的知識上轉，以「殆」為「知」，豈不可哀？

「為善無近名，為惡無近刑。」這兩句話，前一句易懂，後一句難解。因為後一句好像教人為惡的方法，如何不受刑罰。前人為了替後一句找出合理的解釋，如成玄英《疏》：「為善也，無不近乎名譽；為惡也，無不鄰乎刑罰。」這是把否定的「無」改為肯定的「無不」，當然不合字義的原意。張默生以為：「按以上二句，當係倒句，當解作：『無為善近名，無為惡近刑』也。」究竟是否為倒句，仍值得商榷。王叔岷作新解說：「所謂善惡乃就養生言之。『為善』謂『善養生』。『為惡』謂『不善養生』。」這也可備一解。不過就莊子思想來說，這三種解釋的主旨都是一致的，因為是非兩忘，善惡不用，正是莊子修養的精神。但就本段的文義發展來看，前面說明了知的不可求，也即是對是非觀念的揚棄。接著說善惡，正是順著是非的知來談善惡的念頭，所以「為善」、「為惡」可解作「一念為善」、「一念為惡」。當我們有一念為善之心，千萬小心，不要為名所拘，使為善變了質，傷害了我們純真的精神。同樣，當我們有一念為惡之心，千萬留心，不要為刑所及，這樣為惡之心自除，心身自歸平靜。此處「惡」字，王夫之曾解為：「聲色之類，不可名為善者，即惡也。」也就是說「惡」不只是作奸犯科，罪大惡極，而是一念不善，或一念邪心。這可以從莊子用「刑」字的意義中看出，《莊子》書中的刑有三種，一是天刑，二是外刑，三是內刑。天刑即自然的生死，如本篇「遁天之刑」。外刑指法律上的刑罰，內刑即心中的憂患，如〈列禦寇〉上說：「為外刑者，金與木也；為內刑者，動與過也。宵人之離外刑者，金木訊之；離內刑者，陰陽食之。夫免乎內外之刑者，唯真人能之。」內刑是指內心欲念之動，而有過錯，受到了良心的責備，或患得患失等憂慮的折磨。這是內心的自我刑罰。所以「為惡無近刑」，就是有一念為惡之心起時，就應警惕，不要使自己內心受到良心的責備，這樣邪心自會消失。我們琢磨這句話，還可以發現深一層的意義，如果我們有一念為惡之心產生時，面對這惡，加以正面的破除，這樣又會偏到「為善」一邊去了。前一句「為善」近名既然不立，那麼如何對付「為惡」，莊子避過了正面對付「為惡」，而轉個彎說：「無近刑」，要我們做到保持內心安寧，沒有一點憂處的過患，這與本文結尾的「哀樂不能入」正好對照，也正是〈養生主〉的精神，善惡雙忘，而順乎自然。

「緣督以為經，可以保身，可以全生，可以養親，可以盡年。」在不近名、不近刑之後，接著說「緣督以為經」，顯然這句話是養生的方法。成玄英《疏》：「緣，順也。督，中也。經，常也。夫善惡兩忘，刑名雙遣，故能順一中之道，處真常之德。」郭慶藩《釋文》更引王夫之的《注》具體地說：「船山云：奇經八脈，以任督主呼吸之息。身前之中脈曰任，身後之中脈曰督。督者，居靜而不倚於左右，有脈之位而無形質。」在《莊子》全書，「督」字只出現一次，我們無由知道該字的其他用法。但「督」和「督脈」有關，在莊子思想中也是可以找到旁證的。本文講養生自然和身體有關。後文以庖丁解牛為喻，便談到「技經肯綮」等經脈。〈大宗師〉提到「真人之息以踵」，便是以呼吸周流，從腳跟而發的修鍊有關。至於〈人間世〉上講心齋而強調「聽之以氣」，因為「氣也者，虛而待物者也」。可見談到實際的修養，莊子仍然有一套身心上的修鍊工夫。當然這和後代神仙丹道並不一定相關，那是後人附會而加以發展。再回到「緣督以為經」來論。因為督脈所運行的氣是虛的，沒有善惡的念頭，所以莊子要我們從知的追逐中回頭來轉向自己，順督脈的中空，而虛其心，然後以「虛而待物」，自然得萬物之環中，而不耗損自己的精神。

「保身」是保護身體，「全生」是保全生命。「養親」是保養精神。這裡的「親」不是指雙親，因為本文和奉養雙親沒有關連。這個「親」是指自己身體上的至親，如〈齊物論〉：「百骸，九竅，六藏，賅而存焉，吾誰與為親」，不過本文「養生」重在精神，所以這裡的「親」

宜解作精神。「盡年」是指盡其天年，也就是天賦的壽命。每個人的壽命都有最高的極限，只是由於各種原因，如疾病、憂慮，和身體的損傷，使我們不能活到該活的年限。相反的，我們如果能善於養生，一任自然，便能活到應有的天年。在這裡可以看出莊子的養生，既不像世俗之人，只貪肉體生命的延長，而這一貪念，反成憂慮；也不像神仙丹鼎家，只求肉體的長存不死。古來求長生者沒有一人達到目的，反而吞食金丹者，多半暴斃而亡。

❸ 接著一大段庖丁解牛的故事，描寫生動，常被當作〈養生主〉的正文，其實這段話是象徵式的譬喻，言中寓理。不可因其故事的有趣，輕忽而過。

自「庖丁為文惠君解牛」至「乃中〈經首〉之會」。「庖丁」，《釋文》：「庖丁，庖人，丁，其名也」。即姓丁的廚師。「文惠君」，舊注都作梁惠王。「解牛」，本是宰牛，但莊子故意用「解」字，含有分解之意，這和普通的宰割不同。這一個「解」字便托出養生的方法。宰牛是一件令人噁心的醜陋之事，可是莊子卻用它來描述如此美妙的養生境界，這種不尋常的對照寫法，已透出了莊子的養生是如何面對這個惡濁的世間，及必腐的軀體而能使精神出污泥而不染。莊子筆下的「牛」，一面喻外在的世間，一面也喻內在的世界。「解牛」，即以我們精神的刀，遊刃於內外的世界與世間，不為物所困，不受欲所牽。順乎天理，而任於自然。「手之所觸，肩之所倚，足之所履，膝之所踦」，這是寫庖丁的解牛的動作。「觸」是探觸，「倚」是倚靠，「履」是踏著，「踦」是抵著。這是肢體與牛體的相接。「砉」，《釋文》：「崔音畫。司馬云：『皮骨相離聲。』」「奏」，《說文》：「進也。」「騞」，崔云：「音近獲，聲大於砉也。」按照文意來看，「砉然嚮然」是指庖丁用手足的所觸所踦，使牛的骨節鬆開的嚮聲，然後「奏刀騞然」，用刀刺入，而發出骨肉分離的聲音。「中音」是合乎音節。〈桑林〉、〈經首〉，《釋文》：「〈桑林〉，司馬云：『湯樂名。』〈經首〉，向、司馬云：『咸池樂章也。』」「會」是指音韻的相合。這是寫庖丁解牛非但沒有聽到牛被宰的嘶叫聲，相反的，卻優美得有如古典的樂曲。

自「文惠君曰：『譆，善哉！技蓋至此乎？』」至「而況大軱乎！」」「譆」，《釋文》：「歎聲。」「蓋」，也作盍，《廣雅》：「何也。」因文惠君對庖丁解牛之技的贊歎，而引出庖丁的一大段解牛的哲理。庖丁自認他喜愛的是道，「進乎技矣」的「進」是超過的意思。宰牛本來是一種技術，當技術純熟之後，便進入技藝的範圍。但就宰牛本身來說，無論如何純熟，總是一件令人生厭的事，又如何有美感，而進入藝術的領域，甚至和道相連？所以這兩句話並不是談解牛之技的進乎道，而是先揭出庖丁所求的是道，這個道是超越任何技藝的。

接著寫庖丁開始宰牛時，把牛當作牛，三年之後，了解牛身之結構，一眼望去，已把牛整個拆了開來，所以不是整個牛了。「方今之時」指十九年後。「臣以神遇而不以目視」，「神遇」兩字是關鍵。說明此時不再用肉眼，而是用精神。不是「見」，而是「遇」。眼的「見」物，必為物形所限；而神的遇物，卻能超形體，與物相融合。「官知止」是指官能的認知停止了作用。「神欲行」是指精神的意識自然的發展。這裡的「欲」不是指欲望，而是指自然的心念而已。「依乎天理」是指順乎天理。「理」本指玉的紋理，此處引喻牛體上的腠理，如成玄英《疏》：「依天然之腠理。」「腠」是皮膚，即皮膚的紋理。不過值得注意的是天理兩字的哲學意義。在《禮記・樂記》首先把「天理」和「人欲」對言，後來宋明儒家便把「存天理」、「去人欲」當作最重要的修養工夫。而「天理」兩字也和天道、天命相等。至於在莊子的哲學來說，「天」

字可解作自然，「理」是本具的道理，在〈天下〉上曾說：「析萬物之理」，可見萬物都有其本然的理路。這裡「依乎天理」，一面指自然的理路，一面也是指牛體的理路。「批大郤」，《釋文》：「批字，林云：『擊也』，郤，崔、李云：『間』也。」把批解作擊不是此處庖丁解牛的方法。這裡的「批」是劃開皮肉，指刀鋒切入的意思。「郤」是指皮膚和肉的空隙。「導大窾」，「導」是引導而入，「窾」指骨節的空處。「因其固然」和「依乎天理」正好對照，前者是指自然的理路，後者是指這些空隙和空處。「技」是指支脈，「經」是主要的脈絡。「肯」是粘在骨上的肉，「綮」是指筋肉的相結。「大軱」是指大骨。這幾句話是寫庖丁解牛是順牛體的自然結構，刀鋒插入空隙之中，而沒有阻礙。

自「良庖歲更刀」至「是以十九年而刀刃若新發於硎」。這段話描寫如何用刀。「良庖」即技藝好的廚師，「族庖」即一般的廚師。「割」是用刀切割，「折」是用刀去砍折。「硎」是磨刀石。「有間」指有空隙。「無厚」指薄到極點幾乎沒有厚度。「恢恢」指空闊。「遊刃」指刀刃入於空隙，而沒有阻礙。這個「遊」字極為傳神，和〈逍遙遊〉恰好對應。此處刀刃遊於牛體，正是象徵了精神的遊於人間世。

自「雖然，每至於族」至「得養生焉」。談過用刀之法，遊刃有餘，好像很輕鬆，如果如此等閒視之，卻又變為養生的大忌。所以庖丁又語氣一轉，而說：「雖然，每至於族」，這個「族」是指筋脈骨肉的交錯相聚。這時，不能掉以輕心，而「怵然為戒」。這個「戒」字極為重要。普通一提到戒，就會想到道德戒律，那些都是外在的教條。在養生來說，就是「為善無近名，為惡無近刑」的心戒。不過此處解牛的「戒」乃是謹慎小心的意思。「視為止」的「止」，是停止，即停下來，止於一處。「行為遲」，即刀刃的分解動作慢下來，似動非動，所以說：「動刀甚微。」「謋然」，成玄英《疏》：「骨肉離之聲也。」但「謋然已解」乃是指肢體分裂的樣子。「如土委地」，是指整隻牛的肢體就像泥土灑在地上一樣了無痕跡。「躊躇滿志」，《釋文》：「躊躇者，從容也。」即志得意滿的意思。「善刀而藏之」，這個「善」字，注家都作拭字，如郭慶藩作「拭刀」，《釋文》：「善，猶拭也。」其實「拭」只是擦刀的動作而已。莊子不用「拭」而用「善」，顯然是含有善待之，或小心保養的意思。「藏」字極為重要，刀刃用過之後，必須常藏鞘內，使鋒芒不外露。以此來譬喻養生，神過用則勞，所以必須藏神於虛。

文惠君因庖丁的話，而悟養生之旨。雖然文中並沒有再論養生之旨，但養生重在養神，就像庖丁的操刀，以無厚入於無間，不為名韁利鎖等筋絡所縛，知戒能藏，使神全而命不虧。

❹ 以下三段故事，都是反覆申明養生的主旨。

「公文軒」，姓公文，名軒，據說是宋人。「右師」是官名，姓氏不詳。這段話一般都以為公文軒問，右師回答，但據憨山大師《注》中認為是公文軒一人的自問自答。仔細體味文氣，憨山所說也合情理。因為從語氣上來看，「以是知其天也」的「其」字含有他人之意，而不像右師的自況。「介」是獨特，即指獨足。公文軒看到右師的獨足而驚訝的說：「天與，其人與」，「天」是天然，「人」是人為。即是奇怪右師的獨足是天生的，或人為的？所謂人為的可能是受刑被斷一足，或受傷而失去一足。照一般情形來說，天生一足的畸形很少見，右師的獨足多半是人為的。但公文軒沒有去請教右師，而自言說，是天生的，不是人為的。因為「天之生是使獨也，人之貌有與也」，郭象解：「兩足共行曰有與」，即是說一般人的相貌都是兩隻腳的，現在他只有一隻腳，可見是天要他獨足的。另有一解，如陳壽昌、馬其昶等認為「有與」即有天所賦與，也就是說天生成為獨足的，他的形貌為天所與，因此也就成為獨足了。這兩說都可通，但莊子借公文軒的話真正用意乃是，無論右師的獨足是如何形成的，都可視為天生的。即使右師的獨足是人為，在他未斷足以前，本應好好的保身。可是人生有很多事是出乎意外，無法避免的，因此在不幸斷足之後，也無須怨尤，因為所有的遭遇也是「天之生」使然的。唯有這樣的歸之於天，才不致因肉體的缺陷，而影響了精神的完滿無虧。〈養生主〉所養的就是這個「天之生」。這段故事也可作「為惡無近刑」的發揮，能養「天之生」，自然不致為惡近刑了。

❺ 這段話是以草澤旁的野雞為喻。「蘄」是祈求，「樊」是樊籠。這是寫野雞在草澤旁，十步才啄到一粒食物，百步才喝到一口水，牠卻甘於這種生活，而不希望被畜養在雞籠中。「神雖王，不善也」，有兩解，一把這句話的主詞當作籠中之雞，「王」作盛，旺解，即指牠的神態雖旺盛，可是被人豢養，所以不善。即不好的意思。另一解的主詞是野雞，「神雖王」，王是自主的意思，即指牠十步一啄、百步一飲，精神自得，不求養在籠中。「養在籠中」乃是暗喻高官厚祿，為名利所困。所以「不善也」，陳壽昌《注》：「不自以為善」，即為善無近名的意思。

❻ 這段話是借老子的死，來寫生死自然，安時而處順的養生之旨。

「老聃」即老子。「秦失」，又作秦佚，為老子朋友。秦佚弔老子的喪，只號哭了三聲，便離開，好像悲哀得不夠，所以老子的弟子才懷疑秦佚是否老子朋友。秦佚的回答：「始也吾以為其人也，而今非也。」這句話裡的「其人」，有的注本作「至人」（陳碧虛、奚侗等），甚至還以為秦佚對老子不滿，開始以老子為至人，後來發現不是（如張默生等），其實這裡的「其人」，只是泛指「為人」，也就是說起初秦佚以老子為人，所以用人的禮節去弔唁。後來發現老子的死，只是歸於自然，所謂「非人」，即是說不是世俗眼中的人，而是與自然為一，因此他不再號泣而出。

接著秦佚描寫那些老者少者去弔唁，哭得很傷心。所謂「不蘄言而言，不蘄哭而哭」。「蘄」即前文「不蘄畜乎樊中」的「蘄」，是期求的意思。也即是不想言卻不能不言、不想哭卻不能不哭，也即情難自己的意思。這樣的悲哀，都是把老子看作人，而不知老子已回歸自然。這種作法正是「遁天倍情，忘其所受」。「遁」是逃避，「倍」是違背。即違反天道自然，人生至理。因為我們的生命是天賦的，也是自然的給予，死了之後，還歸於天和自然，這正是理所當然。貪戀於生，而逃避死，是違反了自然的規律，這即是所謂「遁天之刑」。在《莊子》書中，天相當於自然，萬物都有死，這就像天的刑罰一樣。對於這種「天之刑」我們只有順著走，便不會因死而悲。「適來，夫子時也；適去，夫子順也」。「夫子」即指老子，「來」是來到世間，「去」是離開世間，即指生死都是「時」的變化。只要能安時而處順，便不為生死所影響。如能不因生而加樂，不因死而添悲，這就叫做「帝之縣解」。成玄英《疏》：「帝者，天也。為生死所係者縣，則無死無生者縣解也。」前面講「天刑」，此處講「帝之縣」，也即天刑，所以把「帝」解作天帝也是可通的。唯仔細分別，帝和天仍然有所不同。在《莊子》書中「天」多作自然解，但帝卻不是自然。〈大宗師〉描寫「道」能「神鬼神帝，生天生地」。

可見「帝」與鬼合言，而有別於天地。所以由此處可看出「帝」乃是造化創生的力量。和《老子》「吾不知誰之知，象帝之先」的帝都是指創造之始。所以「帝之縣」可解作造化之帝創造萬物而有生命，有了生命便對生命有所執著，這就是「縣」，也作「懸」。貪生便怕死，就像人在臨死時，關心這個關心那個，這種放不下之心，就是縣。「帝之縣解」，就是了解生死是自然的規律，有生必有死。能悟此理，安於生，而順於死，便能視死生為一條。使造化所創造的生死的循環，豁然而解。這段故事可以對照首段的「緣督以為經」，能夠養神以虛，使生死不入於心，便能虛以待物，不為生死所縣，也就不為哀樂所惑。人生一切苦難，如庖丁的解牛，刀未到時，早就謋然已解了。

❼「指窮於為薪，火傳也，不知其盡也。」

這幾句寫「神」，是養生的主體，可獨立在前段故事之外，作為本文之結尾。與首段養生的主要思想前後呼應。

「指」近人有解作脂，如朱桂曜以為「『指』為脂之誤，或假」（《莊子內篇證補》），聞一多、陳啟天都從之。但用「指」字本身並非不能解。「為薪」，俞樾解為「取薪」，也即用手指拿薪木放在爐中燃燒。薪木很快燃盡，所以手指忙著拿薪木，即「指窮於為薪」的意思。然而薪木燃燒的火焰，卻不斷的向上傳，沒有盡止。這句話，一般都解作薪木如軀體，會燃盡，而精神如火焰，卻傳之永遠。我們另有一解，不必把「窮」字刻板的當作盡字解，而是描寫忙於不斷的取薪，此薪化為火焰，然後再取另一薪而燃。這個「指」不一定是人的手指，而是象徵大化的「指」，「取薪」就是生物，物有了生，便有死，死了又轉化另一種生，生命的轉化不止就像火傳也，不知其盡。我們個體的生命，就像許多薪木中的一根而已。大化之指，給予我們生命，我們的生命，燃出了光和熱，個人的生命縱有燃盡，但這大化的流衍，卻是無盡的。能明白這個道理，便能把握養生的主體。對於肉體生命所遭遇的一切，自能迎刃而解，甚至不解而自解了。

人間世❶第四

顏回見仲尼，請行。曰：「奚之？」曰：「將之衛。」曰：「奚為焉？」曰：「回聞衛君，其年壯，其行獨，輕用其國，而不見其過。輕用民死，死者以國量乎澤若蕉。民其無如矣！回嘗聞之夫子曰：『治國去之，亂國就之，醫門多疾。』願以所聞思其則，庶幾其國有瘳乎！」❷

仲尼曰：「譆！若殆往而刑耳。夫道不欲雜，雜則多，多則擾，擾則憂，憂而不救。古之至人，先存諸己而後存諸人。所存於己者未定，何暇至於暴人之所行！且若亦知夫德之所蕩而知之所為出乎哉？德蕩乎名，知出乎爭。名也者，相軋也；知也者，爭之器也。二者凶器，非所以盡行也。❸且德厚信矼，未達人氣；名聞不爭，未達人心。而強以仁義繩墨之言術暴人之前者，是以人惡有其美也。命之曰菑人。菑人者，人必反菑之，若殆為人菑夫！❹且苟為悅賢而惡不肖，惡用而求有以異？若唯無詔，王公必將乘人而鬥其捷。而目將熒之，而色將平之，口將營之，容將形之，心且成之。是以火救火，以水救水，名之曰益多。順始無窮，若殆以不信厚言，必死於暴人之前矣！❺且昔者桀殺關龍逢，紂殺王子比干，是皆修其身以下傴拊人之民，以下拂其上者也，故其君因其修以擠之，是好名者也。且昔者堯攻叢枝、胥敖，禹攻有扈，國為虛厲，身為刑戮，其用兵不止，其求實無已。是皆求名實者也，而獨不聞之乎？名實者，聖人之所不能勝也，而況若乎！雖然，若必有以也，嘗以語我來！」❻顏回曰：「端而虛，勉而一，則可乎？」❼曰：「惡，惡可！夫以陽為充孔揚，采色不定。常人之所不違，因案人之所感，以求容與其心。名之曰日漸之德不成，而況大德乎！將執而不化，外合而內不訾，其庸詎可乎？」❽「然則我內直而外曲，成而上比。內直者，與天為徒。

與天為徒者，知天子之與己皆天之所子，而獨以己言蘄乎而人善之，蘄乎而人不善之邪？若然者，人謂之童子，是之謂與天為徒。⑨外曲者，與人之為徒也。擎跽曲拳，人臣之禮也。人皆為之，吾敢不為邪！為人之所為者，人亦無疵焉，是之謂與人為徒。⑩成而上比者，與古為徒。其言雖教，讁之實也。古之有也，非吾有也。若然者，雖直不為病，是之謂與古為徒，若是則可乎？」⑪仲尼曰：「惡！惡可！太多政法而不諜，雖固亦無罪。雖然，止是耳矣，夫胡可以及化！猶師心者也。」⑫顏回曰：「吾無以進矣！敢問其方。」仲尼曰：「齋，吾將語若！有而為之，其易邪？易之者，皞天不宜。」顏回曰：「回之家貧，唯不飲酒不茹葷者數月矣。若此，則可以為齋乎？」曰：「是祭祀之齋，非心齋也。」回曰：「敢問心齋。」仲尼曰：「若一志，無聽之以耳，而聽之以心。無聽之以心，而聽之以氣。聽止於耳，心止於符。氣也者，虛而待物者也。唯道集虛。虛者，心齋也。」⑬顏回曰：「回之未始得使，實自回也；得使之也，未始有回也；可謂虛乎？」夫子曰：「盡矣！吾語若！若能入遊其樊而無感其名，入則鳴，不入則止。無門無毒，一宅而寓於不得已，則幾矣。⑭絕迹易，無行地難，為人使易以偽，為天使難以偽。聞以有翼飛者矣，未聞以無翼飛者也；聞以有知知者矣，未聞以無知知者也。⑮瞻彼闋者，虛室生白，吉祥止止。夫且不止，是之謂坐馳。夫徇耳目內通而外於心知，鬼神將來舍，而況人乎！是萬物之化也，禹舜之所紐也，伏戲几蘧之所行終，而況散焉者乎！」⑯

葉公子高將使於齊，問於仲尼曰：「王使諸梁也甚重，齊之待使者，蓋將甚敬而不急。匹夫猶未可動，而況諸侯乎！吾甚慄之。子嘗語諸梁也，曰：『凡事若小若大，寡不道以懽成。事若不成，則必有人道之患；事若成，則必有陰陽之患。若成若不成而後無患者，唯有德者能之。』吾食也，執粗而不臧。爨，無欲清之人。今吾朝受命而夕飲冰，我其內熱與？吾未至乎事之情，而既有陰陽之患矣；事若不成，必有人道之患。

是兩也。為人臣者，不足以任之，子其有以語我來！」⑰仲尼曰：「天下有大戒二：其一，命也；其一，義也。子之愛親，命也，不可解於心；臣之事君，義也，無適而非君也，無所逃於天地之間。是之謂大戒。是以夫事其親者，不擇地而安之，孝之至也；夫事其君者，不擇事而安之，忠之盛也。自事其心者，哀樂不易施乎前，知其不可奈何而安之若命，德之至也。為人臣子者，固有所不得已。行事之情而忘其身，何暇至於悅生而惡死！夫子其行可矣。⑱丘請復以所聞：『凡交近則必相靡以信，遠則必忠之以言』，言必或傳之。夫傳兩喜兩怒之言，天下之難者也。夫兩喜必多溢美之言，兩怒必多溢惡之言。凡溢之類妄，妄則其信之也莫。莫則傳言者殃。故《法言》曰：『傳其常情，無傳其溢言，則幾乎全。』⑲且以巧鬥力者，始乎陽，常卒乎陰，泰至則多奇巧。以禮飲酒者，始乎治，常卒乎亂，泰至則多奇樂。凡事亦然，始乎諒，常卒乎鄙。其作始也簡，其將畢也必巨。言者，風波也；行者，實喪也。夫風波易以動，實喪易以危。故忿設無由，巧言偏辭。獸死不擇音，氣息茀然，於是並生心厲。剋核太至，則必有不肖之心應之，而不知其然也。苟為不知其然也，孰知其所終！⑳故《法言》曰：『無遷令，無勸成，過度，益也。』遷令勸成殆事，美成在久，惡成不及改，可不慎與！且夫乘物以遊心，託不得已以養中，至矣！何作為報也？莫若為致命。此其難者！」㉑

顏闔將傅衛靈公太子，而問於蘧伯玉曰：「有人於此，其德天殺。與之為無方，則危吾國；與之為有方，則危吾身。其知適足以知人之過，而不知其所以過。若然者，吾奈之何？」蘧伯玉曰：「善哉問乎！戒之，慎之，正汝身哉！形莫若就，心莫若和。雖然，之二者有患。就不欲入，和不欲出。形就而入，且為顛為滅，為崩為蹶。心和而出，且為聲為名，為妖為孽。彼且為嬰兒，亦與之為嬰兒；彼且為無町畦，亦與之為無町畦；彼且為無崖，亦與之為無崖。達之，入於無疵。㉒汝不知夫螳蜋乎？怒其臂以當車轍，不知其不勝任也，是其才之美者也。戒之，慎之，積伐而美者以犯之，幾矣！汝不知夫養虎者乎？不敢以生物與之，為其殺之之怒也；不敢以全物與之，為其決之之怒也。時其飢飽，達其怒心。虎之與人異類，而媚養己者，順也；故其殺者，逆也。夫愛馬者，以筐盛矢，以蜄盛溺。適有蚉虻僕緣，而拊之不時，則缺銜毀首碎胸。意有所至，而愛有所亡，可不慎邪！㉓」

匠石之齊，至乎曲轅，見櫟社樹，其大蔽牛，絜之百圍。其高，臨山十仞而後有枝。其可以為舟者，旁十數。觀者如市，匠伯不顧，遂行不輟。弟子厭觀之，走及匠石曰：「自吾執斧斤以隨夫子，未嘗見材如此其美也。先生不肯視，行不輟，何邪？」曰：「已矣，勿言之矣！散木也，以為舟則沉，以為棺槨則速腐，以為器則速毀，以為門戶則液樠，以為柱則蠹。是不材之木也，無所可用，故能若是之壽。」匠石歸，櫟社見夢曰：「女將惡乎比予哉？若將比予於文木邪？夫柤梨橘柚，果蓏之屬，實熟則剝，剝則辱。大枝折，小枝泄，此以其能苦其生者也。故不終其天年而中道夭，自掊擊於世俗者也。物莫不若是。且予求無所可用久矣，幾死，乃今得之，為予大用。使予也而有用，且得有此大也邪？且也若與予也皆物也，奈何哉其相物也？而幾死之散人，又惡知散木。」匠石覺而診其夢。弟子曰：「趣取無用，則為社何邪？」曰：「密！若無言！彼亦直寄焉，以為不知己者詬厲也。不為社者，且幾有翦乎！且也彼其所保與眾異，而以義譽之，不亦遠乎！」㉔

南伯子綦遊乎商之丘，見大木焉有異。結駟千乘，隱將芘其所藾。子綦曰：「此何木也哉？此必有異材夫！」仰而視其細枝，則拳曲而不可以為棟梁；俯而視其大根，則軸解而不可以為棺槨；咶其葉，則口爛而為傷；嗅之，則使人狂酲三日而不已。子綦曰：「此果不材之木也，以至於此其大也。嗟乎！神人以此不材！宋有荊氏者，宜楸柏桑。其拱把而上者，求狙猴之杙者斬之；三圍四圍，求高名之麗者斬之；七圍八圍，貴人富商之家求禪傍者斬之。故未終其天年，而中道夭於斧斤，此材之患也。故解之以牛之白顙者與豚之亢鼻者，與人有痔病者不可以適河。此皆巫祝以知之矣！所以為不祥也。此乃神人之所以為大祥也。㉕

支離疏者，頤隱於臍，肩高於頂，會撮指天，五管在上，兩髀為脅。挫鍼治繲，足以餬口；鼓筴播精，足以食十人。上徵武士，則支離攘臂於其間；上有大役，則支離以有常疾不受功。上與病者粟，則受三鍾與十束薪。夫支離其形者，猶足以養其身，終其天年，又況支離其德者乎！」㉖

孔子適楚，楚狂接輿遊其門曰：「鳳兮鳳兮，何如德之衰也！來世不可待，往世不可追也。天下有道，聖人成焉；天下無道，聖人生焉。方今之時，僅免刑焉。福輕乎羽，莫之知載；禍重乎地，莫之知避。已乎已乎，臨人以德！殆乎殆乎，畫地而趨！迷陽迷陽，無傷吾行，吾行郤曲，無傷吾足！」山木自寇也，膏火自煎也。桂可食，故伐之；漆可用，故割之。人皆知有用之用，而莫知無用之用也。㉗

語譯

顏回去見孔子，向他辭行。孔子問：「去那裡？」顏回說：「去衛國。」孔子又問：「去衛國做什麼？」顏回說：「我聽說，衛君正值壯年，行事專橫。治理國事很輕率，從來不知自己的過錯。他任意奴役人民，不顧人民死活。全國死亡的人數，多到屍陳河澤，有如草芥。人民無所依歸。我曾聽你說過：『治理得很好的國家，不需要我，我就離開它；政治很亂的國家，需要我，我就去幫助它。就像醫生替人治病，所以醫生的門庭，一定多疾病之人。』我願把平日所聽聞的道理，想出一些可行的原則，這樣也許可以幫助衛國的人民，解脫禍患。」孔子回答說：「啊呀！你這樣地去，恐怕是自尋刑戮吧！我們行道，最忌雜念。有了雜念，欲望便多。欲望多，心就困擾。心困擾，便有憂慮。憂慮產生，自救不暇，何以救人？古代的至人，先要自己有所立，然後才能去立人。自己所立不穩，又如何能去勸阻暴君。你也知道『德』因何而蕩然不存？『知』因何而層出不窮？『德』是因求名而蕩然不存，『知』是因為爭競而層出不窮。『名』是互相傾軋而生的，『知』是爭競的工具。兩者都是凶惡的武器，又如何能完成你的任務呢！尤其你雖然道德深厚，信念篤實，尚未必能通達對方的意氣。雖有名聞，而又謙遜不爭，尚未能通達對方的心理。如果勉強的用仁義道德等繩墨規矩的言論加在暴君的前面，這正是以別人的不好來凸顯自己的美好。這叫做給人災禍。給別人災禍的人，必然也會得到別人給他災禍。你此去恐怕會受到別人的災禍吧！如果衛君真的是喜歡賢能的人，而痛惡不好的人，又何必要你去顯示你的與眾不同呢？屆時你不開口則已，一開口勸說，君王一定乘人君之勢，和你比賽他的辯才。那時你屈於人臣，便會眼神迷亂，面色低沉，言語討好，態度卑順，一心只想遷就君主了。這是以火去救火，以水去救水，叫做愈滅愈多。這樣下去，非但無法改變他，相反的，恐怕你將會由於忠言逆耳，而死於暴君之前。而且，在過去，夏桀殺關龍逢，商紂殺王子比干，這都是因為這些臣子修養他們自己的德行，愛護在下的百姓，也就是用愛百姓來顯示君主的不好。所以君主也正因為他們的修養而排擠他們，這就是由於貪求美名的緣故。再說，以前，堯帝攻打叢枝、胥敖，禹帝攻打有扈。使國家空虛，百姓病厲，人身為刑戮之場。這種用兵不窮，乃是為了想成就實際的功業的緣故。這兩種例子，都不外於求名和求實兩途。你難道沒有聽說過嗎？虛名和實利，聖人有時也不能克服，何況是你呢？雖然如此，你也許有你的方法，不如說出來看看。」顏回說：「我先修養自己，做到外貌儘量端莊而表現謙虛，內心儘量克制而求專一。這樣可以嗎？」孔子回答：「不，這怎麼可以呢！衛君有陽剛之氣充於內，外表飛揚跋扈。他的為人喜怒不定，一般人都不敢違背他，而你卻想把握對方的心理反應，而求為他所接納。像這種在日常生活上去改變一個人的小德，未必能達到目的，何況用大德去規諫他？結果是對方仍然固執不化，只是外表敷衍你，而內心卻沒有絲毫自反自責，這樣你的努力又如何能行得通呢？」顏回又說：「既然這樣，那麼我內心正直，而外表委曲。言之成理，則上比於前人。所謂內心正直，是一切心念與天道自然為伍。與天道自然為伍，使我內心自覺天子與我都是上天的子民，我又那裡在乎我的話為別人所讚美，或為別人所批評？這樣的話，就是一般人稱天真的童子，這也就是我所謂與天道自然為伍。所謂外表委曲，是與人群為伍。例如執笏、跪拜、鞠躬，這是人臣之禮，大家都這樣做，我豈敢例外！照著大家所做的去做，別人也就無法挑剔毛病，這就是所謂與人群為伍。所謂言之成理則上比於前人，這是與古人為伍。我的言論雖然實際上是對君王的教訓批評，但這些話古人已說過，不是我自造的。因此，雖然直言，但也不能挑我的毛病，這就是所謂與古人為伍。像這樣，可以嗎？」孔子回答：「不！這如何可以呢？你有太多策略、方法，而不能深察對方的意思。雖然也勉強可以使你不受刑戮，但也只能做到這點，又那裡談得上感化暴君呢？你只是師心自用而已。」顏回說：「我沒有更好的方法，請老師指導。」孔子回答：「你齋戒吧！我再告訴你。你有所為而為，你以為很容易成功嗎？如果你以為這是易事，即使高明如皇天，也是辨不到的。」顏回說：「我家貧窮，單單不飲酒、不吃葷也已有好幾個月了。像這樣，可以算做你所謂的齋戒嗎？」孔子回答：「你所說的是祭祀的齋戒，而不是我所謂心的齋戒。」顏回又說：「請問什麼是心的齋戒？」孔子回答：「你專心一意，先不要用耳去聽，要用心去聽。再接著不要用心去聽，而用氣去聽。你的耳不聽，你的心不用。只有氣是以虛來對應萬物的。而道是和虛相合的。這個虛，就是我所謂的心齋。」顏回說：「以前我未曾順氣時，是以自我為中心。我順氣之後，便不以自我為中心。這是否就是所謂的虛呢？」孔子回答：「你已說得很透徹了！我再告訴你，如果你能悠遊於衛君的樊籬之內，而不為他君主的聲名所影響。他能聽得進你的話，你就說；他聽不進你的話，你就不說。你處心於沒有門路，也沒有阻礙的境界。把自己完全寄託於不得已的自然，這樣也就差不多了。要絕跡不走路容易，要走路而不著地則困難。完全根據人為觀念來做很容易走入虛偽之途，完全順著天道自然來走便不會有偽妄。我們只知道有翼才能飛，卻沒有聽說無翼而能飛的。我們只知道有知才能去知，卻沒有聽說以無知去知的。看看那斷絕外欲的心扉，由於心中無欲，所以光明自現，一切吉祥便降臨於這個靜止的虛空之處。如果我們不能使此心靜止虛空，那末即使我們坐著，我們的心也會向外馳求。所以我們應使耳目向內收斂，而斷絕向外求知，那麼鬼神都會親近你，何況是人呢？這是感化萬物的道理，是古代禹帝舜帝的治世樞紐。也是伏戲几蘧等人所終生實行的修養方法，何況我們這些心神散亂的人呢！」

葉子高曾奉命出使到齊國，他去請教孔子說：「吾王交給我的任務非常重要。齊國對待使臣的態度，也許是外表很敬重而實際上卻拖延其事，我們對於一般普通人尚不容易去改變他，何況對方是諸侯呢！所以我非常惶恐不安。夫子曾告訴我說：『無論事情是小是大，沒有一件事是不合於道而能成就的。一件任務如果不能完成，則必然遭受君王的懲罰。相反的如果能成功，可是也早已遭受到內心陰陽相煎熬的痛苦了。所以無論成與不成，都沒有後患者，只有有德的人才能達到。』我是一個不在乎食物粗糙或精緻，即使在悶熱的廚房內也不求清涼的人。可是今天早朝時，我接到了這個命令，到了晚上，便拼命的喝冰水。這是因為我內心焦急如火燒啊！我還沒有實際出使任務，面對事實，早已有陰陽不調的憂慮之患了。將來任務如不成功，更遭君主懲罰的人道之患。這是兩患兼至。做為一個臣子的我，實在沒有能力來擔當，夫子能否告訴我一些道理？」孔子回答：「天下有兩個大法戒：一是命，一是義。子女的愛父母，這是天命。無法從我們心中拔除的。人臣的忠事君主，這是義，沒有一個地方沒有君臣，這個關係在天地之間也是無法逃避的。這兩者就是所謂的大法戒。所以事奉雙親的人，不管在什麼地方都能安於行孝道之事，這才是至孝。事奉君王的臣子，也不論到任何處所都能安於行忠君之事，這才是盡忠。一個人如能這樣修心，外在的一切悲哀和快樂便不能影響他。知道任務的困難，不是人力之所能及，卻盡力去做，把成與不成寄託給天命，這就是至德之人。為人臣和人子的人，固然有時會踫到不得已的事情，但只要照實去做，不要考慮自己，又何至於貪悅生命，而討厭死亡呢？你就照著我的話去做吧！我再把所聽到的一些道理告訴你，所謂：『凡結交鄰近的國家，必然以事實使對方完全地相信。凡結交較遠的國家，則只有靠言語的忠實來維繫了。』由言語相交必須傳達言語。凡傳兩方君主講得好聽的話，以及兩方君主發怒的話，這是天下最難的任務。因為兩方面都喜歡聽的話，必然會多加溢美之言。兩方面都發怒的話，也必然增加了溢惡之言。凡傳達言語有溢美溢惡，便是不真的妄語。言語失真便不會被相信。不被相信，則傳話的人便會遭殃。所以《法言》有謂：『要傳達切實的真情，不要傳達增添的言語，這樣才差不多能保全傳達的任務。』再說用技巧來角力的人，開始時都是正面的，最後常會轉成了反面。技巧運用得太過分，便會產生詭奇的方法。又如合禮的飲酒，開始時都守法，最後往往大亂。因為飲酒太過，便會產生很多淫樂的行為。就像我們辦一件事情，開始的時候有諒解，有信用，到了後來，卻變得偏見，欺詐。在開始的時候簡易的小問題，到了結果，卻變成複雜的大問題。言語，就像風波，傳達言語的任務，往往使事實走了樣。風波變動無常，事實的走樣便會有危險。所以當君王無端怒起，乃是由於傳話者的那些取巧的話語和偏頗的言辭。野獸臨死的時候，顧不到音調而亂吼亂叫。由於牠的氣息勃然而怒，心中同時也產生了殺機。如果傳達者的話，詞鋒逼人太甚，則對方便有害人之心產生，而傳達者還不知為什麼如此。如果觸犯了對方還不知道為什麼，誰又能知道這事會有什麼好結果呢！所以《法言》所謂：『不可改變你所交託的命令，不可急於成就你的任務。如果過了應有的範圍，便是增加了你自己的看法。』改變命令，急於求成，都會壞事的。美滿的成就在於持久的努力。惡事一旦造成，就無法改變了。能不謹慎嗎？只有乘順萬物的自然，使自己的身心悠遊其中，寄託於萬事萬物的不得不然，而涵養心中的平和，這才是最佳的方法啊！如何去做才能回覆君王所交的任務呢？最好的辦法莫如能順致天命的自然。這是最難能可貴的啊！」

顏闔將任命為衛靈公太子的老師，去問衛國大夫蘧伯玉說：「這裡有個人，天性好殺。如果我不以原則來教導他，他將來便為害國家；如果我以原則來匡正他，我可能因此而遭禍。這位太子的聰明足以知道別人的過錯，而不知自己的過錯。像這樣的情形，我該怎麼辦？」蘧伯玉回答說：「你問得好！要警惕，要小心。要先端正你自己。你的外表不如親近他，你的內心最好與他和合。雖然這兩者也會有毛病。親近他不可遷就他，與他和合不可顯露你的用意。如果外表親近他而遷就他，那麼你便被他所顛倒，所毀滅，所崩潰，所擊敗。如果內心與他和合而表露了出來，你便是為了求聲譽，爭名望。你也會被認為是使詭計，善欺詐。對方如有嬰兒之心，你就以嬰兒之心與他相處；對方沒有分別心，你就以無分別心和他相處。對方沒有任何目的，你就以無目的的態度和他相處。然後再使他通達，而進入純然無疵的境界。你知不知道螳螂？當牠奮舉手臂去抵擋車輪時，牠不知道自己的力量不能勝任。這是因為牠只肯定自己才能之美。你要警惕和小心，一再地自負，而自以為美的人便會犯此毛病，他和螳螂的無知相似啊！你知不知道養虎的人，不敢用活的東西給老虎吃，這是因為不使老虎由殺生而引起凶暴之性。他也不敢把整個形體的東西給老虎吃，這是因為不使老虎由於撕物而產生毀物的殘酷之性。他必須注意老虎的飢或飽，以適時的打消牠因飢餓而產生的怒氣。老虎與人雖然不同類，但都討好養牠們的人，這是由於養牠們的人順著牠們。而牠們之所以要殺生，也是因為對方忤逆牠們。那個愛馬的人用竹製的籃子盛馬糞，用貝製的尿器盛馬尿。當有蚊子等飛蟲停吸在馬身上時，便不顧是否合時，猛然拍打馬身，使得馬兒受驚而掙脫了嘴上的口勒，頭上及身上的鏈子。這是因為這個愛馬的人專心過度，而使他的愛馬反而有所失，我們能不小心嗎？」

一位姓石的木匠去齊國，走到曲轅地方，看見一株社祀壇的櫟樹。樹大，其蔭可以遮蔽牛群。樹身，有百圍那麼粗。樹高如臨山，在七十尺的樹幹之上才有樹枝。旁枝可以做小舟的就有數十條之多，來觀看的人有如趕市集。這位老木匠看也不看，一直往前走。他的弟子們看了個夠，追上了石匠便問：「自從我們拿著刀斧隨師傅入山砍伐以來，未曾見過樹木有這樣壯觀之美的啊！你為什麼不看，就一直的走呢？」石匠回答：「算了吧！不要談它吧！那是一株無用的鬆木，用它來做舟會沉，用它來製棺材會很快的朽腐，用它來作器物很容易破壞，用它來做門窗，則木頭易溼朽，用它來製屋柱，則易蛀。這是一株沒有用的木材，就因為它的沒有用，反而使它活得那麼久。」石匠回去後，櫟社樹便托夢給他說：「你把我比成什麼啊？你把我和那些良木相比嗎？像那些柤梨橘柚等果樹，和瓜類等樹叢，當它們果實成熟時，便被人剝落。被剝落，則使它們受辱。大的樹枝被折斷，小的樹枝被扭曲。這是因為它們的有用之才反而使生命遭受苦難。所以它們沒有活到生命的年限而中途被折死亡。這是因為它們為世俗之人所逼害打擊。萬物都是如此的。且說我追求達到無所可用的境地已很久了，差一點丟了命。現在總算能保命，而有我自己的大用。假使我也一樣有用，又怎能夠長得如此的高大呢？而且你和我都同是物，為什麼你竟然如此把我當作物來批評呢？你也只不過是快死的沒有精神的人罷了，又如何能知道我這株沒有用的爛木頭呢！」石匠醒了之後，便和弟子討論夢境，弟子問：「既然它有意於做無用之木，為什麼卻成為社祀的樹木呢？」石匠回答說：「閉嘴吧！不要多說。它這樣作也是一種特殊的寄託而已。它為了那些不知道它的人罵它無用，如果它不處身為社祀的樹木，恐怕差不多早就被砍為柴燒了。並且它的保全生命的方法和一般人物不同，你用一般義理來批評它，不是遠離了事實嗎？」

南伯子綦漫遊到商丘地方，看見一株大樹，與眾不同。四馬結成的一千輛馬車，都可以隱蔽在該樹的樹蔭下。子綦便說：「這是什麼樹木啊！它一定有特殊的才質。」於是仰頭觀看它細小的樹枝，都是像拳頭一樣彎曲，無法做大屋的樑柱；低頭看看大樹根，木軸疏鬆不可以做棺木。用舌舔葉，會使口爛傷；用鼻子去嗅它，它的味道使人發狂，昏醉三日都不醒。子綦接著說：「這株果然是沒有才質的樹木，才能生長得這樣的高大。啊！神人才能使這不材之木長得那麼高大！宋國有一個名叫荊氏的地方，宜於種植楸、柏、桑等樹木。這些樹木長到手掌一握兩握粗的，便被人砍去當作拴猴子的木棒。長到三圍四圍粗的，便被人砍去做華屋的棟樑。長到七圍八圍粗的，便被人砍去做富貴人家的棺木板。因此這些樹木都不能活到它們應有的天年，半途便被刀斧所砍伐，這就是由於它們因有才質而遭禍患的緣故啊！所以古時在祭神消災的典禮中，頭上長白額的牛，鼻子朝天的豬，以及有痔瘡的人都不能作河祭的犧牲品，凡是巫祝的人都知道他們是不祥之物。可是神人卻以他們為大祥。

有一位名叫支離疏的人，臉頰因背駝而隱在肚臍之下，頭頂下陷使肩高於頂。髮髻因頭面向下而朝天。五臟的血管都向上突起。兩股夾住身體就像兩條肋骨。他做縫衣的工作，可以糊口；他做篩米的工作，可以供養十口之家。當政府徵兵打仗的時候，他卻因殘疾而可以悠哉遊哉！當朝廷有大工程徵勞役時，他卻因肢體不全而不受勞役之苦。相反的，當政府賑濟病患者粟米時，他卻得到三鍾米和十捆柴。這個人在形體上支離不全，反而能保養他的身體，使他活到應有的天年。何況在德行上做到支離不全的人呢！」

孔子到了楚國，楚國的狂人接輿來拜訪孔子說：

「鳳鳥，鳳鳥！你的道德何以如此的失落！
未來的世界不能期望，
過去的世界也無法挽回，
天下有道的時候，聖人可以有所成就，
天下無道的時候，聖人只求保全生命。
現在之世，我們只求能免於刑戮而已，
幸福輕得像羽毛一樣在飄盪著，
卻沒有人知道去載它，
禍患重得似大地一樣展現著，

卻沒有人知道躲避它。

快停下來，快停下來！

不要以自己的道德去駕臨別人！

危險啊，危險啊！

不要自築牢獄而往裡鑽！

多刺的荊棘啊，多刺的荊棘啊！

不要擋住我的去路，

我已小心的繞道而走，

不要刺傷我的足！」

山木有用，而自招刀斧。膏脂生火，而自取煎熬。桂樹的果實好吃，因而被砍伐。漆樹的汁液可以利用，因而橫遭割裂。人們都只知有用的用處，卻不知無用的大用。

解義

❶ 本篇題名「人間世」，即指人間的世界。前文談養生，以庖丁解牛為譬。此處人間世，正像牛體。其中，諸如政治上、社會上、倫理上的各種關係，就如牛身中筋脈骨骼的交錯密結，如果不能得其竅中，因應合宜，便會損身傷性。非但不能養生，也無法處世。

本篇共分七段。前三段是正文。在表面上，這三段文字都是預設了在政治上，君臣之間關係的兩難問題，如：勸諫暴君，擔負兩強君之間的外交使命，及教導不講理的太子等。雖然這些不能概括人間世的許多難題，但政治險惡，如果我們能把這些問題處理得好，其他的更易如反掌了。

在處理這些難題上，本文所討論的，不是一條條的規則，一個個的方法，而是回到自身，去談如何用心。第一段的要點在心齋，就是要虛其心。第二段的要點在「乘物以遊心」，就是要順應萬物。第三段的要點在「心莫若和」，就是要保持與外物的和諧。

接著四段，前三段是譬喻，都是講無用以保命。最後一段是結論，強調無用之用。

本篇就系統的嚴整，思路的綿密來看，不如以上三篇。但前面三段處理問題上，頗有心理學的工夫和方法。後面四段講無用，正是莊子思想的主旨。但無用並不是變成廢物，而是藉無用，以保生，不為外物所役，而達到無用之大用。

❷ 本段描寫顏回向孔子辭行，去勸諫衛君的故事。《莊子》書富寓言，所以本段內容多半為假託，不必視為史實。我們既不必研究顏回是否積極得離開孔子，單獨去見衛君，也不必詳考衛君是衛莊公，或其子出公。更不可把顏回和孔子的對話，當作儒家思想來討論。總之，這都是莊子的自說自話。

「行獨」是行事專斷。「輕用其國」是指輕率的對付國事。「輕用民死」，是指輕忽人民的生死。「死者以國量乎澤若蕉」，《釋文》：「蕉，向云：『草芥也。』」《呂覽・期賢》：「死者量於澤矣。」高《注》：「量猶滿也。」本句標點可作「死者以國，量乎澤若蕉。」即死者以全國人數來計算，屍滿於澤，像草芥一樣。「民其無如矣」，成玄英《疏》：「無所歸往。」即指民無可奈何，不知何去何從。「『治國去之，亂國就之，醫門多疾。』願以所聞思其則，庶幾其國有瘳乎！」「去之」即離開它。「就之」即前往幫助它。「所聞思其則」，即以自己請教孔子，想出對付他的法則。「有瘳」即病有救的意思。「治國去之，亂國就之」兩語是莊子假託孔子的話，因為孔子沒有說過這樣的話，在《論語・泰伯》中孔子曾說：「危邦不入，亂邦不居，天下有道則見，無道則隱。」與這兩句話正好相反。莊子的喜歡假託，實在無須去嚴加辯正。不過在這裡值得玩味的是：前者出於《莊子》，卻充滿儒家救世精神；後者出於《論語》，卻含有道家退隱的色彩。這正反映了儒家和道家在某些方面是可以相通的，而他們的相通處，往往是他們的深入處。另外值得一提的是，本段描寫這種擔當勸說暴君以救世救人的任務，莊子如果要假託的話，應該找勇氣過人的子路，或富有政治手腕的子貢，為什麼偏要找個性比較內向，專心德性修養的顏回？這是因為本文的目的不在政治，而是強調內心修養的工夫，這就適合顏回的性格了。觀看《莊子》全書，偏愛孔子的弟子顏回，也就是這個道理。

❸ 接著莊子借孔子的回答以批評顏回這種貿然進諫，而缺乏內修的行動。「譆」是歎聲，「若」即你，「殆」是恐怕，「刑」是受刑戮。「道不欲雜」，並非指道而言，因為道本身是純一的，那裡有一個「欲」字存在。這句話是指顏回求道之心不應該有一點雜念。「雜則多」，雜與多的不同，「雜」是指有欲念而心不純淨；「多」是指因有欲念而思緒紛紜，「多」是多欲，多事，也有求好，求得的意思。「多則擾」，思緒一多，平靜的心便攪亂了。如《老子》所謂：「多則惑。」（第二十二章）「擾則憂」，心攪亂了，便有患得患失的憂慮。「憂而不救」，心中有了憂慮，自己有了不安，又何以能救人？所以接著說：「先存諸己而後存諸人」，「存」是

「安」的意思，就是說先使自己的心安定，才能安定別人。「暴人」指的是暴君。「德之所蕩」的「蕩」是指蕩然而失。莊子所言的德都是指內在的德，也就是指心中的純淨，「蕩」就是雜欲起，使心搖蕩而失去了純淨。所以說「德蕩乎名」，因一念求名之心起，便使純淨之德蕩然不存。「知之所為出」是指求知之心如何產生。這個求知之心是緊跟著求名之心而起，為了爭名，便競於求知。所以說：「德蕩乎名，知出乎爭。名也者，相軋也；知也者，爭之器也。」「相軋」即互相傾軋，也就是由於和別人比較而貶抑對方。一般人好德，乃是好德之名，而不是好德之實。好德之名，就是以德為工具，而建立自己的德名。總是為了表現自己的德行比別人高明，貶低別人以凸顯自己。為了達到這個目的，他們忽略了實際的行，而在知上講求，希望自己的德名容易被人認識；自己的德名能夠遠播。所以本文接著說：「二者凶器，非所以盡行也。」二者是指「名」與「知」，如果變成了爭的工具，便是傷人害己的凶器。帶著這種凶器，又怎能與人和諧相處？這段話是孔子借「名」與「知」來點醒顏回去勸衛君的動機，千萬不可有一念為自己顯名，有一念以為自己有知，這樣心中便有了雜念，便不能去擔當勸說暴君的任務。

❹ 接著再說明這種自以為有德有知，往往會犯了耀己以貶人的錯誤。「德厚」指道德深厚，這本不錯，可是「信矼」是指信念堅實，用得不當，便有固執的毛病。「人氣」的「氣」意義較廣，含有精神的氣勢，生理的氣息，如意氣，脾氣等。用現在的話來說，就是心理和生理的現象。「名聞不爭」一語都解作不爭名聞，但也可解為已有名聞，而又謙遜不爭。在這裡，我們用後者，是因為「名聞不爭」與前文的「知出乎爭」及後文的「是好名者也」不甚一致。

而我們用後面的解釋，是由於許多人雖然謙遜不爭，卻是以謙遜不爭而圖名。所以仍然逃不出「名」的一關。「人心」是指心念和想法。這兩句話的重點在「達人氣」、「達人心」的一個「達」字，「達」是通達的意思，用今天的話來說就是溝通。這就同心理學家醫療心理病患者，儘管他有滿腹的心理知識，他也知道病患的病理，可是在他和病患對話的當時，必須能把握病患當時的心情和感覺，才能產生溝通的作用。「強以仁義繩墨之言術暴人之前者」，這個「強」字便寫出了「未達」人氣、人心的結果，而「仁義繩墨之言」就是外在的道德教條。「術」古注都作「述」解，如孫詒讓：「術與述古通。」但在《莊子・天下》中「道」、「術」對言，「術」是指方術，此處可解作「用」，有「用術」的意思。「是以人惡有其美」，即以別人的不好，而凸顯自己的美德。「菑人」的「菑」即災害的災。「菑人」就是給菑害於人。你以自己的德行去凸顯對方的無德；對方也以他的才能凸顯你的無能，這是互相的傷害，又如何能溝通，了解。對於這一點，孟子很能把握這種心理，當他勸說齊宣王時，宣王故意說自己「好色」、「好樂」、「好勇」、「好貨」來搪塞，可是孟子卻不直接批評「好色」、「好樂」、「好勇」、「好貨」的不當，相反的卻順水推舟，說君主好色沒有關係，只要使天下「內無怨女，外無曠夫」就好了。同樣「好樂」、「好勇」、「好貨」也沒有關係，只要與民同樂，為蒼生的疾苦而怒，使天下百姓有足夠的貨物，照樣能使天下齊平。

❺ 接著再說明自持才德，在應對間所產生的困難。因為對方是暴君，如果他真是愛才愛德的話，在他的朝廷內，早就有不少才德兼備的賢臣，又何需你顯示與眾不同？問題是他根本不愛才德，而你卻以才德自持，豈不是對牛彈琴？而且你所賴以去勸說的才德一無用處，那

麼你便毫無憑藉去說服對方了。「若唯無詔」，「詔」即昭告，也即勸諫，是說你不勸諫則已，如一開口勸說，那麼，「王公必將乘人而鬥其捷」，即對方乘人君的勢位，來和你爭辯，而你居人臣之位，又怎敢和君王爭辯，結果是「目將熒之」，即眼睛受光照耀，張不開。「色將平之」，即形色受阻，強作和顏。「口將營之」，即口舌結巴，想說又不敢說。「容將形之」，即容貌卑怯反而助長了對方的形勢。「心且成之」即心中不安，反而附和而成就了對方的意見。這是火上添油，更助長了火勢，所以說是「益多」。「順始無窮」，即以此為始，而無法改變。「殆」即恐怕。「不信厚言」，指對方不相信所提出的「仁義繩墨之言」。這一段是描寫對話的心理，由於地位的不同，你很容易屈於對方的聲勢，為他所左右。

❻ 接著再舉歷史上的忠臣和聖王為例，說明忠臣因他們的道德聲譽反而被殺。聖王有時也為了維護名實，而有錯失。關龍逢是夏桀的賢臣，比干是商紂的叔父，兩人都因忠心勸諫而遭誅殺。「下傴拊人之民」，「下」是在下位，「傴」是養育，「拊」是撫慰，這是指對下能養撫人民。「以下拂其上」，是指為人臣能愛護人民，卻批評人君的不德。這是自持自己的為人民愛戴，而凸顯了君主的不好，犯了為臣的大忌，所以「其君因其修以擠之」，就是說國君正因為人臣的美德和聲譽，反而嫉妒他們，排除他們。「堯攻叢枝、胥敖，禹攻有扈」，在〈齊物論〉中也有堯問舜關於征伐宗、膾、胥敖的故事。雖然堯舜是相傳的聖王，但在莊子的筆下，卻認為他們尚未達化境，所以有時不免藉對他們的諷喻，來托出道體的境界。譬如在〈齊物論〉中，便是以堯的「不釋然」來托出大道的無不包容。至於此處也以堯舜攻打三國為例來說明他們心中仍有「不釋然」。「國為虛厲」，古注都指該三小國，國家成虛墟，人民變厲鬼。

但就文氣來說，這段話的主詞是堯舜，「國為虛厲」是因堯舜的征伐而成為虛厲的意思。至於「厲」字在《易經》中很多，可指疾厲，或危殆。合理的解釋，儘管堯舜多麼聖明，但一涉戰爭，必有殺傷，正如《老子》所謂「大兵之後，必有凶年」。「身為刑戮」，一般注解多作三小國之君，受殺身之禍。但如果主詞是堯舜的話，也可解作堯舜一啟戰端，也就使大家都陷於死傷之場。憨山在《莊子內篇注》中說：「親身操其殺戮」，也即指堯舜的攻伐，主導了殺戮的禍患。「其用兵不止」，指一啟戰端，兵禍便不止。「其求實無已」，很多注解都把「實」當作「利」。但「名利」和「名實」不同。「名利」是兩件事，而「名實」卻是一件事。如果把「求實」解作「求利」，這只是一般的意義，而莊子此處特別說「求實」卻是有深意的。一般人的求名，往往為了虛名。可是堯舜乃聖王，絕不為了虛名，所以說是「求實」。譬如「聖王」是一個「名」，而能做到「平天下」就是「實」。堯舜並不貪圖「聖王」的名號，希望別人歌功頌德。他們想實實在在的求天下的太平。可是他們這種「求實」之心太切。正如「求實無已」的「無已」兩字，便寫出他們的執著。他們為了「平天下」，便攻伐這三個野蠻的小國。即使就儒家來說，「平天下」的真正意義，還是希望這些小國受到王道之化，能心悅誠服的共致太平。所以一有攻伐，便已破壞了和諧。這是莊子所不能贊同的。「是皆求名實者也」，這個「皆」是概括了關龍逢、比干，和堯舜。前者好名，後者求實，都是有所囿。所以本段結論說：「名實者，聖人之所不能勝也。」「勝」是克服以致勝，也就是不受拘囿，而能超脫的意思。最後再把這段譬喻轉回到孔子與顏回的對話上。孔子以為顏回如果以為自己有才德可以使衛君重視，這是好名；如果一心只想如何用「仁義繩墨之言」來治好衛君的暴虐，這是求實，這都不是上上之策，所以孔子說「而況若乎」，即聖人都不能免，何況是你呢？不過孔子還是很客觀，仍然耐心的說：「若必有以也。」「以」是所以的「以」，就是所持的理由，或方法。即是說：「你必定還有理由，不妨說來聽聽吧！」

❼ 顏回畢竟是孔子門生中反應最靈敏的學生，他知道孔子批評他自持才德不夠虛心，於是接著便問：「端而虛，勉而一，則可乎？」「端」是端正，指端正形體，也就是外在的態度很謹慎。「虛」，郭象《注》「虛其心」。但此處的「虛」，為孔子所不許，所以沒有那麼深入。只是指不自持才德，表現謙虛的意思。「勉」是勉力，指用心去達到的意思。「一」是專心一致，心不旁騖。顏回這兩句話是針對孔子前面所謂「道不欲雜，雜則多」，及「目將熒之，而色將平之」而說的，本來這個「虛」和「一」都是莊子思想中很重要的字，可是顏回用一個「端」字，用一個「勉」字，卻使「虛」和「一」都變了質，而不是真虛，真一。因為「端」和「勉」都是外在的，人為的。也就是說做作的，不自然的。

❽ 所以孔子說：「惡可！」接著孔子便說明不同意的理由。「夫以陽為充」，本句及以下幾句，一般注解都是指衛君。衛君年少氣盛，所以說充滿了強陽之氣、剛愎自用。「孔揚」，即大揚，也就是說聲勢凌人。「采色不定」，采色是面色，即喜怒無常。「常人之所不違」，指一般人都不敢違逆他。「因案人之所感，以求容與其心。」這兩句及以下幾句，一般注解仍作衛君來描寫，如果是這樣的話，那末本段都是說明衛君的難以應付，對於顏回「端而虛，勉而一」卻沒有一語討論。所以我們覺得這兩句話語氣一轉，而是指顏回，這是由於這個「因」字把語氣轉了過來，即是指顏回由於以上的原因，所以「案人之所感」。「案」是依據，「所感」

即反應。也就是寫顏回的「端而虛」是儘量謙遜以迎合衛君的心理。「以求容與其心」，「容」是容納，「與」是相與，即以求達到為衛君所樂於接納，而意見一致，這就是「勉而一」的作法。孔子批評這種方法不夠徹底，而稱它為「日漸之德」。「日漸」是指每天像水的滲漬一樣，只是局部的改變。「不成」，是指使這種日漸之德都不能成功。「況大德乎！」的「大德」與「日漸之德」是一對比。「日漸之德」是小德，即每天在日常生活上規勸衛君，使他逐漸的改變。而「大德」敦化，也就是幡然的覺悟，而徹底的改變。「將執而不化」，這句話仍然是針對「端而虛，勉而一」來批評的，指這個「端」和「勉」的作法，是有所拘泥執著，對顏回來說，是未達化境；對衛君來說，未能使他真正的感化。「外合而內不訾」，「訾」是以言語責難，宣穎解為「自訟」，即自我批評。全句的意思是說：這種方法只能做到和衛君在外面的相合，而不能在內心上打動對方，使他自覺錯誤，而徹底的改變。

❾ 顏回發現孔子對於他「端而虛，勉而一」的批評，是指他在「端」和「勉」上只重外在的相合，而無內心的工夫。於是他便進一步提出更為具體的方法。這種方法有內在的修養，有外在的權變，又能上合古聖的教言，即所謂：「內直而外曲，成而上比。」他對「內直」的解釋是：「內直者，與天為徒。」這裡的「直」在儒家來說是正直，直道，或「敬以直內」（《易・乾文言》）的意思。不過此處顏回說「內直」是針對「端而虛」的一種補正，說明「端而虛」的「虛」，是謙虛，但不是委屈，不是自貶，相對的卻是「誠」的表現，是藉「虛」，不僅打破對名實的執著，同時也打破衛君和他在地位上的歧視。所以他說「與天為徒」，「徒」是徒輩，即「為伍」或「同類」的意思。他的解釋是「知天子之與己皆天之所子」，這是把自

己提昇上去和君主平等，認為自己與君主都是天之所生，沒有在本質上的差別。所以在心理上，不致有自己矮一截的心態。「而獨以己言蘄乎而人善之，蘄乎而人不善之邪」，「蘄」是期望，即又那裡在乎自己的話，期求別人說善或不善呢？「人謂之童子」，「童子」即指天真無邪，純任自然。這是顏回提出內心修養的境界。

❿ 接著描寫外在的行為。「外曲者，與人之為徒也。」「曲」是蜿曲的意思。〈中庸〉寫誠是「其次，致曲」，《老子》也說「曲則全」。都是描寫由蜿曲的方法而達到周延的目的。「與人之為徒也」，就是與世俗相處，不違禮法。「擎跽曲拳」，「擎」是上朝時的執笏。「跽」是對君王的長跪，「曲拳」是握拳作揖鞠躬。這是人臣之禮，我都一一遵守，別人就無法再挑毛病了。

⓫ 接著再描寫對談間的言論。「成而上比者，與古為徒。」「成」是指成就，即言論有成。「與古為徒」，即與古人相比。「讁之實也」，即實際上有所批評。「雖直不為病」，即雖直言相責，而也無法以我言為病。這即是〈寓言〉中所謂的重言，即以古聖先賢的言論或事實為證。

⓬ 孔子對顏回這三套方法的批評是：「太多政法而不諜」，這句話古注的斷句不同，解釋各異。有作「太多，政法而不諜」，有作「太多政，法而不諜」。此處作一句解，可以概括前面兩種斷句。本句之難解，在於一個「諜」字。古注有作「視察」、「便僻」、「安妥」、「相狎」等。但通俗的「諜」字，如間諜之「諜」，有刺探人心的意思。所以此處解作「視察人意」。這正是針對前文的「因案人之所感」而言的。也就是說顏回在這裡用了多種客觀的法則，以「天」、以「俗」、以「古」為準，而不像前面只重視把握君王的情意。在《莊子》書中，這個「諜」字，又出現在〈列禦寇〉一篇中，即「內誠不解，形諜成光」，這裡的「形諜」也可

解作形貌表現了喜歡視察別人的心意，而成一種刺人、攝人的光芒。所以把「諜」解作「視察人意」，就《莊子》全書的用語來說也是一致的。接著孔子說「雖固亦無罪」，這是一半的讚語，即說能用這些「政法」，固然可以使顏回免罪。「雖然，止是耳矣」，這是一半的批評，也就是說，最多只能做到使自己免罪而已，卻並不能達到教化對方的目的。因為這些「客觀」的法則固然客觀，卻不能深入對方主觀的心中去挖除病根。「夫胡可以及化！猶師心者也。」最後孔子提出一個「化」字來，這個「化」是「化人」，是「化己」，也是「大化」。這個「化」字，把天，人，古，和自己連成了一串。顏回的這三套方法就是缺少一個「化」字。「師心」，是以自己之心為師。因為以「天為徒」，是以「天」為師。以「人為徒」是以「人之禮」為師。以「古為徒」，是以「古聖」為師。這是把自己的意思拿這三師為擋箭牌，骨子裡卻是師心自用。自己未達化境，又如何能化人。

⑬ 到了這裡，顏回已經技窮，所以放棄陳述他的見解，而請問孔子的方法。孔子答說：「齋。」即純淨的意思。接著說：「有而為之，其易邪？」這裡的「有」是有所為，即有目的，有方法。有的注根據郭象「夫有其心而為之者，誠未易也」，而在「有」字下加添一個「心」。其實「有」包括了「有心」，是指顏回前面所提出的各種方法都是心中有雜，不夠純淨。「其易邪？」是藉反問以明其不易成功。「易之者，皞天不宜。」向秀注「皞天」為自然，指與自然不合。王叔岷《注》：「《說文》：『春為昊天。』《莊子》此『皞天』乃天之泛稱，無關春夏。」其實《莊子》書中，言「天」處，有時指形體的天，如「天地」，有時指自然。但此處在天之上加一「皞」字，乃有所專指，意味著高明浩大之意。這是說「有而為之」，已經不易，

而以輕易之心，勉強而為，即使高明如天，也有所不可。顏回聽了這話以後，誤解孔子所謂「齋」指的是祭祀前的齋戒。於是孔子便進一步說明他所謂的「心齋」。「若一志」，若是指你，志是心意。這個「一」作動詞用，有二義，一是「專一」；一是「虛一」。專對雜而言，是心意由外而內；虛對有而言，是心無欲念。「無聽之以耳」是不用耳去聽外在的聲息。「而聽之以心」是用心去聽聲息背後的存在。「無聽之以心」，用心去聽猶有心中之念，及心所依的對象，所以進一步不用心去聽，「而聽之以氣」。由於氣在內無念，對外無象，所以根本就是不聽。「聽止於耳」是指聽覺停止作用於耳，也就是不再用耳去聽。「心止於符」，即心停止作用於符象。也就是心停止了製造符象，攀緣符象的作用。「氣也者，虛而待物者也。」這個氣的本身是虛無的，但它卻和萬物相待。氣之待物，乃是因為氣和萬物相通。所謂「通天下一氣耳」（〈知北遊〉），這並不是說我的氣通到外物身中，或萬物的氣通到我身中，像氣功者之所為。莊子的意思是我順氣之流行，無欲無念，與自然合一。萬物也隨氣之流行無欲念，萬物本一自然。我和萬物皆自然。這即是道的流行，所以說「唯道集虛」，「集」是聚合的意思，一般的注都引用《淮南子》「虛無者，道之所居也」（〈精神〉），「虛者，道之舍也」（〈詮言〉），把「集」解作居住，或存在。但這樣一來把「道」看作一「有」，存於虛中，那麼「虛」也就變成了「有」，而非真虛。所以這個「集」字解作聚合，並非居住之意，而是道與虛的相聚相合，也就是說虛能生道。

⑭ 接著顏回說：「回之未始得使，實自回也」，「未始」即未曾。「得使」是承接前文而來，前文講「心齋」的重點是「聽之以氣」，所以「得使」是指得以使氣。「使氣」兩字合用如《老

子》所謂「心使氣曰強」（第五十五章）。這是說顏回未曾使氣而聽之以氣時，「實自回也」即一切念頭作法都來自顏回的自我。「得使之也，未始有回也」，即是使氣之後，聽之於氣，便忘了顏回的自我。「可謂虛乎」，憑這句話可見前面幾句話，只是顏回的假設問話，而不是顏回在匆促的對答之間，已照著去做，而有此體驗。所以孔子說「盡矣！」是指盡得其意。接著「吾語若」是告訴顏回如何在心齋之後，去應付君王。「若能入遊其樊而無感其名」，「樊」是樊籬，譬喻君王的門牆。也就是和君王應對，而不為他的威名所懾。「入則鳴，不入則止」。「入」即進入君王的心扉，為他所接納。「鳴」即提出建言。否則心心不能相應，就停止說話。「無門無毒」，「門」是指門路，是承前文「入則鳴」，指可通的意思。「毒」字前人的注解很紛歧，郭象《注》為「治」，林希逸解為「藥」，奚侗訓為「竇」，並引〈知北遊〉「無門無房」解作通達無礙。就文義來說都可通，這個「毒」字一般古注都用它相反的意義，作正面的解釋，如《老子》：「長之、育之、亭之、毒之」（第五十一章）的「毒」字，可解作「熟」，或「安」的意思。唯此處，我們另有一解，試從「毒」字的負面意思來詮釋，「門」和「毒」對文，「門」是指門路，那麼「毒」當可解為杜塞，或指阻礙，這正是承前文「不入則止」的意思。所以「無門無毒」猶「無門無害」，這與莊子思想中所謂忘是忘非、忘善忘惡也是相通的。此處的意思是指不以「入則鳴」為可通，也不以「不入則止」為阻礙，而能「一宅而寓於不得已」。「宅」是處身，「一宅」即一任其所處的意思。「寓於不得已」，就是寄託於不得不然的境界，也即一切順其自然。「則幾矣」，即近於大道了。

⑮ 自本章開始至此的一大段，是以顏回和孔子的對答如何勸衛君，以托出心齋的修養。莊

子的目的不是諫君之非，而是強調心齋的修養，所以接著下面這段結論，完全在描寫心齋的境界。

「絕迹易，無行地難」，前人的注解都把「絕迹」當作離世為隱士；把「無行地」當作處世不為形跡所拘。其實心齋談的是如何修心，所以這句話的主詞是「心」。「絕迹」是指心念不動，「無行地」是指心念動，而不住於物。如《金剛經》所謂「無所住而生其心」。「為人使易以偽，為天使難以偽」，這句話中「人」與「天」對言。「人」指人為，「天」指自然。「使」是聽順的意思。我們的心如果動念都受人為所拘，便會虛偽不實。相反的，順於自然，便能天真無偽。

「聞以有翼飛者矣，未聞以無翼飛者也」，「有翼飛」是形飛，是有拘有待；「無翼飛」是神遊，是無拘無待。「聞以有知知者矣，未聞以無知知者也」，「有知知」，是以自己已有的知識，或別人所提供的知識，去作知識的追求，或判斷。所以這種知始終拘限在某一範疇、某一系統中，而不能突破，也就是有待之知。「無知知」，是以無知去知。這裡的「無知」，不是愚昧的「無知」，不是淺薄的「無知」，而是不以知為知的「無知」。這有兩種情形：一是超越知，一是不用知。所謂超越知，就是知識的提昇到達最高境界時，超越了知的範圍，而成為智慧，或德性。老子稱為「絕學」，佛家稱為「無學」，《莊子》書中也說「養其知之所不知」（〈大宗師〉）。這一境界極高，不是一般人所能達到的。所謂「不用知」，可深可淺，禪宗「不立文字」，是這種意思，可以作深處去體驗。至於往淺方面說，我們日常生活中也常用到。譬如我們對一幅畫、一首詩的欣賞，有時並不是我們對作者及作品的知識而欣賞這幅畫、這首詩，而是在我們的精神上產生共鳴，而進入這幅畫、這首詩中。這也是莊子的心遊。有時候我們對一個問題的判斷，對一個人的了解，往往先把自己的知識、經驗放在一邊，然後才能看得真切，這也就是心虛了之後，才有真實的知。莊子這兩句話的「未聞」，說的並非沒有，而是喻其難，喻其重要，而為人所忽略不知。這也是一種無知之知。

⑯「瞻彼闋者，虛室生白」，《釋文》：「闋，司馬云：『空也。室比喻心，心能空虛，則純白獨生也。』」解得很清楚。唯把「闋」直接訓為空，反不如《說文》：「闋，事已閉門也。」闋是指門之閉，在此處是指隔絕向外求通求知，這與前文的「無門」、「無知」，及後文的「外於心知」是意義相貫的。由這個大門的深鎖，再反觀內室，一片虛空，而光明自現。當然這個虛室，就是指心之虛。那麼「闋」即是指心扉的緊閉，或意識的深鎖，也正是《老子》所謂「塞其兌、閉其門」（第五十二章）的意思。

「吉祥止止。夫且不止，是之謂坐馳。」「止止」指止於所止。也就是在心念靜止，即虛空之處，吉祥來降。「坐馳」正對止而言，指雖然坐著，心神卻隨耳目而奔逐馳散。

「夫徇耳目內通而外於心知，鬼神將來舍，而況人乎！」《釋文》：「徇，李云：『使也。』」「外於心知」即不向外求知。「鬼神」即前文所指吉祥。「而況人乎」，這即是不用心知的心齋，能感格鬼神，何況是一般人？這裡的「人」也可對應前文，指衛君。

「是萬物之化也，禹舜之所紐也，伏戲几蘧之所行終，而況散焉者乎！」「化」是生化，指萬物的生生化化，出於虛，而入於虛，一切自然，而無意為。「紐」是樞紐。指禹舜治世的原則。禹在《莊子》書中被尊為神禹，他的功德在治水，而順水性之自然。舜，被孔子讚為無為之治，恭己而正南面，所以兩聖治世的原則都在自然無為。伏戲即傳說推演八卦的伏羲或伏犧。几蘧，成玄英《疏》：「三皇以前無文字之君。」這兩位聖者都是在文字運用之前，所以說「行終」即不用文字知解，而以自然之行為終極。這段話是寫心齋的用虛可以上通於萬化及這些古代聖王的治道，何況一般人，豈能不重視這個心齋的虛理。此處用「散」指一般人，就是故意標明精神散馳之人。

⑰ 下面是另一個故事，是討論處理人間世的另一種方法。「葉公子高」是楚國大夫，任葉地的縣令，自己僭稱為公。他姓沈，名諸梁，字子高。「蓋將甚敬而不急」，這是因為葉子高奉命出使齊國，他深怕齊君在表面上待他甚禮遇，實際上對他所負的使命，卻拖延不答。「凡事若小若大，寡不道以懽成」，「懽」即歡。指無論大事小事，沒有不合乎道而能歡然有成的。「事若不成，則必有人道之患」，「人道之患」即國君的處罰。「事若成，則必有陰陽之患」，「陰陽之患」，郭象《注》為「喜懼戰於胸中」。李勉以為「事若成，不該有懼，而是因喜使心不平靜」。其實，陰陽兩字在《莊子》書中，都指自然現象，「陰陽之患」，是指違反了自然，這是多因憂慮而生。後文葉子高的自述已說得很清楚，是由於憂慮失敗，才有陰陽之患，至於事若成功，而以前的憂慮，早已侵蝕心身，有何歡欣可言。尤其事成之後，患得患失之心更大，所以陰陽之患也更為嚴重了。「若成若不成而後無患者，唯有德者能之。」這幾句話是莊子假託孔子說的，這裡的「德」，乃是莊子所謂的德，正如他在下文說的：「知其不可奈何而安之若命，德之至也。」也就是說能安命而順其自然，便不會憂慮事之成與不成了。

「吾食也，執粗而不臧。爨，無欲清之人。」「粗」指食物的粗糙。「臧」指食物的精緻。

「變」是在廚房烹飪。「無欲清」指不求清涼。前一句是指他食不求精，生活上很不講究。後一句前人都解作因他飲食隨便，所以使廚者不必太多烹飪，而不求清涼。但後面一句話又提到「飲冰」，和「內熱」之事，所以這句話也可解作葉子高對自己的描寫，說他在廚房也能忍受熱氣，而不必求清涼。可是「今吾朝受命而夕飲冰，我其內熱與？」像他這樣飲食隨便，而又能適應各種氣候的人，可是在接到任命後，回家卻拼命喝冰水，因內在的焦慮，比廚房的熱氣還要大。「內熱」即內心焦慮所產生的火氣。「吾未至乎事之情，而既有陰陽之患矣」，「事之情」指事的實情。這是說他還沒有真正出使，從事實際的任務，卻已有陰陽之患。這裡的陰陽之患即是解說前面「事若成，則必有陰陽之患」。因為像這樣的煎熬，即使最後任務完成，心身也已疲竭殆盡。「事若不成，必有人道之患」，這裡單提「事若不成」，可見前面的「陰陽之患」是含蓋了「事若成」的，所以說「是兩也」，即指「成與不成」兩者對心身來說都是大患。

⑱ 接著莊子假託孔子說：「天下有大戒二：其一，命也；其一，義也。」「戒」指法。「命」是天命，為天所賦的。「義」是理義，為人所必遵的。「子之愛親，命也，不可解於心」，父子間的關係是天生的，所以子的愛親是一種天命。「解」是解脫，擺脫，即心中不能棄脫。「臣之事君，義也」，君臣之間的關係，是理的結合，所以臣的事君，是理義。「無適而非君也」，指無論到那裡都有君臣的關係，所以這種理義是「無所逃於天地之間」的。「不擇地而安之」，是指在任何地方，都能盡孝，使心安之。「不擇事而安之」，是指無論做任何事，都能盡忠，使心安之。這個「安」字很重要，是針對前文的陰陽之患而言的，這是一種修養方法，所以

接著「自事其心者，哀樂不易施乎前」，「事其心」，即修其心，使哀樂的情緒對你不能產生作用。「知其不可奈何而安之若命，德之至也」，這句話是本段的重點，「成與不成」，這是人力所不能決定的，萬一不成，而遭「人道之患」，這也是無可奈何的。但我們如果能「安之若命」，便可以避免了「陰陽之患」。如沒有「陰陽之患」，則不論「成與不成」，便都能安之自然了。

⑲孔子接著說：「凡交近則必相靡以信，遠則必忠之以言。」「靡」指傾倒，即傾心的意思。對於和我們親近的人，可以用誠信使我們互相信賴。可是對關係較遠的人，則只有用忠實的言語來促成互相的了解。「夫傳兩喜兩怒之言，天下之難者也。」「兩喜」就是傳達兩方君主所說好聽的話，「兩怒」就是傳達雙方君主生氣所說的話。後者，使雙方君主都聽了不高興，當然不能完成任務。至於前者，由於討好雙方，必多「溢美」之言。「溢美」的話好像虛偽不實，雙方的君主都會懷疑它的真實性。「莫」字解作「疑」、「薄」、「無」，都是指不信的意思。「《法言》曰：『傳其常情，無傳其溢言，則幾乎全。』」「法言」不知是否為書名？或解作先聖的格言。但這段話兩次提到「法言」，可見仍以佚書為佳，「常」指本來，「情」指實情，即傳達真正的實情，而不傳誇大的美言，這樣才能保全傳達的任務。

⑳「且以巧鬥力者，始乎陽，常卒乎陰，泰至則多奇巧。」「鬥力」即角力，雖然是以力相賽，但用力貴乎巧，所謂以四兩撥千斤。「始乎陽」，「陽」是向日，即正面。「常卒乎陰」，「陰」是背日，是反面。即指開始的時候，尚正面的用技巧，可是後來便在暗地裡偷巧。「泰至」，指太至，也指求勝心過甚的意思。「奇巧」，便是指一些詭詐的手段了。「以禮飲酒者，始乎治，常卒乎亂，泰至則多奇樂。」「飲酒」本需合乎禮的節制。「始乎治」，「治」是有規矩。「常卒

乎亂」，「亂」是不合禮制。「泰至則多奇樂」，飲酒過分，不僅是醉酒，而伴隨著飲酒不知禮節，便會產生很多淫樂之事。「凡事亦然，始乎諒，常卒乎鄙。」「諒」是諒宥，寬恕，或信用。「鄙」，指偏鄙，狹隘，或欺詐。「其作始也簡，其將畢也必巨」，這兩句話仍然是指事情的發展來說，「簡」指簡易，有則。「巨」指複雜，難於把握。

「言者，風波也；行者，實喪也。」「言者」指言語，也指前面所要傳達的言旨。「風波」，是指風的產生波動。「行者」指實行，也指前面傳達者的任務。「實喪」，指事實之有所失。「夫風波易以動，實喪易以危。」由於言語無定性如由風所產生的波一樣，容易變動，而沒有可靠性。由於傳言的任務容易失實，失實的結果，是很危險的。

「故忿設無由，巧言偏辭。」「忿」是忿怒，「設」是成立。「無由」指無端。這是指兩國君主無端怒起，是由傳達者的「巧言偏辭」。「巧言」是溢美的話，「偏辭」是不正確的言辭。「獸死不擇音，氣息茀然，於是並生心厲。」野獸在臨死時的哀叫，不在乎音的美與不美。「茀然」，指氣息的急促。「並生」指外在的怒氣，與內心的惡念相偕而起，「厲」是險惡，「心厲」即心中的惡念。這幾句是寫傳言如有不當，使君主怒起，而有惡念。

「剋核太至，則必有不肖之心應之，而不知其然也。」「剋」即「刻覈」，「核」即考核。「剋核」意為苛求，或逼迫。這是說傳言者不了解對方的心理，逼迫太甚，求成之心太切，必然使對方不悅，而有不善的反應。可是傳言者還不自知。「苟為不知其然也，孰知其所終！」如果傳言者不知對方的心理反應，又怎能知道這件任務的後果呢？

㉑「故《法言》曰：『無遷令，無勸成，過度，益也。』」「無遷令」是「傳其常情」，不可

更改所要傳達的命令，「無勸成」，是指不要為了任務的成就，而有意的去促成其事。這一個「勸」字，便是你自己加上去的，而不是事實的本身。「過度，益也」，「益」，俞樾：「益當讀為溢，言過其度則溢矣。」這和前面「溢美」兩字相對照。又「益」字成玄英《疏》作「添益」。其實「益」字本有增益之義，如《老子》「益生曰祥」（第五十五章）。所以「過度」是過了常度，即超過了欲傳的事實。「益也」，即指傳言者所增加的。「殆事」即壞了事情的意思。

「美成在久，惡成不及改，可不慎與！」「在久」有兩義：一是指美事的完成是需要長久時間的努力，不能倉促達到的；一是指美事的成就是永恆持久的。「不及改」也有二義，一是指惡事的造成是在一念之間，速不及改的；一是指惡事的造成也令人後悔終生，無法改變的。

「且夫乘物以遊心，託不得已以養中，至矣！」「乘物」本是順任萬物變化的意思，但用「乘物」的乘字，還有另一深意，因「乘」有駕馭的意思。〈山木〉：「浮遊乎萬物之祖，物物而不物於物，則胡可得而累邪？」所以「乘物」是意味著能駕馭萬物，而不為萬物所左右。「遊心」是人雖悠遊於萬物之中，而心卻超然於萬物之外，「託不得已」是把自己的形體寄託於萬物變化之中，隨波逐浪。「不得已」是不得不然的意思，這是指萬物的自然。「養中」有二義：一是涵養心中之虛。《老子》第五章：「多言數窮，不如守中」之中，即作「虛」解。涵養心中之虛，即時時保持心之虛，而不執著於外物。二是涵養心中之和，〈德充符〉：「德者，成和之修也」，涵養心中之和，也就是使此心和萬物相合。

「何作為報也？莫若為致命。此其難者！」「報」是回報，即如何才能覆君之命。「致命」的「命」可對照前文：「天下有大戒二：其一，命也。」和「知其不可奈何而安之若命」的

「命」，兩者都意味著天所賦的命，即「天命」。「莫若」，即不如，也就是說不如「致命」。「致命」即「安命」、「順命」、「盡命」的意思。「此其難者」即難能可貴的意思，因為不能「致命」，心便不安，便患得患失，而有陰陽之患。這個故事到此是結論，說明在人間世，遇到兩難的處境時，不要在意得失，急求成就。以「平常心」，面對事實的真相，盡自己應盡的天責，其他一切，就能泰然處之了。

㉒ 本文的第三個故事是寫太子的老師如何教導太子的情形。「顏闔」姓顏名闔，是魯國的賢人。蘧伯玉，姓蘧，名瑗，號伯玉，是衛國的大夫。顏闔被聘去做衛靈公太子的老師時，便去請教衛大夫蘧伯玉有關教導衛太子的方法。「有人於此」，顏闔不便直言衛太子，所以假設的口氣說，有這麼的一個人。「其德天殺」，「德」指性情，「天殺」指天生兇殘好殺。「無方」指沒有原則。如果不以原則教導太子，萬事討好他，那麼將來他登基後，便自以為是，使國家危殆。相反的，如果謹守原則，那麼，便會使他不悅，將來自己便有殺身之患。這位太子又只知別人的過，而從來不反省自己的錯。如何去教這樣一位威權而又無知者，實在是兩難的任務。

蘧伯玉的回答是：「戒之，慎之，正汝身哉！」「戒」是隨時警惕，「慎」是言行小心。「正汝身」，即端正你自己，使自己沒有瑕疵被對方挑剔。「形莫若就」，「就」是遷就和親近的意思，指外面的表現不如儘量和對方親近。「心莫若和」，「和」是親和、和諧的意思，指內心不如保持和對方的親和。「就不欲入」，指雖然和對方親近，但不能過分的遷就，進入他的範圍，為他所左右。「和不欲出」，指雖然與對方和諧，但這種企求和諧的意念卻不能表露得太明顯，這樣反而為對方所乘，得不到真正的和諧。「且為顛為滅，為崩為蹶。」「且」是「則」的意思，「顛」是顛覆，「滅」是掩滅，「崩」，崩壞，「蹶」，折敗，也就是指過分遷就之後原則完全為對方所破滅。「且為聲為名，為妖為孽。」「聲」是聲譽，「名」，是名望，「妖」是怪異，「孽」是歧出，即邪門。「和」之在內，是指內心的平和，「和」之欲出，便是在外有所表現。「為聲為名」，指有意於邀聲逐名，這便和對方同流合污。「為妖為孽」，指這種有意於調和，乃是另有目的，是一種詭計，是一種欺世盜名。

「彼且為嬰兒，亦與之為嬰兒」，對方是太子，當然有嬰兒態。好的方面是指天真，不好的方面是指童稚。「彼且為無町畦，亦與之為無町畦」，「町畦」指田畔的界限。好的方面是指沒有差別，不好的方面是指沒有規矩。「彼且為無崖，亦與之為無崖」，「崖」，林希逸《口義》作「涯際」，即邊際，好的方面指沒有目的，不好的方面指沒有原則。此處意思是指儘量和這位小太子打成一片。從好的方面溝通，便能相聚和諧，否則在不好的方面相合，便是遷就。「達之，入於無疵。」「達之」是使他通達，「疵」是毛病。這是說由於這位太子老師能把握太子的心理，和他先相處融洽，然後再進一步的使他通達，進入純然無瑕疵的境地。

㉓ 「汝不知夫螳蜋乎？……，幾矣！」這幾句話以螳螂為喻。「怒其臂」，是奮力舉高牠的手臂。「是其才之美者也」，「是」為動詞，即自以為是。「積伐而美」，「積」是累積，「伐」是誇大。即一再自誇以為美。「以犯之」即犯此毛病。「幾」，成玄英《疏》作「危」。其實這個「幾」是相似，即指人們犯此病，正與螳螂的以臂擋車相似。

「汝不知夫養虎者乎……，逆也。」這幾句話是以養虎為喻。不敢拿活的動物餵虎，不敢以形體完整的東西餵虎，這是因為深怕激起了老虎殺戮及撕裂的凶殘的獸性。「時其飢飽」，是時時注意老虎的飢飽，「達其怒心」，是了解老虎何以發怒的原因。老虎雖和人是異類，但喜歡取悅於己，而痛恨違反自己的這種心理是一樣的。

「夫愛馬者，……，可不慎邪！」最後以愛馬者為喻。「筐」，竹簍。「矢」，同屎。「蜄」，《釋文》：「蛤類」，意為珍貴的容器。這是寫愛馬者對馬的照顧，用貴重的容器去盛馬的屎和溺。「蚉䖟」即蚊類。「僕緣」即撲附於馬體。「拊」即拍的意思。「不時」，不合時。「缺銜」即咬斷口中的銜。「毀首碎胸」即掙斷頭上和胸前的絡轡。「意有所至，而愛有所亡」，這是說當我們的心意貫注在某一方面，往往忽略了另一方面，使我們的愛，反而有所失。

從以上三個譬喻來總結對衛太子的教導方法是，首先要排除自以為是之見，然後是「形莫若就」，即儘量親近對方，了解對方的喜好。最後是「心莫若和」，即與對方保持和諧，但不要刻意為之，而應順著對方的需求，再去轉化他。

㉔ 這段話寫樹木能保全它的壽命，自有其保全之道。「匠石」，姓石的木匠。「曲轅」即曲道。「櫟社樹」即社祀壇的樹，林雲銘注：「以櫟樹為土神而祀之，此廿五家之私社也。」「絜」即量。「臨山」，如山之相臨。「十仞而後有枝」，七尺為一仞，乃指樹幹高達七十多尺，然後才有枝葉。「為舟者，旁十數」，指旁出的枝有十幾條，其大都可製成舟。「匠伯」即指匠石。「厭觀之」即飽覽之。「散木」即疏鬆的樹木。「液樠」，司馬彪《注》：「液，津液也。樠，謂脂出樠樠然也。」即流出黑水，意為污腐。「文木」，與前面「散木」對稱，指良木，及有用之木。「實熟則剝」指這些樹木上的果實成熟了之後，便遭剝折。「辱」字前人都改字求解，

其實辱即受辱。來譬喻果實遭剝折，而受辱，以樹木擬人化，頗能傳神。「小枝泄」，「泄」如水的泄地，指小枝拖滿一地。「以其能苦其生者也」，因它們的才能反而遭受剝折之苦。此苦和前面之辱對稱，也是擬人化的寫法。不必把「苦」硬訓為「枯」。「中道夭」，即中途而夭折。「自掊擊於世俗者也」，《廣雅》：「掊，捶也。」指自遭世俗的打擊。「且予求無所可用久矣，幾死，乃今得之，為予大用。」這幾句話是這段故事的中心旨趣。樹木的無用，是自然現象。但無用並不一定能保全它的天年，因為有許多樹木因無用，反而被砍作柴燒。所以這裡說「求無所可用」，這個「求」字，便是大學問。這棵櫟社樹自謂「求無所可用」很久，差一點死亡，可見這個方法也不是輕易可得的。現在得到了後，「為予大用」，這個「大用」與「無用」對照。「無用」是無小技小能之用，「大用」是生命的全體大用。「且也若與予也皆物也，奈何哉其相物也？」「且也」即而且，「若」即汝。「相物」，即視物。指以人之眼光輕視物。「散人」與散木相似，是指沒有生命精神的人。

「匠石覺而診其夢」，「診」向秀、司馬彪作「占」，王念孫以為此處不應是占夢，因為下文乃匠石與弟子討論櫟社樹之事，所以「診」應讀為「畛」，乃「告」的意思。其實「診」為診斷，本有討論的意思。不必勉強改為「畛」字而曲意求通。「趣取」即趨取，或求取的意思。弟子問得好，既然求無所可用，為什麼還把自己變成神社的樹木？「密」即默的意思，「彼亦直寄焉，以為不知己者詬厲也」，「直」是純然，「寄」，託身。這是說它只是為了託身而已。「詬厲」即責難，這是指託身於被人責罵無用之處。但如果只是無用之木，豈不是又會被人砍伐，當作無用之柴木來燒？所以說：「不為社者，且幾有剪乎」，這是它之所以託身為神社之樹木，而躲過了被砍伐的命運。這即是前面它所謂「求無所可用久矣」的感歎了。「而以義譽之，不亦遠乎！」即以理義的標準來評斷它，便遠離了它保全生命的真相與苦心了。如果把這段與〈山木〉那隻不會叫的雁，反因其不材而早死，便可看出櫟社樹自保的高明了。

㉕ 這一段也是寫不材之木，不如前一段出色。「南伯子綦」即〈齊物論〉的南郭子綦。「伯」是年長者的尊稱。「商之丘」，即今河南商丘縣。「結駟千乘，隱將芘其所藾」，結駟馬之車乘，有千乘之多，「芘」即蔽，「藾」，蔭，即可以受它樹蔭的遮蔽。「拳曲」，曲捲如拳。「軸解」，軸指木心，解指裂散。「咶」即舔。「酲」即醉。「嗟乎！神人以此不材！」指唯有神人才能使此不材之木長得如此高大。也就是說神人不利用物之小用，而任物自然，使萬物都能以其本色，盡其天年。

「荊氏」，宋國地名。「宜楸柏桑」，該地宜種植楸、柏、和桑等三種樹木。「拱把」，司馬彪：「兩手曰拱，一手曰把。」指兩手或一手能握那樣的粗。「狙猴之杙」指可作繫猴子的栓木。「圍」，八尺為一圍。「高名之麗」，「名」，王念孫注為「大」。但「名」也有名貴的意思，「麗」通欐，指屋棟，故指高貴的屋棟。「禪傍」，成玄英《疏》：「棺材也。」司馬彪《注》：「棺之全一邊者，謂之禪傍。」即棺木的意思。「解」即一種祭典，顏師古《注》：「解祠者，謂祠祭以解罪求福。」「白顙」即額頭上有白斑。「亢鼻」，指鼻孔朝上。「不可以適河」，指不適於河祭。成玄英《疏》：「古者將人沉河以祭河伯，西門豹為鄴令，方斷之，即其類是也。」「此乃神人之所以為大祥也」，這些一般人以為不祥之物，因他們被認為不祥，反而保住了生命。所以神人知此，能以不祥為大祥。

㉖ 前面兩大段以木為喻，這一段以人為喻。「支離疏」是莊子寓託的人名。「支離」，指形體不完整。「疏」是他的名字。「頤隱於臍」，頤是臉頰，臍是肚臍，臉部隱藏於肚臍下。可見他身體彎曲的程度。「肩高於頂」，也是指頭部向下彎曲。「會撮指天」，司馬彪《注》：「會撮，髻也。古者髻在項中。背曲頭低，故髻指天也。」「五管在上」，指五臟的血管都向上。「兩髀為脅」，髀即大腿骨，脅即肋骨，大腿骨可當肋骨，極寫形體的彎曲。「挫鍼治繲」，鍼即針。繲，通線。是指縫衣之事。「鼓筴播精」，筴通箕，精指米之精，是指篩米之事。「攘臂於其間」，蕩著手臂而遊。「大役」，即大的勞役之事。「不受功」，即不受徵服勞役。「鍾」，六斛四斗為一鍾。「又況支離其德者乎！」前面都是支離疏因形體的支離，反而能保全他的生命，這和前兩段的不材之木是同一旨趣，最後這句話由支離其形，而轉為支離其德，卻是本文後幾段中的一個重點。「支離其形」這是天生的形體，可是「支離其德」卻是修養的工夫。因為「支離其德」不是天生的無德之人，或者是敗德之人。而是本有其德，而不標榜自己的德行。使他人不感覺自己之有德，正如《老子》所謂「上德不德，是以有德」（第三十八章），這「上德不德」正是「支離其德」的最好注解。

㉗ 這一段可說是全文的結論。「楚狂接輿」，指楚國的狂人接輿。一說接輿之名是因他跟著孔子的車批評而得名。「鳳兮鳳兮，何如德之衰也！」「鳳」字譬喻孔子高雅如鳳鳥。「何如」是何以如此。「德之衰」，指「德」之失。《老子》說：「上德不德，是以有德，下德不失德，是以無德。又失德而後仁，失仁而後義。」（第三十八章）正是指孔子的德是一種下德，失德。「來世不可待，往世不可追也。」指希望治世於未來，未來永遠是未來，不可徒然等待。讚

頌往世的道德境界，可是往世已逝，又無法再回到現在。「天下有道，聖人成焉」，是說天下有道時，聖人便可藉此而成就救世的功業。「天下無道，聖人生焉」，是指在天下無道時，聖人也能全生保真。「方今之時，僅免刑焉」，這句話點明了方今之時，正是天下無道之時。「免刑焉」，是只求免於刑戮，以保全生命。「福輕乎羽，莫之知載」，「福輕」，指幸福的來臨，輕盈如羽毛，飄忽不定，一般人不知道如何用手去捧載它。「禍重乎地，莫之知避」，「禍重」，指禍害的降臨，像大地一樣的沉重，就出現在我們的眼前，一般人卻不知道如何去躲避它。「已乎已乎，臨人以德！」「已」是停止的意思。是勸人不要再這樣去做。「臨人以德」，即以德臨人。就是在別人面前顯耀自己的德行。德行本來是我們應有的修養，沒有理由以此自高自大。正如《老子》所謂「下德不失德，是以無德。」所以莊子此處已乎，已乎是要我停止「以德臨人」。「殆乎殆乎，畫地而趨！」「殆乎」即危險，是指下面「畫地而趨」的行為是危險的。「畫地」就是畫地為牢的意思，「而趨」是指往自畫的牢中鑽。「迷陽迷陽，無傷吾行」，「迷陽」為楚地的一種多刺的草花，如荊棘之類。此處指外在的一切禍患，不要傷害我的行動。「吾行郤曲，無傷吾足！」「郤曲」即繞彎，也就是說我很小心繞彎而走，希望不要刺傷我的腳。

「山木自寇也」，「寇」即盜伐。因山木本身的有用，而被人盜伐。所以說「自寇」，即是指自己引來別人的盜伐。「膏火自煎也」，因膏火能燃燒，所以膏火被人燃燒，等於自己燃燒自己。「桂可食，故伐之」，桂樹之實可以食，所以桂樹遭人砍伐。「漆可用，故割之」，因漆樹所生的油脂可用，所以漆樹為人割裂以取漆。「人皆知有用之用，而莫知無用之用也。」有用之用是片面小用，無用之用是全體大用；有用之用是看得見的，有限的，因此會被利用，以致耗精傷神，無用之用是看不見的，無限的，因此不會被欲望所拘，而能全生保真。

本文最後歸結為「無用之用」，似乎只是後面幾段寫不材之木，支離其形的結論。與前面三段顏回、葉子高，及顏闔的故事似乎不甚契合。其實我們深體這個「無用之用」的「用」字，實大有文章。在〈逍遙遊〉中，我們曾強調過莊子好用寓言，但寓言很多是以物性為喻，可是人性與物性不一樣，在人性的運用上，有時不能粘著在物性上，否則會誤讀莊子的本意。譬如以本文後幾段的不材之木來說，某種樹木的材質不好是天生的，無用之木有幸而不被砍伐，也只能自處於無用之地，以保其天年。可是人的世間卻不一樣。一個人不能像不材之木一樣的無用，否則他也無法生活於人間世。就拿支離疏來說，這故事是依照不材之木來翻版的，但支離疏畢竟還能替人縫衣、篩米而餬口，否則他又如何能盡其天年。所以莊子講「無用之用」的「用」，不只限於純然無用如不材之木，而必須扣回到前面三段故事中的人物本都是有用之人，如顏回之有德、葉子高之有才和顏闔之有知。就像後段故事的文木，既然有文，也無法自毀其文，變成無德、無才，和無知。文木做不到，便只有被砍伐的命運，可是人卻不然，如果真能體會「無用之用」，便能用其德於無形，用其才於無為，用其知於無欲。這才是真正處人間世的大用，又豈只是一念保全生命而已矣！

德充符❶第五

魯有兀者王駘，從之遊者，與仲尼相若。常季問於仲尼曰：「王駘，兀者也，從之遊者與夫子中分魯。立不教，坐不議，虛而往，實而歸。固有不言之教，無形而心成者邪！是何人也？」仲尼曰：「夫子，聖人也。丘也直後而未往耳。丘將以為師，而況不若丘者乎？奚假魯國！丘將引天下而與從之。」❷常季曰：「彼兀者也，而王先生，其與庸亦遠矣。若然者，其用心也獨若之何？」仲尼曰：「死生亦大矣，而不得與之變。雖天地覆墜，亦將不與之遺。審乎無假，而不與物遷，命物之化，而守其宗也。」❸常季曰：「何謂也？」仲尼曰：「自其異者視之，肝膽楚越也；自其同者視之，萬物皆一也。夫若然者，且不知耳目之所宜，而遊心乎德之和；物視其所一而不見其所喪，視喪其足猶遺土也。」❹常季曰：「彼為己。以其知得其心，以其心得其常心，物何為最之哉？」仲尼曰：「人莫鑑於流水，而鑑於止水，唯止能止眾止。受命於地，唯松柏獨也在，冬夏青青；受命於天，唯舜獨也正，幸能正生，以正眾生。夫保始之徵，不懼之實。勇士一人，雄入於九軍，將求名而能自要者，而猶若是。而況官天地，府萬物，直寓六骸，象耳目，一知之所知，而心未嘗死者乎！彼且擇日而登假，人則從是也，彼且何肯以物為事乎！」❺

申徒嘉，兀者也，而與鄭子產同師於伯昏無人。子產謂申徒嘉曰：「我先出則子止，子先出則我止。」其明日，又與合堂同席而坐。子產謂申徒嘉曰：「我先出則子止，子先出則我止。今我將出，子可以止乎，其未邪？且子見執政而不違，子齊執政乎？」申徒嘉曰：「先生之門，固有執政焉如此哉？子而說子之執政而後人者也？聞之曰：『鑑明則塵垢不止，止則不明也。久與賢人處則無過。』今子之所取大者，先生也，而猶出言若是，不亦過乎！」❻子產曰：「子既若是矣，猶與堯爭善，計子之德，不足以自反邪？」申徒嘉曰：「自狀其過，以不當亡者眾。不狀其過，以不當存者寡。知不可奈何，而安之若命，唯有德者能之。遊於羿之彀中，中央者，中地也；然而不中者，命也。人以其全足笑吾不全足者多矣，我怫然而怒；而適先生之所，則廢然而反，不知先生之洗我以善邪！吾與夫子遊十九年矣，而未嘗知吾兀者也。今子與我遊於形骸之內，而子索我於形骸之外，不亦過乎？」子產蹴然改容更貌曰：「子無乃稱！」❼

魯有兀者叔山無趾，踵見仲尼。仲尼曰：「子不謹，前既犯患若是矣。雖今來，何及矣！」無趾曰：「吾唯不知務而輕用吾身，吾是以無足。今吾來也，猶有尊足者存，吾是以務全之也。夫天無不覆，地無不載，吾以夫子為天地，安知夫子之猶若是也！」孔子曰：「丘則陋矣，夫子胡不入乎，請講以所聞。」❽無趾出，孔子曰：「弟子勉之！夫無趾，兀者也。猶務學以復補前行之惡，而況全德之人乎？」無趾語老聃曰：「孔丘之於至人，其未邪？彼何賓賓以學子為？彼且蘄以諔詭幻怪之名聞，不知至人之以是為己桎梏邪？」老聃曰：「胡不直使彼以死生為一條，以可不可為一貫者，解其桎梏，其可乎？」無趾曰：「天刑之，安可解！」❾

魯哀公問於仲尼曰：「衛有惡人焉，曰：哀駘它。丈夫與之處者，思而不能去也。婦人見之，請於父母曰：『與為人妻，寧為夫子妾』者，十數而未止也。未嘗有聞其唱者也，常和人而已矣。無君人之位以濟乎人之死，無聚祿以望人之腹。又以惡駭天下，和而不唱，知不出乎四域，且而雌雄合乎前，是必有異乎人者也。寡人召而觀之，果以惡駭天下。與寡人處，不至以月數，而寡人有意乎其為人也；不至乎期年，而寡人信之。國無宰，寡人傳國焉。悶然而後應，氾而若辭。寡人醜乎，卒授之國。無幾何也，去寡人而行，寡人卹焉若有亡也，若無與樂是國也。是何人者也？」

⑩仲尼曰：「丘也嘗使於楚矣，適見㹠子食於其死母者，少焉眴若，皆棄之而走。不見己焉爾，不得類焉爾。所愛其母者，非愛其形也，愛使其形者也。戰而死者，其人之葬也不以翣資。刖者之屨，無為愛之；皆無其本矣。為天子之諸御，不爪翦，不穿耳；取妻者止於外，不得復使。形全猶足以為爾，而況全德之人乎？今哀駘它未言而信，無功而親，使人授己國，唯恐其不受也，是必才全而德不形者也。」

⑪哀公曰：「何謂才全？」仲尼曰：「死生存亡，窮達貧富，賢與不肖毀譽，飢渴寒暑，是事之變，命之行也；日夜相代乎前，而知不能規乎其始者也。故不足以滑和，不可入於靈府。使之和豫通，而不失於兌；使日夜無郤，而與物為春，是接而生，時於心者也，是之謂才全。」

⑫「何謂德不形？」曰：「平者，水停之盛也。其可以為法也，內保之而外不蕩也。德者，成和之修也。德不形者，物不能離也。」哀公異日以告閔子，曰：

「始也，吾以南面而君天下，執民之紀而憂其死，吾自以為至通矣。今吾聞至人之言，恐吾無其實，輕用吾身，而亡吾國。吾與孔丘，非君臣也，德友而已矣。」⑬

闉跂支離無脤說衛靈公，靈公說之；而視全人，其脰肩肩。甕盎大癭說齊桓公，桓公說之；而視全人，其脰肩肩。故德有所長，而形有所忘。人不忘其所忘，而忘其所不忘，此謂誠忘。⑭故聖人有所遊，而知為孽，約為膠，德為接，工為商。聖人不謀，惡用知？不斲，惡用膠？無喪，惡用德？不貨，惡用商？四者，天鬻也。天鬻者，天食也。既受食於天，又惡用人！有人之形，無人之情。有人之形，故群於人，無人之情，故是非不得於身。眇乎小哉，所以屬於人也！謷乎大哉，獨成其天！⑮

惠子謂莊子曰：「人故無情乎？」莊子曰：「然！」惠子曰：「人而無情，何以謂之人？」莊子曰：「道與之貌，天與之形，惡得不謂之人？」惠子曰：「既謂之人，惡得無情？」莊子曰：「是非吾所謂情也。

吾所謂無情者，言人之不以好惡內傷其身，常因自然而不益生也。」惠子曰：「不益生，何以有其身？」莊子曰：「道與之貌，天與之形，無以好惡內傷其身。今子外乎子之神，勞乎子之精，倚樹而吟，據槁梧而瞑。天選子之形，子以堅白鳴！」⑯

語譯

魯國有一個斷足的人，名叫王駘。跟從他遊學的信徒，和孔子的信徒一樣多。常季問孔子說：「王駘是個斷足的人，跟他遊學的信徒，與你的信徒可以平分魯國。可是他立不言教；坐不議論。他的信徒們，去看他之前，心中空空洞洞，看他之後回來時，卻心中都滿載而歸。難道這就是所謂不言的教化，無形中使對方心有所成嗎？他究竟是怎樣的人啊！」孔子回答說：「他啊！是位聖人。我尚沒有去拜見他。我也要以他為師，何況那些比我不如的人呢！何止是魯國，我將召引天下的人都去跟他為學呢！」常季又說：「他是一個斷足的人，卻能勝過你。他一定遠超過那些庸碌之輩。如果這樣，他又是如何的運用他的心智呢？」孔子回答說：「死和生是一件大事，卻不能改變他。雖然天地崩潰墜落，也不致使他有所損失。他能切實的洞悉真理，而不為外物所變遷。他能主導萬物的生化，而把握萬物的根本。」常季又問：「這是什麼意思？」孔子回答說：「從差異的觀點來看，肝和膽就像楚國和越國一樣的相距遙遠。從相同的觀點來看，萬物本是一體的。如果了解這道理，就不會去管耳目所適宜的是那種聲色，而能使心神遨遊於與萬物和諧的至德之境。看萬物自性一體的一面，就不會看它們有所缺失，因此看自己失去了一隻腳就像從身上灑下一塊泥土一樣。」常季又說：「像王駘這樣的人只是修養他自己而已。他只是用他的智力去了解他的心意識，再用他的心意識去體證他自己長存的真心罷了。為何卻受到萬物的推崇？」孔子回答說：「人不會在流水上去照自己的形象，而在靜止的水面上去照自己的形象。這是因為唯有自己靜止，才能使萬物靜止。生命來自於土地的植物中，只有松柏長存，不論冬天夏天，都是顏色青青。生命來自於天賦的人物中，唯有堯舜得天命之正氣，使他們能正他們自己的性命，然後才能正眾生的性命。能夠保養原始本有的氣稟，便會有無畏無懼的實際表現。就像那勇士一人深入於九軍之中，他為了追求美名來榮耀自己，才有這樣的表現。何況那掌管天地，府藏萬物，把自己的六骸當作暫時的寄宿，以耳目所見為幻象，他能用齊一萬物的智慧，去觀照所知的一切，他的心永遠不朽的人呢？他只是等日子而登天入道，一般人自然跟著他。他又如何肯把外面的這些物質當作一回事呢！」

申徒嘉是一個斷足的人，他和鄭子產同拜伯昏無人為師。子產向申徒嘉說：「我先出去的時候，你就留在屋中；你先出去的時候，我就留在屋中。」第二天，申徒嘉又跟鄭子產坐在同一屋內。子產便對申徒嘉說：「我先出去，你就留在屋內。你先出去，我就留在屋內。現在我將要出去，你可以留在屋內。你還是不能嗎？你看見執政官而不避諱，你難道把自己看得和執政官一樣嗎？」申徒嘉回答說：「我們老師的門下，難道有執政像你這樣的嗎？你是以自己為執政而沾沾自喜，把別人看輕了。我曾聽說：『鏡子明亮，塵垢就粘不著；塵垢粘著，鏡子就不明亮。常和賢德的人相處，就會沒有過錯。』現在你知道什麼是重要的，而效法我們老師，可是你竟出言如此，豈不過分嗎？」子產又說：「你已經生得這樣了，還想與堯爭善嗎？算算你自己的德性，還不夠自己反省一下嗎？」申徒嘉回答說：「自己檢討自己的過失，而認為自己很好，不該有斷足的報應的人很多。自己不檢討自己的過失，而以為自己不好，不該存足的人，就少之又少了。一個人的肢體不全是無可奈何的事。如能安然處之，有如天命，這只有有德的人才能做得到。如果你遊於善射者后羿的射程中，你站在中央，正是箭靶的中心之地。可是你卻沒有被射中，這是你的命運啊！人們以他們的雙足俱全而笑我的雙足不全的人很多。我勃然而怒，到了我們老師的門下，就忘了這一切，我也不知道是否老師用他的慈善來洗淨我心中對斷足的介意。總之，我與老師相交了十九年，他未嘗感覺我曾斷了一隻腳。現在你和我共同遊學於先生的門下，以德性相交，而你卻在我的形體上挑剔，豈不太過分了吧！」子產突然改容而說：「你不要再這樣講了！」

魯國有個斷了足趾的人，叫叔山無趾。他用腳後跟走著去見孔子。孔子說：「以前你不夠謹慎，既然已犯了錯誤，而有此下場，雖然現在你來我處，但已追悔不及了。」無趾回答說：「我因為不識事務，輕忽我的身體，以至於斷了足趾。現在我來你處，可見我還有比斷足還尊貴的東西保存著，我是為了要保全它的啊！天是無所不覆的，地是無所不載的，我把你看作天地，誰知你的話竟然是這樣的？」孔子回答說：「這是我的愚陋啊！你為什麼不進來，談談你的看法？」無趾離開了，孔子便說：「弟子們啊！你們要好好努力。像無趾，是一個斷腳的人，他還知道努力學習以補救以前的罪惡，何況本來就是全德之人呢？」後來無趾和老聃談起而說：「孔子恐怕沒有達到至人的境界罷！他為什麼還是強調恭恭敬敬去做一個學者呢！他不過只求以怪誕不經的言論來博取名望，不知道至人正是把這些言論名聞當作自己的手鐐腳銬啊！」老聃回答說：「你為什麼不直接使他了解死和生只是一體的，可和不可只是一貫的，來解脫他的手鐐腳銬。這樣不可以嗎？」無趾回答說：「對他，這是天的刑罰，又怎麼能解除得了呢！」

魯哀公問孔子說：「衛國有一個相貌醜陋的人，名叫哀駘它。男人和他相處，不願離開他。女人看見他，請求她們的父母說：『與其作別人的妻子，還不如做他的侍妾。』像這樣的女人，不止十餘個。沒有人聽到哀駘它有什麼倡議，他只是常常附和別人而已。他沒有君主的勢位來救濟別人的災難，也沒有豐厚的財產來填滿別人的肚子。可是他的醜陋卻驚駭天下之人。他附和別人而不倡導，他的知識不出於所居的環境，可是所有男女都聚合在他的前面，他一定是有不同於常人之處啊！我召見他來看看，果然他的醜陋驚駭天下。我和他相處，不到一個月，我對他的為人就產生好感；不到一年，我便完全的信賴他。國家沒有宰相，我就把國事交給了他。他悶然不言，然後似有點反應。漠然不關心，好像又是推辭。我自感醜陋，最後還是把國家交給了他。過不了多久，他又離我而去。我深念著他，如有所失。好像國內再也沒有人能給我快樂似的。他究竟是怎樣的一個人啊！」孔子回答：「我曾奉派出使到楚國，正恰看到小豬在剛死的母豬旁吸奶。過了一會牠吃驚的發覺了，便棄屍而走。這是因為母豬已看不見牠，母豬和牠已屬生死不同類了。小豬愛牠的母親並不是愛母豬的形體，而是愛牠能支使形體的精神。作戰而死的軍人，下葬時不再穿著盔甲等戰具；斷足者，也不再愛他的鞋子，這是因為他們的根本已不存在了。做天子侍從的太監，不修剪指甲，不穿耳洞。如果曾娶過妻子的，便派在外面，不再做侍從。可見形體全整，尚得到如此重視，更何況德性全整之人呢？現在哀駘它不說話，卻受到信賴，沒有功業，卻為人所親近。把國家交給他，還深恐他不接受。這一定是才全，而德不形之人罷。」哀公問：「什麼是才全？」孔子回答：「死、生、存、亡、窮、達、貧、富、賢、不肖、毀、譽、飢、渴、寒、暑，這些都是事物的變化，都是天命的流行。它們就像白晝和黑夜在我們面前交替，而我們的知力卻無法看到它們的究竟。因此不要讓它們打破和諧的生活，也不可讓它們影響我們的心靈。我們要使心靈保持和諧，與萬物相通，而不失悅樂之情。對日夜交替的萬物變化而無分別心。與萬物相交，心中充滿了一片春天的生意。與萬物相接，而能保持心的順時而行。這叫做才全。」哀公又問：「什麼又是德不形呢？」孔子回答：「所謂平，是水徹底靜止的狀態。它可以作其他事物的標準。內心保持平靜，而外面便不會有激蕩的現象。所謂德，是達到和諧的一種修養。德不形諸於外的話，萬物就不會離你而去。」過了些日子，哀公把這些話告訴閔子而說：「起初我在國君之位，治理天下，把握人民的紀綱，而憂慮人民的死亡，我以為自己做得非常通達。現今我聽到了至人的話，恐怕我沒有實際的修養。輕率的亂用我的身體，而使我的國家危亡。我和孔子並非君臣，可以說是互相勉勵德行的好友啊！」

　　有一個拐腳、駝背、缺嘴的人去見衛靈公。衛靈公喜歡他。再看那些形貌全整的人，反而覺得那些人的頸子太瘦長了。另有一個頸旁生了個瓦罐一樣大瘤的人去見齊桓公，桓公喜歡他，再看那些形貌全整的人，反而覺得那些人的頸子太細長了。所以在德性方面有長處的話，形體方面的殘缺便會被忘掉。人們不能忘掉應該忘掉的形體，卻忘掉了那不該忘掉的德性，這才是真正的善忘。所以在聖人的逍遙自在之遊中，知識是造作，禮約是粘膠，德目是媒介，技巧是商賈。聖人沒有任何計謀，那裡用得著知識？沒有割傷萬物，那裡用得著粘膠？沒有失去自性，那裡用得著去講德目？沒有沽售自己，那裡用得著商賈？這「不計謀、不傷物、不失自性、不賣自己」四者，乃是天賦的稟養。天賦的稟養乃是天所給我們的食物，既然是取食於天，又那裡用得著人為。有人的形體，而沒有人的情意。因為有人的形體，所以和人同群。沒有人的情意，所以是非等偏執便不會入於我們的身心。我們渺小得很，這是因為我們具有屬於人的形體，而我們卻有偉大的一面，這是因為人可以成就而與天為一。

惠施對莊子說：「人真能沒有情嗎？」莊子說：「能。」惠施又說：「人如果無情，又怎能稱為人？」莊子回答：「道給予人以相貌，天給予人以形體。怎能不稱為人？」惠施又說：「既然稱為人，怎麼能無情？」莊子回答：「你所指的情，不是我所謂的情。我所謂無情的意思，乃是指人們不要因好惡之情而對內傷害他的身心。要能永遠地因順自然，而不求增益生命。」惠施說：「不增益生命，怎能保存身體呢？」莊子回答說：「道給人相貌、天給人形體，不要用好惡之情來傷害身心。現在你的心神向外追逐，勞擾你的精神。依在樹旁談論得氣喘不已，累了靠在梧桐幹上閉目休息。天選給你以人形，可是你卻大唱離堅白等詭論，而傷神損性。」

解義

❶ 本篇題名：「德充符」，顯然是討論莊子心目中的「德」。尤其在前篇〈人間世〉的最後兩段，要我們「支離其德」，要我們不「以德臨人」。那麼莊子是否不講德呢？正好相反。莊子對於「德」非常重視，只是他所謂的「德」和一般的道德不相似。前篇「支離其德」，是支離了一般的道德觀念，在佛學的方法來說就是「破」字訣。接著本篇講「德充符」是「立」字訣，也就是建立莊子所謂「德」的體系。

「德充符」三字的意義，「充」是充實於內，「符」是符應於外。也就是指德充於內而能符於外。我們分析人和德的關係大約有以下各種情形：

1.是內既沒有德性，外也沒有德行。這種人在儒家就稱為小人，所謂「小人喻於利」，他們做任何事都只為了自己的利益，根本沒有「德」的念頭和修養。

2.是內雖沒有德性，外卻大談道德，這種人就是俗稱的偽君子。當然在這裡還有兩種不同的情形：一是內既無德，外面滿口仁義道德。甚至，藉道德之名，以圖私利之實。另一種是在外面講仁義道德，而自己卻不能實行，變成空談。

3.是內雖有德性，卻不能發揮於外，這種人就是所謂獨善其身者。如一般的隱士之流。由於他們的德性封閉於內，失去了活潑的生機，因此雖有卻無。

4.是內有德性，外也有德行，這種人就是儒家所謂的君子。君子的德性和德行在《論語》中便有不同層次的詮釋，至於在一般的運用上，凡是重視德性，實踐德行的人，都可稱為君子。就儒家的思想，在基礎的德行上，通達到聖人的這條路上，都是君子。但約歸來說，君子的德性和德行，都是自覺的德性、都是有意於行德。甚至以德性和德行為標準或標榜，去聯合君子，糾正小人，所謂「君子之道長，小人之道消」（《易經・泰卦彖辭》）。

5.是莊子所謂的德充符。這是指德性充於內，而自然地符應於外。這與儒家的內重德性，外重德行不同。「德充符」只有內在的德性，而外在沒有任何德行的痕跡。由於德性充實於內，而能和外在的變化自然若合符節。如大地一樣，德性內斂，不必外求，自能與大化共榮共長、流行不已。

本篇共有六段，不相連屬。都是分別描寫莊子所推崇的德性，及其特質。第一段寫「審乎無假，而不與物遷」，即指德性之真，不受外物的影響。第二段寫「知不可奈何，而安之若命」，即指德性能安於天命，和外物順應。第三段寫「以死生為一條」，即德性安於自然的天刑。第四段寫「才全而德不形」，是本篇最重要的眼目，就是一個「和」字。第五段寫「德有所長，而形有所忘」，即保德性之真，而忘形體之不全。第六段寫「常因自然而不益生」，即德性之順任自然，而不求長生。

綜合以上所敘，可以概括出莊子所謂之德有如下圖：

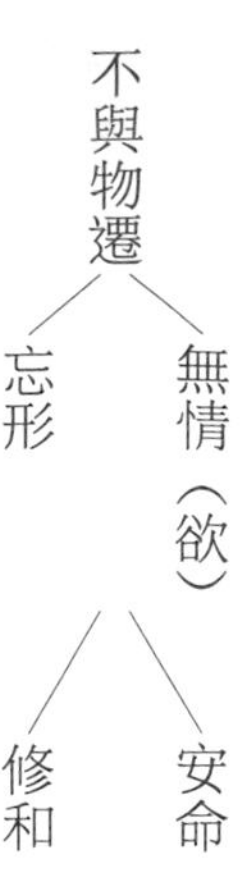

對外來說，是「不與物遷」，即不受外物的影響。方法在無情和忘形。無情是無好惡的情欲，

忘形是忘自己的形骸。而工夫在於安命和修和，安命是安於天所賦的一切而順任自然，修和是與萬物相和諧，逍遙而遊。

❷ 本篇講「德」不是空洞的道德概念，而是以具體的人來表露。這些莊子筆下的主角，和普通小說中的主角不一樣，都是些其貌不揚，肢體不全，可是內在之德，卻使他們成為天下的至美。第一個人物就是本段中所描寫的「王駘」，這是莊子所偽託的人物。「駘」，《廣雅．釋言》：「駑，駘也」，即愚鈍的意思，「兀」，《釋文》：「李云：『刖足曰兀。』」指肢體不全。「常季」，孔子弟子。「立不教，坐不議」，這是寫王駘的不以道德教人，不以是非議論。「虛而往，實而歸」是指仰慕他的人，去的時候內心空虛，回來的時候卻心有所得。這是寫他以精神感人，而不以語言教人，即所謂「不言之教」。「不言」並不一定一句話都不說，而是不講道德教訓的話。「無形」是指無形之中，「心成」指心有所成，即心有所得，心有所悟。

❸ 「王先生」，「王」音旺，作動詞，即超越的意思。「不得與之變」，指生死是人的大變，卻不能使他受到變動。「不與之遺」，指天地的崩壞，卻不能使他有所失落。這都是指外在的變化不能動搖他。「審乎無假，而不與物遷」，這是王駘修心工夫的要點。「審」是審視，即切實的了解，「無假」即真實無妄，也就是說深切的了解宇宙人生的真實。「不與物遷」，即不為外物變化所遷移。後秦時的僧肇曾寫了一篇不朽的傑作〈物不遷論〉，深受莊子「不與物遷」思想的影響，其中有：「旋嵐偃嶽而常靜，江河競注而不流，野馬飄鼓而不動，日月歷天而不周」之句，顯然和《莊子》前文所謂的「不變」、「不遺」相對應。那麼如何才能達到這個境界呢？就在「命物之化，而守其宗也」。這裡的「命」作動詞，有賦命於，或安命於的意思，

前者有主導之意，如「物物而不物於物」（《莊子・山木》），即主導萬物的變化。後者即以萬物的變化為自然，安之若命。「守其宗」，即守其宗主，指不變的原則，也即是性體。

❹「肝膽楚越」，肝膽同為一身的器官，非常靠近，可是從相異的角度來說，它們的不同，就如楚國和越國一樣。「萬物皆一」是指以物性來看，萬物都是相同的。「且不知耳目之所宜」，耳善於辨聲，目善於識物。「不知耳目之所宜」，就是不知道耳目的這種特色，而不用耳目去聞聲逐色。「遊心乎德之和」，「遊心」是遊放其心，即任其心去遨遊。「德之和」，指德性的和諧，即內在的德與外物的存在和變化能和諧相處。也就是說順應萬物的變化，和萬化相融。「物視其所一而不見其所喪」，對於萬物，只看到它們相同相似之處，即物性的相同。「不見其所喪」，即看不到所失的一面，譬如斷足是足的遺失，即形體的殘缺。

❺「彼為己」，彼是指王駘，是說王駘只是為了自己而已。因為就儒家學徒常季的眼光，王駘只是獨善其身，未能兼善天下。他連儒家的修己都談不到，所以說只是為己而已。「以其知得其心」，是說用他的理知「得其心」，所謂「得其心」就是證知他的心的存有和作用。普通我們的心逐於物欲而散失了，迷惑了。在這裡，他藉理智的工夫，把放失的心收歸回來，產生清明的作用，即所謂清明在躬。「以其心得其常心」，再透過他清明的心而「得其常心」。所謂「常心」是指不受外物影響，常恆不變的心。這個「常」字在《莊子》書中甚為重要，如：「天下有常然」（〈駢拇〉）、「彼民有常性」（〈馬蹄〉）、「吾與天地為常」（〈在宥〉），以及本篇後段的「常因自然而不益生」。可見這個「常心」，指的是常性。如果套用禪宗的思想，「以其知得其心」，有點像「明心」的工夫，「以其心得其常心」，有點像「見性」的境界。總之，這

兩句話，就常季的口氣，是指王駘最多只是回歸他自己的真心自性，這與他人又有何關係。「物何為最之哉？」這個「最」字，司馬彪《注》為「聚」。王念孫以為是「冣」字，也即聚的意思。其實把最解作聚，不必捨近就遠，找出一個偏僻的「冣」字。在〈人間世〉中便有「會撮」二字合言，雖然是解釋髮髻，但會和撮的本意都是聚，把「最」詮為「撮」則較平易多了。除了作聚集解外，就「最」字本身來說，含有至極的意思，所以也可解為萬物都以他為極至，為標榜。

孔子的回答，以止水來譬喻他的心境。「唯止能止眾止」，第一個「止」是靜止，指靜止的心境，第二個「止」是動詞，指使其靜止，第三個「止」是形容詞，指眾物的靜止。全句意思是唯有自己的心境先靜止，才能使萬物歸於靜止。「受命於地，唯松柏獨也在，冬夏青青」，生命來自於大地的，如花草樹木等，到了冬天都會凋謝，只有松柏能單獨的生存，冬夏都是長青。松柏之所以能如此，是它們具有不為萬物所變的特質。「受命於天，唯舜獨也正，幸能正生，以正眾生。」生命來自於天，即所謂稟賦天命的，就是人類。在他們之中，只有舜等聖君與眾不同。他們能正其心性。由於他們自己能正其心性，也才能匡正眾生的心性。「夫保始之徵」，「保始」指保養原始的氣稟，「徵」即徵驗，徵象。「不懼之實」指無畏無懼的實際表現。「勇士一人，雄入於九軍，將求名而能自要者，而猶若是。」是說譬如一個勇士，能一人深入九軍之中，無畏無懼，這是因為他為了求名，而勉強自己這樣去做。「官天地」指掌管天地，「府萬物」，指府藏萬物，「直寓六骸」指以軀體的六官為暫託的寓所，「象耳目」，指耳目所見所聞為虛像。這是指一個人心胸之大，能掌管天地、府藏萬物。不以自己的軀體為念，只當作是暫時的寄宿。「一知之所知，而心未嘗死者乎！」「一知」指一統宇宙萬物之知。一般的知都是限於分別的現象，偏於一面的，而這個「一知」，卻是通貫一切，無所障礙的，以這個「一知」去觀照萬化，認識生命本是一體，生死只是一貫，所以說「心未嘗死」，即心中根本不知有死亡的事實，因為死也是生的一環而已。「彼且擇日而登假，人則從是也」，「彼」指王駘，「擇日」即指日。「登假」即登遐，指遠遁。也就是說指日離世出俗而得道，人們都想跟從他走。「彼且何肯以物為事乎」，「物」指物質及物欲。「為事」即從事。也就是說王駘不在乎形體的不全，不受外物的影響。

❻ 這段故事以申徒嘉和子產為主角。申徒嘉姓申徒，名嘉，是鄭國的賢人，子產姓公孫，名僑，是鄭國的執政大臣。他們倆同師於伯昏無人。伯昏無人是莊子寓託的人物。「昏」即無分別，「無人」即無人我相。這個名字已暗喻了道家的境界，而為本段故事的主題。

「不違」即不避開。這是子產瞧不起申徒嘉的醜陋，不願與他同進出。「後人」即看輕別人。「今子之所取大者，先生也」，這是申徒嘉反駁，認為子產拜伯昏無人為師，本是重視大道，可是卻計較形體的殘缺，這是一大諷刺。

❼ 「子既若是矣，猶與堯爭善」，子產以自己居大臣之位，而自譬為堯，這是混淆了政治地位和聖人德性。「計子之德，不足以自反邪？」子產不喜歡申徒嘉的形體殘缺，而以德來批評，這是混淆了形體和德性。這本是一般人易犯的毛病，莊子由子產口中來表達了這種錯誤。

「自狀其過，以不當亡者眾。」針對前面子產的批評「自反」，申徒嘉接著說「自狀」，即因肢體殘缺而自反後以歷舉錯誤的意思。一般殘缺的人列舉自己的過錯，很多人都會不見己錯，而以為自己不應該有亡足的處罰。相反的，「不狀其過，以不當存者寡。」是指一般肢體完整的人都不知自反自己的過錯，他們之中承認自己不好而不該有此完整肢體的人，就太少了。這兩句話中，後一句實是針對子產的批評。因為子產自以為肢體完整，而不知自反。去反問自己，自己的德性是否配有這完整的肢體。「知不可奈何，而安之若命，唯有德者能之。」這句話是重點。不可忽略「知不可奈何」一語，因為「安之若命」易流為宿命論，莊子強調的是對於人力不可奈何之事，才安之若命，如生老病死、肢體殘缺、形貌美醜，及富貴貧賤等。而「有德者」的安之若命乃是超越這種外在的變化，保持心境平靜，不受干擾。「遊於羿之彀中，中央者，中地也；然而不中者，命也。」「羿」是后羿，善射。「彀中」指他的射程。「中地」即被射中的區域。如果被射中，這是當然的，是命。相反的，沒有被射中，也是命。后羿的射域，就象徵了亂世。在亂世中，身心被摧殘，這是命，幸而能保全生命，這也是命。所以肢體之殘與不殘，這是人力不能奈何之事，只有安之若命了。「而適先生之所，則廢然而反」，「先生」即伯昏無人，指申徒嘉到了伯昏無人門下，伯昏無人看他如常人，所以他不自覺有缺陷。「廢然」即忘掉了怒氣，「反」，即返於心平氣和。「不知先生之洗我以善邪！」「洗」是洗除心中的怨氣。此處本指伯昏無人以善為他洗心，可是他卻不知，這表示了他在伯昏無人門下，根本沒有一點善與不善的感覺，肢體雖殘，卻不覺殘缺。「今子與我遊於形骸之內，而子索我於形骸之外，不亦過乎？」所謂「形骸之內」是指心性或德性，「形骸之外」是指形體上。這是說申徒嘉和子產同遊於伯昏無人之門，他們是以德性相交，可是現在子產看不起申徒嘉的殘缺，是以講究形體，這和德性之遊的旨趣相違背。「蹴然」，不安貌，「乃稱」的「乃」

即仍字，指不要再說了。

❽ 這段故事是假借叔山無趾和孔子的對話。叔山是人名，無趾是因為足被斬斷，所以人稱無趾，當然這又是虛構的人物。「踵」見，因無足趾，所以用足腳走去見孔子。「猶有尊足者存」，指比足還尊貴者仍然存在，當然是指精神，或德性。「吾是以務全之也」，叔山是為了保全精神和德性，可是孔子卻只以「無趾」為意，重形骸而輕德性。

❾ 「夫無趾，兀者也。猶務學以復補前行之惡」，莊子筆下的孔子，仍然以無趾是斷足之人為念。認為他的勤於求學是為了彌補以前所犯的錯誤。至於「而況全德之人乎？」這句話似有問題，因為孔子是對弟子們說，這些弟子們又怎能稱得上全德之人。張默生注：「『德』者，得也。按此全德之人，猶言全形之人。」這話雖不錯，但為什麼不直說形全，而說全德。這可能有兩個原因，一是在莊子筆下故意把形全說為全德，以凸顯孔子是以形全為德全的誤執。二是全德和支離其德正好為一對照，孔子的全德只是講究外在的道德而已，只是以求學來增進臨人之德而已。這也正是莊子所不認同的。

「彼何賓賓以學子為？」這是無趾告訴老聃的話。「賓賓」，《釋文》引司馬彪：「恭貌」，俞樾認為是望文生義，以為「賓賓猶頻頻」。其實「賓」本是賓客之賓，形容學生去訪師求學之態度，正是恭恭敬敬的意思。「學子」即學生。「彼且蘄以諔詭幻怪之名聞」，「蘄」即期求，「諔詭幻怪」即奇異不實。本來孔子的言教應該是很平實的，莊子的批評是因為這種知識學問只有外表，而無內在的德性，所以是標新立異的，不實在的。「不知至人之以是為己桎梏邪？」，「以是」即以奇異為名聞。「桎梏」即枷鎖。所謂「名枷利鎖」這都是一般人自求的。

接著老聃說：「胡不直使彼以死生為一條，以可不可為一貫者，解其桎梏，其可乎？」這是〈齊物論〉的主要思想，死生本是一氣的變遷，所以本質上同一個變化，可和不可只是語言上的表態，就所描寫的事實卻只是一個。所以此處莊子藉老子的話來表達只有真正了解宇宙的變化、人生的真際，才能擺脫外在名利的羈絆。

「天刑之，安可解！」「天刑」在《莊子》書中本是指自然的變化，如生死。由於人無法改變，所以視生死為天刑，只有安之若命，不解而自解。這裡所謂「天刑」，也就是指無法改變的刑罰。但莊子筆下的孔子這種斤斤於求學和名聞，並非如生死的天刑，而是一種心的執著，是一種心刑。在心刑無法破解，就同天刑之無法解開了。所以無趾的話，乃是加重其不可解，而說為天刑。

⑩ 這段故事是借另一個醜陋之人，而托出了〈德充符〉的中心思想，才全而德不形。

「衛有惡人」的「惡」是指形貌的醜陋。「哀駘它」是虛構的人名，「未嘗有聞其唱者也，常和人而已矣」，是指他從未提出什麼理論，唱之於前，他只是善於和合別人。「無君人之位以濟乎人之死」，本來，為人君者，才有能力濟世活人，像哀駘它這樣平凡的人，如何能救人之死。「無聚祿以望人之腹」，「望」如月望，即滿月，引申為飽滿。哀駘它沒有貨財的積聚，能餵飽人民的肚子。「知不出乎四域」，四域即四境。他的智慧又似乎很平凡，沒有能超出周圍的環境。「雌雄合乎前」，指男人和女人都來聚合在他前面。「悶然而後應，氾而若辭」，「悶然」是不作聲，「氾」是不關心。哀駘它聽到魯君請他為國相，這是多麼重要的事，在一般人來說一定反應快速而激烈，可是他卻悶然無聲，似應不應，毫不關心，若辭不辭，總之，他不把國相之位當作一回事，好像平常的小事，甚至連謙詞拒絕都懶得客套，接受下來。「寡人醜乎」，這使得魯哀公感覺自己醜陋，因為自以為傳相位給他，好像多大的恩寵，可是他卻毫不在意。「無幾何也，去寡人而行」，由於哀駘它不把相位看得那麼重要，所以過了一段時日，不想做了，說走就走。「寡人卹焉若有亡也」，使得魯君深以為念，如有所失。

⓫ 這段是孔子的回答，當然是莊子的借託。「丘也嘗使於楚矣」，由於孔子未曾出使楚國，所以注家都解為「遊」。「㹠子」即小豬，「眴若」，驚貌。「不見己焉爾，不得類焉爾。」指小豬發現母豬已死，母豬再也看不見自己，母豬和自己已是生死兩隔，不同類的了。「愛使其形者也」是指小豬愛母豬，是愛母豬那個能運用牠形體的精神。「戰而死者，其人之葬也不以翣資。」郭象《注》：「翣者，武所資也。戰而死者無武也，翣將安施！」朱桂曜引證《說文・羽部》：「翣，棺羽飾。」以為「翣」只是「棺飾」，而非「武飾」。其實「棺飾」也必因死者之身份而有不同，戰死者之棺飾必有所象徵武士的身份，所以郭象的《注》也並沒有錯。因為軍人戰死，已失去生命，也沒有了為武的精神。所以其棺木也不需要任何飾物去武裝它。「刖者之屨，無為愛之；皆無其本矣。」斷足的人，既然足都沒有了，還愛他的鞋子作什麼？這都是說明沒有精神的根本，形體的美醜還有什麼意義。「為天子之諸御」，「御」指生活上的侍從，舊注都作宮女，其實「諸御」，包括了男女侍從。「不爪翦，不穿耳」，這是指宮女，不修指甲，不穿耳洞，以保持她們形體的全整。「取妻者止於外，不得復使」，指娶妻的男侍只能在外服役，不再做君王的近侍。這就是君王挑選侍從都是選他們形體全整，童男童女。「形全猶足以為爾，而況全德之人乎？」「形全」指形體的全整，即保持自然的狀態，這種人猶能

得君王的喜愛，選為近侍，何況「全德之人」？「全德」指內在德性的完整，不為名聞所「剪」，不為利祿所「穿」，它所透發德性的至誠，「未言而信」，即不需言語，便能使人相信，「無功而親」，即不需做出任何的功業，人們自然的易於親近。這種工夫境界，莊子稱之為「才全」而「德不形」。

⓬　「才全」指應付外在事物變化的才能完備。這個「才」字釋作才能，往往被誤解為一官一技之才能，其實在《易經．雜卦傳上》把天地人解作「三才」，這裡的「才」，顯然是指天賦的作用、自然具備的功能。在魏晉時期名理派學者鍾會曾寫了一篇〈四本論〉，可惜後來失傳了。可是就《世說新語》中提到〈四本論〉的四個標題是「才性同，才性異，才性合，才性離」，故無論鍾會的論點如何，就才性同來說，這個「才」是植根於德性之中，同樣莊子「才全」之才也正是德性之才。至於「才全」的「全」字，指的是整體，也就是說應變之才是整體的，不是所謂頭痛醫頭，腳痛治腳，而是以一應萬，以不變應萬變。「死生存亡」是有關形體的生存與死亡，這是天生自然，不是人力所能左右的。「窮達貧富」，雖然我們勸勉勤勞可以致富，但一般來說，一個人事業上的窮通，金錢上的貧富，有很多決定的因素，也不是我們容易控制的。「賢與不肖毀譽」，這裡的賢不肖不是指德性上的好壞，而是指外在的評估，所以和毀譽連在一起，由於這些是決定於外面的看法，也不是我們自己可以改變的。「飢渴寒暑」，這裡的飢渴指荒年旱災而言，這與四季的寒暑也是外在的變化，不是我們所能安排的，所以說「是事之變，命之行也」。所謂「事之變」，是外在事物本身的變化。在這些變化中，有些根本不是人力所能改變的，有些是我們知識所不能完全了解的，因此都把它們視為「命

之行」，也就是天命的自然流行。「日夜相代乎前，而知不能規乎其始者也。」這些「事之變」就像日夜的相代變化一樣，「規」，馬敘倫以為即「窺」字，指我們的知無法探求這些變化的本源。但「規」的本義是規定，規劃，也就是指在開始時加以規範，使其合於我們的意願。「不足以滑和，不可入於靈府。」「滑」是擾亂，「靈府」指心靈。因有含藏萬物的作用，所以稱「府」。這是說前面所謂生死、窮達等變化，就像日夜的交替，我們既然無法探求它們的究竟，去加以控制，那麼我們只有順其自然。我們要了解這些變化無論好壞，都不足以擾亂我們與萬物的和諧。更不能讓它們進入我們的心靈中，影響我們心靈的平靜。「使之和豫通，而不失於兌」，「之」是指心靈，「和豫通」，是指心靈與外物的相交，「和」是與萬物和合，「豫」是與萬物和合而順適，「通」是與萬物和合順適而能交流通變。「不失其兌」的「兌」古來注解紛歧，有作「悅」字（《釋文》），作「侻」，意為簡易（孫詒讓），作「通」（章太炎），作「脫」，意為疏略（奚侗），作「充」，意為充實（王叔岷）。這些注解都把「兌」當作別的字，來引申，卻忘了「兌」的本意。其實「兌」字本為《易經》的八卦之一，而且六十四卦中也有「兌卦」，它以澤為象，寓意為內涵深，有含弘的光澤，也有開放而喜悅的心境。朱熹那首描寫心境如湖澤的詩：「十畝方塘一鑑開，天光雲影共徘徊；問渠那得清如許，為有源頭活水來。」正是這個「兌」的寫照，也是莊子此處論心境的最好注腳。「使日夜無郤，而與物為春。」「郤」，成玄英《疏》「閒也」，奚侗注：「郤為隙之叚字」，這個「郤」可解作間隔，其實日夜交替，本無間隔，只是我們執著，而有喜好和厭棄之念產生，「使日夜無郤」，這個「使」正說明我們的心與日夜沒有間隔。「與物為春」，章太炎注：「《說文》：『春，推也』，與物為春者，與物相推移也。」錢穆以為：「春有生意，當連下句看。」如果莊子本意是「推」的意思，而知道「春」可釋為「推」，而故意用春字當作推，豈不是莊子有意在玩弄文字訓詁的遊戲，莊子那有這份閒情。錢穆以「春」為生，較能把握這個春字的本意。不過這個「春」字也表露了喜悅的心情，指與萬物相生的喜悅。「是接而生，時於心者也」，「接而生」是「日夜無郤」，即與萬物相接，沒有間隔，「時於心」是「與萬物為春」，永遠保持喜悅的心情。這個「時」字，猶如無門和尚的詩：「春有百花秋有月，夏有涼風冬有雪，若無閒事掛心頭，便是人間好時節。」「時」即四季如春，日日是好日的意思，這就是所謂的「才全」。

⑬ 這段話寫「德不形」，著墨不多，因為真正的工夫在於前面的「才全」。「才全」之後，自然會「德不形」。就像禪宗的「明心見性」，「明心」是工夫，「見性」是境界，「明心」之後，自然能「見性」。不「明心」又如何能「見性」？

「盛」是充分，或完全，「水停之盛」，指水完全的停止。「內保之而外不蕩」，指水向內保持靜止，外面便沒有波紋擾動。這是指心的平靜無欲，便不會受外物的引誘，向外追逐。「德者，成和之修也。」心一靜，便是德。莊子的德與儒家的道德不同，沒有那麼多的德目和工夫，只求心的平靜無欲。「成和」是成就和諧的意思，這個「和」有兩方面，一是指內在的心境，一是指心與外物的相交。前者指外在的變化不能干擾內心的平靜，這是心本身的平和，這也正是〈中庸〉所謂「喜怒哀樂之未發謂之中」。後者是指由於心的無欲，不會干擾萬物，也不會阻礙一切的變化，使人與萬物能和融相處。莊子所謂的「德」就是達成這種和諧的修養。「德不形者，物不能離也。」「德」在萬物中是指個別的特色，德之所以能「成和」，乃是這種個別的特色和其他個別之物的特色能配合得和諧一色。譬如花紅葉綠，互相為襯，山高水深，各具性能。這在自然來說，是自然的和諧。但我們往往不稱這種特色為「德」，而稱之為「物性」。「德」字往往都是就人來說的。人的個別的特色本是天賦的，這稱為「命」，可是由於人心的多欲，常常會誇大它，或不滿它，因此使這種特色不能與外物的特色相和諧，而破壞了自然的平和。所以我們強調「德」，或修養「德」，就是使這種特色，保持住原有的色彩，而不致過份凸顯，這就是「成和」之修。「德」之不形，在於德的和諧，而自然的無所凸顯。在這個和諧之中，萬物都沐浴在德之中，就像魚的游於水中，自然無所可離了。

「閔子」即孔子弟子閔子騫。「執民之紀而憂其死」，「紀」是紀綱，指執掌人民的紀綱，而憂慮人民的死亡。「至人之言」，表面上是指孔子，其實這是莊子的思想。「德友」指相交以德的朋友。

⑭ 這段故事以忘形來寫德不形。「闉跂」，陳壽昌《注》：「闉，曲也。曲城曰闉。體曲者似之。跂，企也，謂腳跟不著地也。」所以闉跂，是指足的彎曲。「支離」指形體不整，也指彎腰駝背。「無脤」，指無脣，即今所謂兔脣。「其脰肩肩」，「脰」即頭頸，「肩肩」，長如肩。「甕㼜」，是瓦罐之類。「癭」即瘤。描寫頸上長的大瘤如瓦罐。這幾句話是寫君王看順了這些形貌不全的人，以他們的短頸為正常，再看那些一般視為形貌全整的人，反而覺得他們頸子如肩那樣的長。這是由於「德有所長，而形有所忘」。因為君主之所以喜愛那些形貌不全的人，並不是君主喜愛他們的醜陋，而是被他們完美的德性所吸引，而忘了他們的畸形。所以這句話的重點是「德有所長」，「長」就是長處。並不是任何醜陋的人都能如此，而是德性達

到很高的境界後，自然地轉化了形體的不完美。「人不忘其所忘」，指不能忘掉那應該忘掉的，如形體的不全。「忘其所不忘」指忘掉那所不該忘掉的，如德性的美好。「誠忘」，不僅是指「忘其所不忘」，也是指「不忘其所忘」，因為一個人如果只計較形體，便是由於他忘了自己的德性。在《莊子》書中，「忘」是一個工夫字。「忘」的對象是那些不應該執著的，但「忘」並不是掉入失憶的無底洞中。相反的，卻是因為在另一方面有所充實，才能「忘」。這另一方面的充實，就是「德有所長」。

⑮ 接著前面的「忘」，而說「聖人有所遊」。「遊」是遊心，即遊心於忘我忘物的逍遙之境。這個遊心所遊的是「德之和」，即我與萬物相忘了彼此的形體，而能和諧相處。在這一境界中，以下四事卻破壞了這種和諧的氣氛。這四事即：「知為孽」，陳壽昌《注》說：「智，計之巧，乃支孽也，如草木之旁出者。」因為知是爭之器，一用知，便使純淨的心橫生枝節，而不能任性而遊。「約為膠」，約是約束，如禮制。約的目的本來是為了使人與人相合，但這種約束來自外在，像膠漆一樣，硬性的粘合，反而妨礙了自然的親和。「德為接」，接是連接。連接有兩種，一是我與人相連接，如仁民愛物的德行。一是我與道相連接，即《老子》所謂「失道而後德」，以德而返道。這本是無可厚非的，但聖人之遊，乃無為而遊，有了德之所接，反而不能自在逍遙。「工為商」，工是設計的工巧。工巧的目的是裝飾自我，好像商賈一樣，設計貨物以求售。而聖人之遊，是遊於無我，並不是為了展現自我。像〈逍遙遊〉中的大鵬一樣，固然不在乎小雀的譏評，但更不求小雀的羨慕。聖人之遊所以沒有以上知、約、德、工四事，這是因為：「聖人不謀，惡用知？」不謀就是無所求，所以不需要用知。「不斲，惡用

膠？」不斲，即不宰割萬物，不斧鑿自然，所以也就不需要膠漆去粘合。「無喪，惡用德？」無喪是於本性無所失，因此也不需強調德行來補救。「不貨，惡用商？」不貨，是不售賣自己，所以不用和商賈打交道。「四者，天鬻也」，四者是指不謀、不斲、無喪、不貨。鬻是養育的意思，因為這四者乃是本性自然，這是得之於天的。「天鬻者，天食也」，食是給予食物的意思，就是「受食於天」的意思。「又惡用人」，所以不需人為的方法來補給。「有人之形」，生為人，當然有人之形。有人之形，便有高矮美醜的不同，就像樹木也有各種不同的形體。「無人之情」，這裡的情，包括了喜怒哀樂，及一切分別意識等。這些情並不像「形」一樣為形骸之所限，無法改變。而是有的人多，有的人少，有的人強，有的人弱。甚至透過了工夫，有的人可以超脫，而無人之情，這個「無」是一個工夫字。「有人之形，故群於人」，生為人，自然是人群中的一份子。所以與人共處，即〈天下〉所謂「與世俗處」。「無人之情，故是非不得於身」，這句話替「無人之情」下了一個按語，說明「無人之情」並不是沒有喜怒哀樂等情感，這樣人豈不變成了木石。「無人之情」乃是使是非的判斷不影響己身，也就是使自己不因是非的意見而有得失之情。因別人的「是」我而喜，因別人的「非」我而怒。「眇乎小哉，所以屬於人也！」在形體上，我是人群中的一分子，是非常渺小的。這裡，不僅事實上是很渺小，而且觀念上，也把自己看得很渺小，這樣才能不在形體上有所妄求，如後世神仙家一樣的求長生不老。「謷乎大哉，獨成其天！」謷是高大貌，即偉乎大哉的意思。「獨」與前文的「群」相對照，指的是我，但這個「獨」也指真我，如〈大宗師〉所謂「見獨」。「成其天」，是成就而入於天的意思。這是指德性的向上一路是通暢無阻的，雖然形體的封閉，使我小為萬物之一，可是「德之所長」，卻使我超越而入於天，而和天地精神往來。所以莊子要忘的，是忘了這群於人的小體，而不能忘的，是通天的德性。

⑯ 最後一段，再借和惠施的辯論，說明無情的真義。惠施說：「人而無情，何以謂之人？」這句話似乎抓住了莊子前文「無人之情」的漏洞。莊子回答：「道與之貌，天與之形，惡得不謂之人？」這個回答並沒有談情，而先就人形來說，「道與之貌」，因道生萬物，所以這裡把道提出來。其實，莊子說「天與之形」就夠了，何必又加一句「道與之貌」？事實上，道與天都是一樣的，是指自然。這裡加一個「道」字，除了語氣的加強外，可能暗示了人的形體並沒有什麼不好，其所以有各種差別，乃是天生自然的。這一論點，看起來只是把形體看得不重要，其實在莊子思想的基礎上卻是非常關鍵的。因為在俗世的心理上，往往把形體殘缺的人，看作他們前世的果報。本來形體的殘缺已屬不幸，可是還加上這異樣的有色眼光，使殘缺還帶著罪惡感，這是多麼的不公平啊，所以莊子用個「道」字去點化了人的形體。使人們的形體落實在自然平等的基礎上，然後再講如何去「無」情，如何去「長」德，如何去「成其天」才有意義。惠施仍然抓緊不放「無情」兩字，再追問：「既謂之人，惡得無情？」惠施把這個「情」看作人的喜怒哀樂的基本情緒。既然是人，怎能沒有喜怒哀樂之情。莊子回答說：「是非吾所謂情也。吾所謂無情者，言人之不以好惡內傷其身，常因自然而不益生也。」這裡很明白的指出「無情」的情乃是一種好惡的欲望，這種欲望會破壞了內心的和諧，對心身都有傷害。但無情並非強制自己的情感，也不是變得冷酷無情，所以莊子又補上一句「常因自然而不益生也」，「因自然」是順任自然，這是對身體來說的，「不益生」就是不妄求

生命的增長。人生百年，這是常情，能活到應盡的天年，這就是生命的保養。妄求長生，這是不合自然的，非但不能真正的益生，反而速死。惠施又緊接著問：「不益生，何以有其身？」這是惠施把「益」解作「有益」的「益」，而不知莊子的意思乃是「增益」的「益」。莊子的回答，除了重複前面的幾句要點後，又接著說「今子外乎子之神，勞乎子之精，倚樹而吟，據槁梧而瞑。天選子之形，子以堅白鳴！」這些話是針對惠施的所作所為，來說明什麼樣的情是內傷其身的。「外乎子之神」，指心神的向外追逐，「勞乎子之精」指勞擾內在的精神。「倚樹而吟」，「吟」是吟唱，也有呻吟的意思，指辯論累了，靠在樹幹上，還在不斷的發聲，想表達自己的看法。「據槁梧而瞑」，槁梧是乾枯的梧桐樹。莊子用「槁梧」只是襯托出惠施的心神枯竭。「瞑」，《釋文》：「瞑音眠」，舊注作睡眠解。但「瞑」是閉目的意思。是指疲倦得雙目垂下，還不能真正安然入睡。「天選子之形」，一個「選」字寫出了人身得來之不易，天造萬物，我們之所以有人形，還是萬物之選，所以應該好好珍惜。「子以堅白鳴」，「堅白」在〈齊物論〉中曾提過，即指名家「離堅白」等詭辯的論題。莊子批評惠施只以這些概念遊戲的論題辯論終生。

就這段對話來說，莊子回應惠施的質疑，以惠施的疲於辯論，好名自高，來說明這種昧於是非爭論之情的有害身心的和諧。所謂不能忘形，不只是指不能忘了肢體的不全，而且也是指對於我相的執著，斤斤於名利之我的追求。所以惠施的好辯傷神，也是不能忘形。就整篇〈德充符〉來說，莊子標榜的德，對內是心的平衡和諧，對外是與萬物的相處和諧。不能忘形的人，對內，念念不忘，而造成心的不平衡。對外，處處要突顯自我，因此與萬物不能忘形而遊。這也正是〈德充符〉全文，歸結到最後兩段，強調忘形、無情的重要。因為忘形、無情才是莊子所強調「德充符」的德性。

大宗師❶第六

知天之所為，知人之所為者，至矣。知天之所為者，天而生也；知人之所為者，以其知之所知，以養其知之所不知，終其天年而不中道夭者，是知之盛也。雖然，有患。夫知有所待而後當，其所待者特未定也。庸詎知吾所謂天之非人乎？所謂人之非天乎？❷

且有真人而後有真知。何謂真人？古之真人，不逆寡，不雄成，不謩士。若然者，過而弗悔，當而不自得也。若然者，登高不慄，入水不濡，入火不熱。是知之能登假於道者也若此。❸古之真人，其寢不夢，其覺無憂，其食不甘，其息深深。真人之息以踵，眾人之息以喉。屈服者，其嗌言若哇。其耆欲深者，其天機淺。❹古之真人，不知說生，不知惡死；

其出不訢，其入不距；翛然而往，翛然而來而已矣。不忘其所始，不求其所終；受而喜之，忘而復之，是之謂不以心捐道，不以人助天，是之謂真人。❺若然者，其心志，其容寂，其顙頯；凄然似秋，煖然似春，喜怒通四時，與物有宜，而莫知其極。故聖人之用兵也，亡國而不失人心；利澤施乎萬世，不為愛人。故樂通物，非聖人也；有親，非仁也；天時，非賢也；利害不通，非君子也；行名失己，非士也；亡身不真，非役人也。若狐不偕、務光、伯夷、叔齊、箕子、胥餘、紀他、申徒狄，是役人之役，適人之適，而不自適其適者也。❻古之真人，其狀義而不朋，若不足而不承，與乎其觚而不堅也，張乎其虛而不華也；邴邴乎其似喜乎！崔乎其不得已乎！滀乎進我色也，與乎止我德也；厲乎其似世乎！謷乎其未可制也；連乎其似好閉也，悗乎忘其言也。以刑為體，以禮為翼，以知為時，以德為循。以刑為體者，綽乎其殺也；以禮為翼者，所以行於世也；以知為時者，不得已於事也；以德為循者，言其與有足者至於丘也；而人真以為勤行者也。故其好之也一，其弗好之也一。其一也一，其不一也一。其一與天為徒，其不一與人為徒。天與人不相勝也，是之謂真人。❼

死生，命也，其有夜旦之常，天也。人之有所不得與，皆物之情也。彼特以天為父，而身猶愛之，而況其卓乎？人特以有君為愈乎己，而身猶死之，而況其真乎？❽泉涸，魚相與處於陸，相呴以溼，相濡以沫，不如相忘於江湖。與其譽堯而非桀也，不如兩忘而化其道。❾夫大塊載我以形，勞我以生，佚我以老，息我以死。故善吾生者，乃所以善吾死也。❿夫藏舟於壑，藏山於澤，謂之固矣。然而夜半有力者負之而走，昧者不知也。藏小大有宜，猶有所遯。若夫藏天下於天下而不得所遯，是恆物之大情也。⓫特犯人之形而猶喜之。若人之形者，萬化而未始有極也，其為樂可勝計邪？故聖人將遊於物之所不得遯而皆存。善夭善老，善始善終，人猶效之，又況萬物之所係，而一化之所待乎⓬！夫道，有情有信，無為無形；可傳而不可受，可得而不可見；自本自根，未有天地，自古以固存；神鬼神帝，生天生地；在太極之先而不為高，在六極之下而不為深，先天地生而不為久，長於上古而不為老。⑬狶韋氏得之，以挈天地；伏戲得之，以襲氣母；維斗得之，終古不忒；日月得之，終古不息；堪坏得之，以襲崑崙；馮夷得之，以遊大川；肩吾得之，以處大山；黃帝得之，以登雲天；顓頊得之，以處玄宮；禺強得之，立乎北極；西王母得之，坐乎少廣，莫知其始，莫知其終；彭祖得之，上及有虞，下及五伯；傅說得之，以相武丁，奄有天下，乘東維，騎箕尾，而比於列星。⑭

南伯子葵問乎女偊曰：「子之年長矣，而色若孺子，何也？」曰：「吾聞道矣。」南伯子葵曰：「道可得學邪？」曰：「惡！惡可！子非其人也。夫卜梁倚有聖人之才而無聖人之道，我有聖人之道而無聖人之才，吾欲以教之，庶幾其果為聖人乎！不然，以聖人之道告聖人之才，亦易矣！吾猶守而告之，參日而後能外天下；已外天下矣，吾又守之，七日而後能外物；已外物矣，吾又守之，九日而後能外生；已外生矣，而後能朝徹；朝徹，而後能見獨；見獨，而後能無古今；無古今，而後能入於不死不生。殺生者不死，生生者不生。其為物，無不將也，無不迎也；無不毀也，無不成也。其名為攖寧。攖寧也者，攖而後成者也。」⑮南伯子葵曰：「子獨惡乎聞之？」曰：「聞諸副墨之子，副墨之子聞諸洛誦之孫，洛誦之孫聞之瞻明，瞻明聞之聶許，聶許聞之需役，需役聞之於謳，於謳聞之玄冥，玄冥聞之參寥，參寥聞之疑始。」⑯

子祀、子輿、子犁、子來四人相與語，曰：「孰能以無為首，以生為脊，以死為尻，孰知死生存亡之一體者，吾與之友矣。」四人相視而笑，莫逆於心，遂相與為友。⑰俄而子輿有病，子祀往問之，曰：「偉哉！夫造物者將以予為此拘拘也！」曲僂發背，上有五管，頤隱於齊，肩高於頂，句贅指天。陰陽之氣有沴，其心閒而無事，跰躚而鑑於井，曰：「嗟乎！夫造物者又將以予為此拘拘也！」⑱子祀曰：「女惡之乎？」

曰：「亡，予何惡！浸假而化予之左臂以為雞，予因以求時夜；浸假而化予之右臂以為彈，予因以求鴞炙；浸假而化予之尻以為輪，以神為馬，予因而乘之，豈更駕哉！且夫得者，時也。失者，順也。安時而處順，哀樂不能入也。此古之所謂縣解也，而不能自解者，物有結之。且夫物不勝天久矣，吾又何惡焉！」⑲俄而子來有病，喘喘然將死，其妻子環而泣之。子犁往問之，曰：「叱！避！無怛化！」倚其戶與之語曰：「偉哉！造化。又將奚以汝為？將奚以汝適？以汝為鼠肝乎？以汝為蟲臂乎？」子來曰：「父母於子，東西南北，唯命之從。陰陽於人，不翅於父母。彼近吾死而我不聽，我則悍矣，彼何罪焉！夫大塊載我以形，勞我以生，佚我以老，息我以死。故善吾生者，乃所以善吾死也。今大冶鑄金，金踊躍曰『我且必為鏌鋣』，大冶必以為不祥之金。今一犯人之形，而曰『人耳，人耳』，夫造化者必以為不祥之人。今一以天地為大鑪，以造化為大冶，惡乎往而不可哉！」成然寐，蘧然覺。⑳

子桑戶、孟子反、子琴張三人相與友，曰：「孰能相與於無相與，相為於無相為？孰能登天遊霧，撓挑無極；相忘以生，無所終窮？」三人相視而笑，莫逆於心，遂相與友。㉑莫然有間，而子桑戶死，未葬。孔子聞之，使子貢往待事焉。或編曲，或鼓琴，相和而歌曰：「嗟來，桑戶乎！嗟來，桑戶乎！而已反其真，而我猶為人猗！」子貢趨而進曰：「敢問臨尸而歌，禮乎？」二人相視而笑曰：「是惡知禮意！」子貢反，以告孔子，曰：「彼何人者邪？修行無有，而外其形骸，臨尸而歌，顏色不變，無以命之。彼何人者邪？」㉒孔子曰：「彼，遊方之外者也；而丘，遊方之內者也。外內不相及，而丘使女往弔之，丘則陋矣。彼方且與造物者為人，而遊乎天地之一氣。彼以生為附贅縣疣，以死為決𤴯潰癰，夫若然者，又惡知死生先後之所在！假於異物，託於同體；忘其肝膽，遺其耳目；反覆終始，不知端倪；芒然彷徨乎塵垢之外，逍遙乎無為之業。彼又惡能憒憒然為世俗之禮，以觀眾人之耳目哉？」㉓子貢曰：

「然則夫子何方之依？」孔子曰：「丘，天之戮民也。雖然，吾與汝共之。」子貢曰：「敢問其方。」孔子曰：「魚相造乎水，人相造乎道。相造乎水者，穿池而養給；相造乎道者，無事而生定。故曰：魚相忘乎江湖，人相忘乎道術。」子貢曰：「敢問畸人。」曰：「畸人者，畸於人而侔於天。故曰：天之小人，人之君子；人之君子，天之小人也。」㉔

顏回問仲尼曰：「孟孫才，其母死，哭泣無涕，中心不戚，居喪不哀。無是三者，以善喪蓋魯國。固有無其實而得其名者乎？回一怪之。」仲尼曰：「夫孟孫氏盡之矣，進於知矣，唯簡之而不得，夫已有所簡矣。㉕孟孫氏不知所以生，不知所以死；不知就先，不知就後；若化為物，以待其所不知之化已乎！且方將化，惡知不化哉？方將不化，惡知已化哉？吾特與汝，其夢未始覺者邪！且彼有駭形而無損心，有旦宅而無情死。㉖孟孫氏特覺，人哭亦哭，是自其所以乃。且也相與吾之耳矣，庸詎知吾所謂吾之乎？且汝夢為鳥而厲乎天，夢為魚而沒於淵。不識今之言

者，其覺者乎，其夢者乎？造適不及笑，獻笑不及排，安排而去化，乃入於寥天一。」㉗

意而子見許由。許由曰：「堯何以資汝？」意而子曰：「堯謂我：『汝必躬服仁義而明言是非。』」許由曰：「而奚來為軹？夫堯既已黥汝以仁義，而劓汝以是非矣，汝將何以遊夫遙蕩恣睢轉徙之塗乎？」意而子曰：「雖然，吾願遊於其藩。」許由曰：「不然，夫盲者無以與乎眉目顏色之好，瞽者無以與乎青黃黼黻之觀。」㉘意而子曰：「夫無莊之失其美，據梁之失其力，黃帝之亡其知，皆在鑪捶之間耳。庸詎知夫造物者之不息我黥而補我劓，使我乘成以隨先生邪？」許由曰：「噫！未可知也。我為汝言其大略。吾師乎！吾師乎！齏萬物而不為義，澤及萬世而不為仁，長於上古而不為老，覆載天地刻雕眾形而不為巧。此所遊已。」㉙

顏回曰：「回益矣。」仲尼曰：「何謂也？」曰：「回忘仁義矣。」

曰：「可矣，猶未也。」它日，復見，曰：「回益矣。」曰：「何謂也？」曰：「回忘禮樂矣。」曰：「可矣，猶未也。」它日，復見，曰：「回益矣。」曰：「何謂也？」曰：「回坐忘矣。」仲尼蹴然曰：「何謂坐忘？」顏回曰：「墮枝體，黜聰明，離形去知，同於大通，此謂坐忘。」仲尼曰：「同則無好也，化則無常也。而果其賢乎！丘也請從而後也。」[30]

子輿與子桑友，而霖雨十日。子輿曰：「子桑殆病矣！」裹飯而往食之。至子桑之門，則若歌若哭，鼓琴曰：「父邪！母邪！天乎！人乎！」有不任其聲而趨舉其詩焉。子輿入曰：「子之歌詩，何故若是？」曰：「吾思夫使我至此極者而弗得也。父母豈欲吾貧哉？天無私覆，地無私載，天地豈私貧我哉？求其為之者而不得也。然而至此極者，命也夫！」[31]

語譯

知天道的自然流行，知人道的修養工夫，這樣我們的知才能達到極境。知天道的流行，便能順天道而生。知人道的工夫，就能盡我們所知的，去保養我們的知識所達不到的境地。

這樣，我們才能夠享盡天所給予我們的年限，而不會中途夭折，這也可算我們克盡人知的能事了。雖然如此，但還是有毛病的。因為我們的知必須有它所知的客體才能判斷正確。可是我們所知客體的本身卻是不確定的。因此我們又如何能確認我們所謂的天道，不是一種人道；而我們所謂的人道，不是一種天道呢？

其實，只有真人，才會有真知。什麼是真人呢？古代的真人，不以寡少為不好，不以成功為了不起，不預謀任何事情。能夠如此，他即使錯過機會而沒有得到，也不會後悔。即使達到目的，也不自以為得。能夠如此，他爬登高地，也不會恐懼，沉沒水中，也不會沾溼自體。進入火裡，也不感覺炙熱。這是因為他的知已提昇到道的境界，才能有如此的工夫。古代的真人，他睡覺時沒有做夢，醒來時沒有憂慮。他的食物不求甘美，他的呼吸很深沉。真人呼吸的氣息是發於腳跟，而一般人呼吸的氣息只在咽喉之間。屈服於外境的人，他的氣息阻而不順，說話如哽於喉。這是因為他們貪欲太深，使得自然賦予的生機變得淺薄了。古代的真人，不知生命的可以悅樂，不知死亡的令人厭惡。來到這個世界，不感覺欣喜，離開這個世界，也不會留戀不去。他一無牽掛的飄然而往，飄然而來。他不會忘記他的生命是來於自然之道，也不要求他生命的終點能延長。有了生命，就高高興興的生活。忘了死亡的威脅，自由自在的回去，這種工夫就是不用他的心意去構搭他自以為的道，不用他的人為努力去助長天道的自然。這就是所謂的真人。能夠如此，他的心意凝聚，他的面容虛寂，他的額頭開闊。他冷淡得好像秋天那樣蕭瑟，但又溫暖得有如春天的生意盎然。他喜怒的情感和四時相通，和萬物相合，而使別人不能了解他的高深。就拿聖人為喻，即使他們用兵，滅亡了別人的國家，卻還能贏得該國的民心。他們能使萬代以後的人們都受到福澤，卻不以為他們愛人。所以只一味想去和萬物相通的人，並不是真正的聖人。強調親恩的，不是真正的仁人；只知利用天時的，不是真正的賢人；不能打通利和害的差別，不是真正的君子；為了求名而失去自己的，不是真正的學士；損身而不知事物真相的，不能為自主的人。像狐不偕、務光、伯夷、叔齊、箕子、胥餘、紀他、申徒狄等人，都是為別人所役使，都是以別人的意見為意見，而不能以自己的適意為適意。古代的真人，他的容貌和萬物隨宜，但絕不和萬物同流。他好像有所不足似的，但卻不仰承別人；他與世俗相處，卻又能保持獨立的人格，又不致標新立異。他的為人開放，表現了虛懷，卻沒有不實的毛病。他的態度很明朗，喜悅於心，而不喜形於色。他的行動，好像是被動的，卻是發乎自然的。他的臉色，像湖水一樣有含蓄的光澤，吸引人去親近他；他與人相處，以他內在的含斂之德使別人歸於安靜；他好像不修邊幅如世俗之人，可是卻又有傲骨，而能無拘無束；他和物相交接，好像沒有一點隔閡；他對境無心，忘了任何的言句。他把自然的天刑看作他的身體，把世間的禮俗當作輔翼，以智慧為順時，以德性為處世的途徑。因為他把天刑看作身體，所以他對於死亡的應付綽然有餘。把禮俗當作輔翼，所以他能通行於世間。以智慧為順時，所以他做任何事都不由自己。以德性為處世的途徑，所以處世就像有雙足的人爬小丘一樣容易。別人還以為他下了多大的工夫呢！總之，他對自己崇尚的，和它們打成一片。他對自己所不喜歡的，就忘掉它們而不知有分別。本來是一體的，當然本來就是一體；本來不是一體的，也能以道相通而為一。本來是一體的，就像與天道自然相合；本來不是一體的，就像與人們相處，也能和諧相合。對於天道與人道不分誰高誰低，去比較勝負，這就是真人。

人的死生是一種命，就像白晝和夜晚交替的常規，是一種天道的自然，人無法干預這種自然的變化，這也就是物理的真情。人特別把天看作父親，全身全意的去愛它，更何況比天還尊貴的道呢？人特別把君主看得比自己高貴，也全身全意的為他而死，更何況比君主還真實的道呢？當泉水乾涸的時候，魚兒都躺在陸地上，互相以口噓吸水氣，互相吐口沫以濡溼。縱能苟活一時，總不如牠們在江湖中忘掉彼此。因此，我們如果只一味讚美堯帝而譴責夏桀，還不如乾脆忘掉兩者，而化入於道體。大自然賦予我們以形軀，使我們有生存的勞累，也使我們年老時能夠安逸，死亡時得到安息。所以我們如能好好的克盡自己生命，也就能好好的走向死亡。假如我們把船藏在深壑中，把山藏到大澤裡，以為這樣便最牢固了。那料在不知不覺的夜半，有大力者像自然的潛移默化，把它們帶走，而我們卻糊糊塗塗，一點也不知情。照理說，藏小於大，應該是最合宜的，可是仍然藏不住而失掉。所以只有把天下藏在天下之中，這樣便再也沒有地方失掉了，這就是萬物變化的真情啊。很偶然地，我們得到這個為人的形體，都會感覺很高興這個人的形體，在萬物的變化中是沒有一個最終點的。這種快樂真是不可計量的。所以聖人就是要遊於那個萬物都無所遯逃的境域，與萬物共存共化。一個對他的年命無論短或長，無論生或死都能泰然安處的人，我們都會向他效法。又何況萬物生命之所繫，及自然大化之所待的道呢？這個道是有實質，有信驗的；是無所為，無有形體的。它可以相傳，但卻沒有一個形體可以授受。我們可以證得它，卻看不見它。它是以自己為本體，以自己為根源的，自遠古沒有天地以前，自古以來它就早已存在。它能賦予鬼以神靈，賦予天帝以神性。它能創生天地。它在太極的前面，還不以為高；它在六極的下面，也不以為深。它在天地之先，也不以為久。它生存在上古，也不以為老。狶韋氏得到它，便能契合天地；伏羲氏得到它，便能順承元氣；維斗得到它，便能使天體有不變的軌道；日月得到它，就能使陰陽運轉不息；堪坏得到它，可以入居崑崙；馮夷得到它，就能暢遊大川；肩吾得到它，便能隱居大山；黃帝得到它，便能登雲天而仙去；顓頊得到它，便能深處玄妙之宮；禺強得到它，便能卓立於北極；西王母得到它，便能端坐少廣之宮，不知所始，也不知所終；彭祖得到它，他的壽命上及有虞氏，而下及五霸；傅說得到它，做武丁的宰相，而能一統天下。甚之，登天乘東維之星，騎箕尾之星，和其他星宿並列。

南伯子葵問女偊說：「你的年紀已經很大了，可是容貌卻好像小孩。為什麼會這樣呢？」女偊回答：「是我聞道的緣故。」南伯子葵又問：「道可以學得到的嗎？」女偊回答：「怎麼可以？你不是聞道的人。卜梁倚有聖人的才能，卻沒有聖人之道。我有聖人之道，而沒有聖人的才能，我想教他，也許使他能夠做到聖人。即使不然，他做不到聖人，但以聖人之道來告訴有聖人才能的人，總是較容易理解的。於是我便告訴他聖人之道，然後守著靜觀結果，三日之後，他便能把天下看開。看開了天下之後，我再守著靜觀，七日之後，他便能把外物看開。看開外物之後，我再守著靜觀，九日之後，他便能把自己的生死看開。看開自己的生死之後，他的心靈便有如早晨清明在躬的覺悟境界。達到這個境界後，他便能見到與物為一的真我。見到了真我之後，便能超絕古今。超絕古今之後，便能達到不落於死生的境界，真正能不執著生的人，便無懼於死；真正能體證生生不已的人，他也不會執著自己的生。他是萬物的一體，他在萬物中變化，對於變成任何一物，他都高興的遷就；對於任何一物變成他，他都無不歡迎。他任順萬物的各有所毀壞，也任順萬物的各有所成就。這種工夫就叫做攖寧，攖是接物，寧是安寧，也就是接於萬物而心保持安寧的意思。」南伯子葵又問：「你從那裡聽到這些道理的呢？」女偊回答：「我是從副墨（文字）的兒子那裡聽到的。副墨的兒子是從洛誦（樂曲）的孫子那裡聽到的。洛誦之孫是從瞻明（明理）那裡聽到的，瞻明是從聶許（心應）那裡聽到的，聶許是從需役（心用）那裡聽到的。需役是從於謳（吟詠）那裡聽到的，於謳是從玄冥（心寂）那裡聽到的。玄冥是從參寥（心虛）那裡聽到的，參寥是從疑始（萬物有始無始的渾沌境界）那裡聽到的。」

子祀、子輿、子犁，和子來四人相互說：「誰能夠以無當作他的頭，以生當作他的脊樑，以死當作他的尾骨。也就是說誰能把生死存亡看成自己的身體，我就和他做朋友。」四人都面對面的笑了，他們的心心相印，都做了好朋友。不久，子輿生病，子祀去探病，而說：「了不起啊！造物的大自然，將把你變成這付彎彎曲曲的身體啊！」這時，子輿的身體，背脊彎曲，內臟五腑的血管都朝上，他的臉頰低貼在肚臍上，兩肩高過於頭頂，頭髮的髻指向天。這時，他身內的陰陽之氣失調，可是他的心情卻閒散，若無其事，他雙足相並斜著走到了井口，顧影而說：「啊！造物者又要把我變成這付彎曲的身體啊！」子祀問說：「你不高興嗎？」子輿回答：「沒有，我有什麼不高興的呢！大自然的變化，把我的左臂變為雞，我就像公雞一樣司晨。或把我的右臂變為彈弓，我就用它來射鳥而吃烤鳥。或把我的脊尾骨變為車輪，我就以我的精神為馬，來乘這個馬車。我更不需要去找別的車騎了。其實，我得到這個身體，是時間的遷流變化使然的，我失去了身體，也是順著時間的遷流變化而然的，如果能安心於時間的變化，順著變化而處，一切的悲哀或快樂便不能進入我的心中，這就是古代所謂的解除倒懸之苦了。我們之所以不能解除這種倒懸，是由於我們的心執於形體的物而成了難解之結。其實自古以來物累不能勝過天道自然。今天我變成這樣子又有什麼不高興的呢？」不久，子來也有病，氣息急促，快要死亡，他的孩子都圍繞著他而哭泣。子犁去探望，而說：「去！走開一點！你們不要驚動了他的正在變化。」接著，靠在窗口而和子來說：「了不起啊，不知自然大化又要把你變成什麼？又要把你變到那裡去？是把你變成老鼠的肝呢？或把你變成昆蟲的臂呢？」子來回答說：「以父母與子女為喻，父母命子女往東、南、西、北，子女都唯命是從。以陰陽與人為譬，陰陽的重要不亞於父母，陰陽要我死，我卻不聽從，這是我的強悍無知，又那裡是陰陽的錯誤呢！大自然給我形體，使我有生的勞累，也使我老時安佚，死時能安息。所以能好好善盡我的生，也就能善盡我的死。現在有一個大鐵匠正在鑄造金屬器物，鑪中的金屬卻跳躍而大叫：『一定要把我鑄成鏌鋣寶劍！』大鐵匠聽了一定以為是不祥的金屬。今天我們一進了人的軀體，而說：『我就是人，就是人』，自然造化也一定以為是不祥之人。今天，我以天地為鑄冶的大鑪，以自然造化為大鐵匠，把我變成個什麼都無不可！」說了之後，子來便安然地心有所得的閉目，接著又很自在的醒過來。

子桑戶、孟子反、子琴張三人相互的對話說：「誰能做到我們的相交好像沒有心意相交似的，我們的相助好像沒有形跡相助似的，誰能達到精神上升於天，騰雲駕霧，活動於無窮無極的宇宙中，忘掉了彼此的形軀，而進入自然大化的生生不已，永無止境。」三人都相顧而笑，心心相印，成了好朋友。這樣的他們淡泊相對，有一段時間。後來，子桑戶死了，還未下葬。孔子聽到後，便遣子貢去幫忙喪事，看到他的兩位朋友，一個編歌曲，一個彈琴，他們相和而唱說：「嗟乎，桑戶啊！嗟乎，桑戶啊！你已經返回到你的真實的生命，而我們還在做人啊！」子貢便走到前面去問：「請問你們面對屍體而唱歌，這合乎禮制嗎？」這兩人相視而笑說：「你那裡知道真正禮的意義呢？」子貢回去後，便把這事告訴孔子，而問：「他們是怎麼樣的人物啊！沒有一點修養，放蕩形骸。面對屍體而唱歌。臨喪而面容一點也沒有悲哀之態，我不知怎麼去稱呼他們，請告訴我，他們究竟是怎樣的人物啊？」孔子回答說：「他們是遊於世間之外的人，而我，卻是遊於世間之內的人。世間內外的兩種境界是不相關的，而我卻派你去憑弔，這是我的淺陋無知啊！他們剛才還把造物者看成人一樣去相交，而遊於天地之間好像只是一氣的轉化。他們把肉體的生命看作身體上多餘的肉瘤，把肉體的死亡看作肉瘤的破裂。像他們這樣的人，又那裡知道死生的差別，死生是孰先孰後呢？他們是把不同的物體，看作自己的同體。忘了自己身內的肝膽，捨棄了自己對耳目的執著。死是返歸，又回到生。生命有終，但有終也就有始。他們不知生死何處是開端，何處是邊際。茫茫然，徘徊翱翔在世俗之外，逍遙於無為無事的境界。他們又那裡會拘束他們的心在世俗的禮法上？而做給別人觀看呢？」子貢接著問孔子：「那麼，夫子，你究竟是偏於方內，或方外呢？」孔子回答：「我啊，只不過是一個受了天刑而無法自拔的人罷了，儘管如此，我和你一同由方內而遊向方外。」子貢又問：「那麼，我們的方法如何呢？」孔子回答：「魚兒託生於水，人類託生於道。託生於水，便必須穿土為池，蓄水為生存之所需。託生於道，則修養自己達到無為無事，心身靜定的境界。所以說：魚兒在江湖中互相地忘了自己。人們在道術中也互相地忘了自己。」子貢又追問說：「請問那些奇異的人士究竟是什麼樣的人物呢？」孔子回答：「那些奇異的人士，他們是不同於世俗的人，卻符合自然的天道。所以說：在天道中都是小人物，在世俗中卻有所謂君子。我們在世俗上的君子，也只是天道中的小人物罷了！」

顏回問孔子說：「孟孫才的母親死時，他哭泣而沒有流淚，內心沒有憂戚，居喪期間沒有悲哀。他不流淚，沒有憂戚，沒有悲哀，但卻以善於處喪禮而聞名魯國。難道他沒有居喪的實際行為卻能享有善於處喪的名聲？我一直對這一點感覺奇怪。」孔子回答：「孟孫才對喪禮做得極為完美，已達到超越世俗喪禮的知識的境界。但要做到簡化世俗喪禮並不容易，孟孫才的作法已經做到了簡化的境地。孟孫才不知道為什麼有生，為什麼有死，不知生和死，那個在先，那個在後。他順變化去變成他物，此刻他正等待去變成他也不知道會是何物。當他正在順物變化時，又那裡知道有不化的主體呢？當他感覺自己尚沒有變化時，又那裡知道他的形體早已在變化之中呢！我和你都在夢中，尚未覺醒而不知大化。可是他雖然也驚駭形體的變化，但他的心卻並沒有受損；雖然他的心住在形軀中只是一朝一夕，但他的真我卻不會消滅。孟孫才特別感覺到別人哭喪自己也跟著一起哭，這也是自然的人情所不能免的，這也都是因為我們有一個『我』在那兒指使我們如此啊！可是誰又能知道我們所謂的『我』，其實並不是真的我。就如你做夢是一隻鳥而翱翔於天上，或做夢變成一條魚而潛游於深淵。我們不知此刻在講話的我，是覺醒的呢，或是在夢中呢？我們有意去營造適合自己要求的境地，還不如此刻就開懷的大笑。但如果我們有意去求笑，也還不如去聽任自然的安排吧！聽任自然安排而順任大化的進行，這樣才能與虛漠的天道合一啊！」

意而子去拜見許由，許由問：「堯帝給了你一些什麼？」意而子回答：「堯告訴我：『你必須實踐仁義之道，明辨是非之理。』」許由說：「你為什麼又要來這裡呢？堯帝既然把仁義像黥刑一樣刻在你的面額上，又用是非像劓刑一樣割掉了你的鼻子，你又怎麼可能自由自在的暢遊於無拘無束，任情任性，變化無窮的自然大化之途呢？」意而子回答：「雖然我不能遊於其中，但我能在藩籬外面遊遊也可以吧。」許由回答：「不能的，一個瞎眼的人無法讓他欣賞容顏的美色，也無法讓他觀看青黃黑白的顏色。」意而子說：「以前美貌的無莊見道之後，便不自以為美。力大無窮的據梁見道之後，便不再強調自己有力。智慧的黃帝見道之後，也自知其無知。他們都是因修鍊而有此境界的。你又怎麼知道造物者不會幫我除去額上的刺字，修補我被割掉的鼻子。使我能乘著這個完整的形軀而跟隨你作逍遙之遊呢？」許由回答：「啊！這也是不可知的啊！我為你只能說一點大要。大宗師啊！大宗師啊！他分別萬物，使萬物各盡其性，卻不以為自己有義，他生養萬物的恩澤通乎萬代，卻不自以為有仁。他在上古時早已存在，卻永遠長青而不老。他使天覆蓋萬物，使地載育萬物，使萬物各具美妙的型態，但卻不以為自己有技巧。我所遊的就是這樣的境界啊！」

顏回說：「我有進步了。」孔子回答：「你是指什麼？」顏回說：「我已忘掉了仁和義。」孔子說：「好啊！但還是不夠的。」隔了些時日，顏回又見孔子而說：「我有進步了。」孔子問：「你這次又是指什麼？」顏回說：「我已忘掉了禮和樂。」孔子回答：「很好，但還是不夠的。」再過了些時日，顏回再見孔子而說：「我又有進步了。」孔子問：「這次又指什麼？」顏回說：「我已經坐忘了。」孔子驚異的問：「什麼叫做坐忘呢？」顏回說：「拋掉自己的肢體，排除自己的聰明。離了形體，捨棄知解之後，我的精神便和萬物相同，和大化相通，這叫做坐忘。」孔子說：「和萬物相同，便無好惡之心。能和大化相通，就不會固執自己的形軀。你果然有賢德啊！我也要跟你學坐忘了。」

子輿和子桑是朋友，有一次一直下了十天的雨，子輿心中說：「子桑恐怕生病了。」他便包了飯去送給子桑。到了子桑的門前，看到子桑好像在歌，又好像在哭，一邊又鼓著琴唱：「父親啊！母親啊！天啊！人啊！」子桑好像軟弱無力，歌聲短促。子輿便進門而說：「你的詩歌為什麼是這樣的調子？」子桑回答：「我在想是什麼使我變成這種境地卻找不到原因。我的父母怎麼會要我如此的貧困？天無私而覆蓋萬物，地無心而載育萬物，天地又怎麼會單獨要我貧困如此？我想尋出使我貧困的主使者，卻找不到。因此我想使我變得如此貧困的，也許就是命吧！」

解　義

❶ 篇名大宗師是指道為萬化最大的宗師。「宗」是指淵源的深遠，也是指生命的源頭。「師」是指為我們所師法。所以大宗師簡單來說就是以大道為宗師。

大道玄妙，不易把握。本文一開端便托出一個「知天」、「知人」的「知」字，從「知」性方面切入。所以第二大段，接連有五小節都是論真人。在《莊子》書中凡提到真人的地方都是強調真知，正如本文所說：「且有真人而後有真知。」「真知」並不是外在知識的了解，而是精神生命的體認。從這五小節的論真人可以看出所謂真知是「不求成」、「不逐欲」、「超生死」、「證真我」，和「與物同化」。這是知的「登假於道」，也就是知的體認大道。

接下來幾大段都是進一步假託人物故事來詳說真人如何去超生死，外古今，遺形體，捨禮俗道德，最後總結為一個主要的方法，就是坐忘。在這裡可以看出莊子論知的一個特色，就是知和忘的結合。把「忘」當作「知」的工夫。一方面，由「忘」去捨棄官感的小知，另一方面，也由「忘」去提昇真知，化入大道。

這「知」和「忘」兩個字之間的巧妙作用，就是我們讀〈大宗師〉一文，去了解真人的用心，大道的宗趣的一把鑰匙。

❷ 本文一開端便揭出一個「知」字。而強調知的最高境界是「知天之所為」和「知人之所為」。《淮南子・人間》上曾說：「知天之所為，知人之所行，則有以徑於世矣。知天而不知人，則無以與俗交；知人而不知天，則無以與道游。」雖然這段話可以引申發明莊子的話（王叔岷《莊子校銓》），但並非莊子的原意。莊子所謂「知天之所為」是指知天道的自然。所謂「知人之所為」，並非指知道世俗的事務，而是指知道人知的有限，而能去小知而順天道。

「知天之所為者，天而生也」，便是指順天道的自然而生。這句話中，「天而生」的「天」是主詞，是指由天而生，完全沒有人為的修養在其中。所以是「知」，而「無知」。至於「知人之所為者，以其知之所知，以養其知之所不知」，所謂「知之所知」指的是為學的知識，「知之所不知」就是指人知所不及的境界，指的是天道，或天命。這個「養」字非常重要，如果說「以其知之所知，以『知』其知之所不知」這是經驗推理的知識，這正如《莊子・養生主》所謂「已而為知者，殆而已矣！」至於這個「養」字卻把知性轉為德性，把知識的追求轉為德性的修養。因為從「知」只能達到「知之所未知」，而不能達到「知之所不知」，譬如，從淺處說，個人年命的長短，這是「知之所不知」，只有靠自己的養生來維護，再說對於天道的大化作用，也不是人知之所能及，只有靠自己的德性來修養。這個「養」字對「道」來說，就是體證，而不是知求。

「終其天年而不中道夭者，是知之盛也。」這雖然是就養生來說，能夠活到應享的天年，是「知人之所為」的表現，但所謂「天年」是自然的稟賦，這也即是說能從「人之所為」，以合乎天道。讚為「知之盛」，這個盛字含有豐富，茂盛的意思。但並非完全肯定為最高的境界，所以接著又對「知」有所批評，而說「雖然，有患」。

「雖然，有患。夫知有所待而後當，其所待者特未定也。」「有患」是指「知」本身的不夠究竟，如果只執著於「知」，便有過患，因為「知」的當與不當，是決定於「知」的所待，也就是「知」的依據。可是「知」的依據卻是「未定」的。所謂「未定」有兩種意義，一是指我們賴以知的標準或方法沒有一定的原則。一是指我們知的最後的本體卻不是我們的知所能了解。所以說我們對於自己認知的「當」與「不當」便無法判斷了。驟而決斷，便是自以為是。

「庸詎知吾所謂天之非人乎？所謂人之非天乎？」這兩句話表現了莊子一貫的寫作手法，看起來，很調皮，很浪漫，卻是由懷疑的問話，開啟了真知之門。「庸詎」的「庸」是用，「詎」

是豈，何的意思。兩字連言，即何由。「天之非人乎」指天然不是人為嗎？這是把「天」下降於「人」，以破除對「天」的執著。「人之非天乎」指人為不是天然嗎？這是把「人」提昇而入「天」，以淨化「人」的知見。所以這兩句話合起來，一方面是對自我認知作用的一種揚棄，一方面是把天和人相融，共通於自然。而言外之意，卻暗伏了一個「忘」字，由「忘天」、「忘人」，以呈顯真知，這正開啟了下面論「真人」的一大段文字。

❸ 接著有五段論「真人」的話。開端揭出「且有真人而後有真知」，這句話非常緊要。如果只談「真知」，便始終局限在知性上，犯了上面所謂「有患」的毛病，所以此處詞鋒一轉，把「真知」轉為「真人」。我們必須先修養而為真人，自然而然的真人的知即是真知，否則不從修養處著手，而在知字上苦求，永遠無法證真知，成真人。

「不逆寡，不雄成，不謩士。」「逆」是不順心，「寡」是寡少，即不以寡少而不順心。「雄」是逞英雄，「成」是成就，即不以成就而逞雄。「謩」作謨，通謀字，《爾雅・釋詁》：「謨，謀也。」「士」通事，《說文・士部》：「士，事也。」即處事而無計謀之心。這三點都是寫真人對於外在的事物不論是寡少，或有成就，都不動於心。

「若然者，過而弗悔，當而不自得也。」「過」是指錯過而未得，卻並不後悔。「當」是指遇合而適當，卻並不以為有得。這兩句話是寫真人因「不謀事」，所以一切順其自然，而無成敗得失之心。

「若然者，登高不慄，入水不濡，入火不熱。是知之能登假於道者也若此。」前面三句話易被後世修鍊之術當作金剛不壞之身，其實《莊子》此處只是用文學的手法來暗托出真知能超脫形骸的執著。因為登高之所以懼怕發抖，乃是為了這個身體的安全。入水所濡溼的，入火感覺熾熱的，也是這個身體的存在。在這裡，我們要注意不是指真人的肉體真能「不濡」、「不熱」；也不是指真人不在乎形體的入水，入火，而是指他的知「能登假於道」。「登假」，很多注解以為「假」是「至」，即到達的意思，可是在〈德充符〉中的「登假」的「假」卻通作「遐」，即玄遠的意思。我們以為兩者必須統一，而以「登遐」較有深意，因為這是指「知」的提昇，超脫形體執著的小知，而進入玄深的大道。當「知」化入於「道」，這時的「知」便是「真知」。「真知」與萬物同化，自然不受外物變化的影響。也即〈德充符〉所謂「一知之所知，而心未嘗死者乎！」試想，此心都不受死的威脅，還怕什麼水與火？此段一論真人，是指對外的超脫。

❹　接著二論真人，是指對內的修養。

「其寢不夢，其覺無憂，其食不甘」，寢而有夢，是因為心中有欲，念念不忘。覺而無憂，是因為心中無求，所遇而安。「其食不甘」，是食不求甘美，指不貪乎嗜欲。

「其息深深。真人之息以踵，眾人之息以喉。」「息」是氣息，「深」是深沉。「息以踵」是氣息來自足跟。「息以喉」是氣息來自咽喉。這幾句話似乎指的是鍊氣，為後世神仙丹道所用。但氣息的深沉也表示精神的安定，所謂氣沉而後神靜。

「屈服者，其嗌言若哇。其耆欲深者，其天機淺。」「屈」是不伸，「服」是隱伏或制服。兩者合指屈服於外境的人，他的氣息受阻而不順。「嗌言若哇」，成玄英《疏》：「嗌，喉也。哇，碍也」，即指氣息阻於喉。「耆」即嗜，貪求也。「天機」指自然所賦予的生機。嗜欲深和嗜欲多稍有不同，一般人不免嗜欲很多。雖然足以亂心，但淺嘗即止，還不及大患。而嗜欲深，卻是掉入某一欲壑，而無法自拔。如〈齊物論〉所謂：「近死之心，莫使復陽也。」即指生機斷絕了。

❺ 接著三論真人。

「古之真人，不知說生，不知惡死；其出不訢，其入不距；翛然而往，翛然而來而已矣。」「悅生」、「惡死」，本人情之常，無可厚非。只是由於「悅生」「惡死」之念太過，便憑添許多煩惱。真人的「不知」悅生惡死，並非不知生之可悅，死之可惡，乃是從整個宇宙來觀生死，把生死看作自然的變遷，以順應自然之心來對待生死。所以他的「不知」是真知的一種轉化作用。「其出不訢」，「訢」即欣，指出生而不欣喜，「其死不距」，「距」通拒，指入死而不抗拒。「翛然」，向秀《注》：「自然無心而自爾之謂。」即一無掛礙，飄然往來。

「不忘其所始，不求其所終；受而喜之，忘而復之」，按「忘」字，錢穆、王叔岷都解作「志」字，以為「志」與下文的「求」，詞義一致，其實「忘」與「求」也屬對稱。對「所始」來說，用「不忘」遠比「不志」較為合宜。因為「所始」指使生命有始，也即是指的「道」。「不忘其所始」也就是不忘我們的生命來自於「道」，所以「受而喜之」。「所終」指使生命有終，也即是指的「天」。因為人的死亡，這是天刑，也是自然的。「不求其所終」，即是不求天給予更多的年限，使我們能長壽或長生。「忘而復之」就是「忘」去這個天的年限，而歸於自然。

「是之謂不以心捐道，不以人助天，是之謂真人。」按「捐」字，有的注解作「揖」，如章太炎以為「以心揖道」。有的注解作「損」，如朱桂曜以為「捐蓋損之壞字」。其實，這裡的「捐」

字不必改字求解，因為「捐」解為「棄」，乃古語的通解，如捐棄，捐生等，在《莊子・山木》也有「吾願君去國捐俗，與道相輔而行」，此處「捐」即「棄」的意思。不過莊子用「捐」而不用「棄」，因為這個「捐」，就像捐生一樣，不只是捨棄，而還有捐獻的一面。所以「捐」字另含有超脫的意思，如捐俗，即超脫而離俗。再回到「以心捐道」一語，「以心」就是用這個心，當然這個心指的是意識、愛欲的心。「捐道」，一面是指用這個心去攀緣，去構搭自以為是的「道」，結果卻背棄了真正、自然的道。這正是〈齊物論〉上所謂的：「道之所以虧，愛之所以成。」此處，「以心」，就是心中愛欲之成，把自己所希求的「道」，捐添在自然之「道」上，成為自以為是的「道」，而失去了真正的「道」。接著莊子說：「不以人助天」。「以人」就是用人為的觀念，「助天」，表面上好像是輔助天行，事實上卻妨礙了天道。就像人的有生有死，這本是天道的自然，可是人的愛戀生命，希求長生不死，結果卻是違反了自然。這兩句話對應前文，「不以心捐道」，便是「不忘其所始」，而自覺生命的真實，「不以人助天」，便是「不求其所終」，而能回歸於自然。

❻ 接著四論真人。

「其心志，其容寂，其顙頯」，「心志」是指心意的凝聚，如〈人間世〉所謂：「一若志。」「容寂」指面容沉靜，無好動之態。「顙頯」的「顙」指的是額，「頯」是指額的寬大。這本是描寫相貌，和真人的精神有何相關？其實這兩字乃是寫無憂無慮的神色。

「淒然似秋，煖然似春，喜怒通四時，與物有宜，而莫知其極。」「淒然」是指冷淡，「煖然」是指溫和。這是指他的心情，這與《老子》第十五章：「儼兮其若客，渙兮若冰之將釋」

相似。他之所以能如此，乃是他的喜怒的情感順乎四時。所謂「通四時」，並不是說春天該喜，秋天應怒，而是由於四時相通，情感得以轉化。縱然有喜怒之情，而能通解，轉變成四時為春，永遠含喜悅之心。所以接著說：「與物有宜，而莫知其極。」這是指他的情感與萬物相合，而和諧。即所謂情順萬物而無情。由於沒有自己特有的情，也就「深不可識」（《老子》第十五章），而別人便無法計量他的高深了。

從「故聖人之用兵也」至「而不自適其適者也」的一百零一字，據聞一多的考證，認為此處各段專談真人，而這段話與真人的旨趣不符，可能為錯入，宜刪。當然把這段話刪掉，前後文的承接通順得多了。但這段話既然已存在這裡，我們也不必刪之而為快。只把它當作正文的一種注解，譬如前文講「喜怒通四時，與物有宜，而莫知其極」，而此處所論的各等級的人士都是執著於一面，不能與大化相通。「故聖人之用兵也，亡國而不失人心」，此處突言「聖人」，似與前後文之真人不符。但這段話是借真人之下的各層人物來說明「與物有宜」的真意。因為所舉的例子指的是治國用兵，所以用「聖人」為喻。「亡國而不失人心」是指滅亡了敵國，仍然贏得該國的民心，這是因為他能解救人們的痛苦，如《孟子》書中所描寫的該亡國的人民卻簞食壺漿以迎王師。「利澤施乎萬世，不為愛人」，這是描寫造福人類的利益能夠廣被到千秋萬世之後，但聖人卻不自以為愛人。這種聖人的境界，就其「不失人心」，「利澤施乎萬世」來說，似與真人的氣象略有不同，因為前後各段的論真人都就個人的真知至德來論的，並沒有涉及人心的得失，利澤的厚薄。可是就「不為愛人」的心境則相通於真人。莊子接著說「故樂通物，非聖人也」，這是從反面來寫聖人的境界，事實上，也替真人作了詮釋，因為

「非聖人也」，當然也就「非真人也」。所以「樂通物」一句是關鍵語。值得我們細察的是「樂通物」與前文「與物有宜」之間的不同。「與物有宜」是指自然的和萬物相合，而「樂通物」卻是有意的與萬物相通，甚至以通物為樂。譬如「與物有宜」的前一句是「喜怒通四時」，是指喜怒順乎四時之後，就無喜怒之可言。後一句「莫知其極」，是指與物相合，而沒有一個預設的理想和目標。可是「樂通物」卻是先有一個求樂的心念，然後有意去打通萬物。這是有心為道。其結果有二：一是以自己的觀念加被外物，這是強物以適己。二是把自己寄託在外物。這是失己以從物，所以說這不是真正聖人的境界。如果了解莊子此處用「聖人」為喻的真意，下面講「仁」、「賢」、「君子」、「士」和「役人」便能系統一貫了。「有親，非仁也」，這裡的「非仁」，是包括了「非仁人」的意思。「有親」是指有所專愛。《莊子．天運》說：「至仁無親」，就是指至仁之人心中無所專愛。因為一有專愛，便有分別，便有執著，便不是至仁周普之心。如果把「親」字解作親人，或雙親，莊子的意思，當然不是要我們割棄親情、視父母如路人。而是使我們的情昇華到至高的境界，不拘限在世俗的親情上。譬如孝父母，不是為了孝的禮節而孝；愛子女，不是為了子女的奉養而愛。甚至擴大這種孝與愛，如〈禮運大同篇〉所謂的「老吾老以及人之老，幼吾幼以及人之幼」。由於「及人之老」，「及人之幼」，便不能只局限於自己的私情，故說「無親」，究其實，也就是不局限於自己的私親。「天時，非賢也」，「賢」是指有才德的人，「非賢」也就是說「非賢人」。所謂「天時」，王叔岷《莊子校銓》考證為「待天」。其實此處「天時」本寓有仰承天時的意思，這與「樂通物」的思想是一致的。賢人重在修鍊自己的才德，而不寄託在天時的把握。「利害不通，非君子也」，「君子」

是指修己以德的人。「利害不通」是指不能看透利害。斤斤於趨利避害，而為利害所蒙蔽，為利害所煩惱。相反的，看透利害，有儒道的兩種方法。以儒家來說，孔子所謂「君子喻於義，小人喻於利」（《論語・里仁》），這是指君子以「義」為行事的標準，自然不為利害所左右。至於道家，〈齊物論〉上所謂「不就利，不違害」。也就是順乎自然、超乎利害、而要達到這點，便必須了解「凡物無成與毀，復通為一」（〈齊物論〉）的道理，使利害不關於心。事實上，能達到這種境界，已是真人之德。莊子此處只是以君子為喻而已。「行名失己，非士也」，「行名」，是行於名，或由名而行，也就是指所作所為，都為了名，正是〈應帝王〉所謂「無為名尸」的意思。「行名」就是「為名尸」，行尸走肉，而失去了真正的自我。「士」是讀書人。一個讀書人，最容易犯的毛病，就是好名，所以莊子以此諷喻。「亡身不真，非役人也」，以上從聖人，仁人，賢人，君子，說到士，都是大家熟知的名詞，可是「役人」兩字卻是莊子所獨用，而且全書僅在這裡用過一次，所以我們只能從上下文中把握它的意思。就下文所舉狐不偕、務光等人為例，可見此處是指一些避世之人。「役」，是勞役，或役使。「役人」乃是指能役使別人的意思。對照下文「役人之役」，可見這裡的「役人」是指主宰別人，而不為別人所主宰。當然主宰別人也非莊子本意，所以「役人」的真正意思乃是超絕於世，特立獨行，能役世俗之君，而不為世俗之君所役，如〈德充符〉所描寫的哀駘它：「國無宰，寡人傳國焉。悶然而後應，氾而若辭。寡人醜乎，卒授之國。無幾何也，去寡人而行。」這無異視國君和王位如敝屣，這就是能「役」君主之人。「狐不偕」，堯帝時候的賢人，拒絕堯讓天下給他，卻投河而死以明志。「務光」，夏朝的賢人，也因不受湯讓天下給他，卻負石沉於廬水。

「伯夷、叔齊」，商朝人，因周滅商，不願食周之粟，餓死於首陽山上。「箕子、胥餘」，有說為一人，有說為二人，胥餘即楚狂接輿（《戰國策．秦策》），據《文選》東方曼倩〈非有先生論〉注引《尸子》：「箕子、胥餘，漆體而為厲，被髮佯狂。」也許這兩人都是以佯狂的方法而避世的。「紀他」，商朝賢人，聽到湯讓位給務光，恐怕務光不受，而湯又找他，所以也投河而死。「申徒狄」聽到紀他之事，也投河而死。「是役人之役，適人之適，而不自適其適者也」，「適」是適意，「適人」是適別人的意，「自適」是適自己的意，就是指這些人士雖不接王位，但卻把國君的讓位看得那麼重，而把自己的生命又看得那麼輕。這是本末倒置，不知真實。把自己的生命，寄託在外物的影響，而不能自主。

❼ 接著五論真人。

「其狀義而不朋，若不足而不承」，近人俞樾把「義」解作「峨」。把「朋」解作「崩」。意思是其狀峨然高大而不崩壞。章太炎以為「義」即本字，而「朋」為「馮河」之「馮」。意思是義形於色而無奮矜之容。其實「義」和「朋」都照原字來解，意思不但貼切而深入。因為「義」字本意為「宜」，「朋」即朋黨之意，陳壽昌解作「與物宜而無私」，正是其意。由於「與物宜」，似乎沒有表現出他的自我意識，所以好像「不足」，有所欠缺，但「不承」，不仰承別人。這是因為不求人知，不為朋私，所以又能不屈不承。

「與乎其觚而不堅也」至「悗乎忘其言也」。這一大段話都是指真人處世的態度。「與乎其觚而不堅也」，「與」是與世俗相處，是前面所謂與物相宜的意思。「觚」是孤之意，即獨立，「不堅」即不標新立異，固執己見，自以為強。「張乎其虛而不華也」，「張」是開放。開放在於虛懷。「華」是針對「虛」之病。因「虛」的過患在於不實。所以不浮華而有真實。「邴邴乎其似喜乎」，「邴」是明朗，也即喜悅的意思。「似喜」，卻表示這種喜悅乃是在於內心，而不是外表的喜形於色。「崔乎其不得已乎」，「崔」，成玄英《疏》：「動也」，章太炎：「崔借為推、誰、催。」所以「崔」可作被催而動的意思。「不得已」正說明了他的動，乃因於萬化的變動，自然而然，不由自己。「滀乎進我色也」，陳壽昌：「滀，水聚也。水聚則有光澤。」這是指水的凝聚如湖澤的有光彩，正與《易經・坤卦彖傳》的「含弘光大」相通。「進」是使其前進，也就是使其親近的意思。「色」指含蓄的光澤，即謙虛和悅之色。「與乎止我德也」，「與」字不必如前人把它解作「豫」（如朱桂曜），就原字來解，意義已極好。《老子》第八章「與善仁」，正可作這個「與」字的詮釋。這個「與」字在《老子》這章有兩解，一是「施與」，一是「相與」（吳怡《老子解義》），這兩解在此處都可通。對照「滀」的含蓄之意，「與」便是施與，也就是較為積極的有所施為。對照「進我色」之後，使別人親近，便有「相與」，也就是說和人相處。「止我德」，與「進我色」對稱。「色」是外在的，「德」是內在的。「止」是知止，是安靜之意。這是說以他的德來幫助別人知止而歸於安靜。事實上「知止」本身就是一種德。這說明了真人之與人相交，他以他的「知止」之德，而使對方被其相感，而同歸於「知止」之德。一般的勸止，都以律法，或利害關係來說，而「止我以德」，卻是無言的，無為的，自然的，正如〈德充符〉所謂「唯止能止眾止」。也就是說以本身的「止」，來使外物歸於「止」。「厲乎其似世乎」，「厲」，《釋文》：「崔本作廣」，王念孫等都主張此說，因形近而誤。但〈齊物論〉「厲與西施」之「厲」是病癩，作醜惡之意。陳壽昌也謂「厲，醜意」。

既然《莊子》書中已有「厲」字，而且當作「醜」解，遠比「廣」字為自然，因這句話的意思是，形貌不揚，如流俗之人。「警乎其未可制也」，「警」，高傲。郭象《注》：「高放而自得。」「未可制」，即無拘束也。這句話和前一句正好對稱。誠如〈天下〉所描寫的，一面是「與世俗處」，一面又是「獨與天地精神往來」。「連乎其似好閉也」，「連」，林希逸《注》：「合也，密也。」按「連」是連接，有與物相連相接，順物自然的意思。「好閉」，即善閉。按「閉」，即心念緊閉，無欲無知之意，如〈人間世〉所謂「無門無毒，一宅而寓於不得已」。「悗乎忘其言也」，「悗」，成玄英《疏》：「無心貌也。」「忘其言」，是忘了言語。說了也忘了。

「以刑為體」至「而人真以為勤行者也」。近人以為有似法家語（見王叔岷《莊子校詮》），有主張這段話與莊子思想不合，應刪（張默生等）。其實，如細嚼其含意，則自有其深義。非但刪不得，而且與下文有承接的作用。「以刑為體」，並非指重視刑法。此刑字與〈養生主〉「天之刑」相通。我們有了生，便有死。有了身體，便有「天之刑」。所以「以刑為體」，就是把這種死亡的天刑看作身體的必然現象，便能生死一體，處之泰然了。「以禮為翼」，在前面幾章中，我們都看到莊子與萬物相接相化的境界。但我們都把這個萬物看作山石樹木，蟲魚鳥獸，而忽略了人的社會。莊子並非完全遁世，與社會脫節。他明明說「與世俗處」，而〈人間世〉一文正是討論與世俗處的心理修養。在人的社會中離不了「禮」。如果莊子沒有一套工夫去應付「禮」，又如何能逍遙？我們常因魏晉清談家們的放蕩不羈，而以為這是莊子「玩世不恭」的寫照。其實莊子並沒有故意去破壞禮俗，也沒有刻意去逃避禮俗。莊子有他自己的一套工夫，就是「以禮為翼」。古代的禮制到了莊子的時代，已經變得僵化了，如〈德充符〉所謂的「約為膠」，那是禮制過度的毛病。但人與人之間畢竟尚有共同相處的「禮」，莊子深深了解這種「禮」的作用，和庖丁解牛相似，不去正面的觸犯它們，也使它們不會變成障礙。這就是他「以禮為翼」，而能逍遙於世的精神。「以知為時」，「時」是應時，順時的意思。但如何應時，順時，卻值得推敲，因為一般人談應時、順時，往往易流為適應環境，或等待時機，這樣便變成了被動，流為時間的奴隸。莊子「以知為時」，就是用這個「知」代替了「時」。這個「知」是「大知」，是「智慧」。有了「知」，便無時而不可，無時而不行了。「以德為循」，「循」是依循，即順德而行。這裡的「德」即〈德充符〉所講的德，是充於己的內在之德。也即「德之和」、「常心」（〈德充符〉），本句即是說發乎內在和諧的常心而行。「以刑為體者，綽乎其殺也」，前人注解都把「刑」當作刑法解，因此對這句多不易講通，其實這個刑指的是天刑，我們如把這個身體看作天的刑罰，死是必然的現象，因此我們就綽綽有餘地任自然的消損了。也就是說，我們既然知道此身非我有，那又何必計較「與物相刃相靡」，「行盡如馳」（〈齊物論〉）呢？「以禮為翼者，所以行於世也」，「以禮為翼」，只是為了生活在人間世中，不得已的權宜。在這裡，我們不必去認定莊子是在強調「禮」，要我們拘於世俗的禮，變成了鄉愿。所謂「行於世」，乃是逍遙於世。「以知為時者，不得已於事也」，是指真知燭照，了解任何事情的因果必然，所以能順其自然。「不得已」，是指不由自己的意思。「以德為循者，言其與有足者至於丘也；而人真以為勤行者也。」「丘」是指郊外的小山丘，只要有足者，都可以走到山丘，並不需要勤行者，花那麼大的氣力。這是譬喻循自己的德性而行，對於外在的種種羈絆障礙，就像陸地上行走一樣的輕鬆。「故其好之也一，其弗好之也一。」所謂「好之」，就莊子思想來說，指的是「道」。好「道」，即是體道，與道為一，正如《老子》所說：「從事於道者，道者同於道」（第二十三章），即是說求道之人，一切都求合於道，也就是自然的與道相合。「弗好之」，就前文來說，如「刑」與「禮」，這是一般人，和莊子所謂「不好的」，可是為什麼說「也一」呢？如果我們把「刑」和「禮」看作外在加於我們身上的，那麼它們與我便是二，因此與我們相對，相抗，永遠的成為我們的障礙。現在我們把「刑」率性看作我們的一體，把「禮」乾脆當作我們的雙翼，忘其不同，而以一體視之，則也就無扞格於心了。「其一也一，其不一也一。」「其一」是本一的道，當然是一。「其不一」，是差別的物，但物同一體性，也本來是一。「其一與天為徒」，與天為徒，是與天一致，即與自然合一。「其不一與人為徒」是與人為伍，即生活於社會人群中。但人與人，人與物自有其不同的特徵、個性，因此要注意其差別相，從差別中，忘其不同，而求其同。這是與人為徒的工夫。「天與人不相勝也，是之謂真人。」本句是這一大段描寫真人的結論，也是要點所在。「天與人」即自然與人，也即道與萬物。「不相勝」，是不互相比勝負，即不分高低，不以「天」為好，不以「人」為不好。要達到這境界，其工夫乃是把天拉下來與人一齊平等，或把人提上去與天同遊而樂。然而莊子的「天」也就是自然。以自然來說，人本是自然中的一部份，人和自然本不可分。所以天和人本來就是一體的，又那裡有勝負、高低之分？

❽ 以上論畢真人之後，接著以下從「死生，命也」到「而比於列星」都是論「真人」的真，或道的。

「死生，命也，其有夜旦之常，天也。」死生，是命定的，對一般人來說，這種命定，「其行盡如馳」（〈齊物論〉），是一大悲哀。可是接著「其有夜旦之常」，把生死比作夜晚和白天的交替，這便把一般人只視作一己的生死，轉變到自然的大化中，因為夜晚白天的交替是無限的，所謂「夜旦之常」，就是指其永恆之常。這個「天」就是自然。「人之有所不得與，皆物之情也。」「與」是參與、干預的意思，也就是說對這個「命」、「常」或「天」，是人力所不能干預的，這是萬物自然的實情。然而在這裡很容易誤以為萬物自然乃是機械自然，或毫無意義，所以莊子的筆鋒一轉而說：「彼特以天為父，而身猶愛之，而況其卓乎？」「彼」是指前面的人，是說一般人以天為父親，愛天如愛父，更何況有比「天」或「父」更卓越的嗎？這個「卓」字，點出了在物質的機械自然之上，還有較高的層次。「人特以有君為愈乎己，而身猶死之，而況其真乎？」再就人對君主的死忠來說，對於這個比君主還卓越的「真」性，當然應該更加的盡心以赴了。這裡點出的「真」，就是道體之真。

❾ 接著再談如何去體證這個「道」。「泉涸，魚相與處於陸，相呴以溼，相濡以沫，不如相忘於江湖。」「呴」，口相噓吸，「溼」，溼氣。「濡」，潤溼。「沫」，口沫。這是說魚在陸地上以口沫相濡溼，才知道水的需要。不如在江湖中，根本忘了水的存在。這裡拈出一個「忘」字，乃是莊子思想中的工夫。不過對魚兒在江湖來說，乃是渾然不知。「與其譽堯而非桀也，不如兩忘而化其道。」譽堯而非桀，這是一般是非的判斷，「兩忘」就是忘譽忘非，忘堯忘桀。這裡的「忘」雖然和前面魚兒的「相忘」是同一個「忘」，但魚兒的「忘」是自然的不知，而真人的「兩忘」卻是真知超然於是非之外。注意這裡並不是說真人不知堯和桀的不同，不知

堯是聖王，桀是暴君。而是真人的心境提昇到更高的層次，而無意去作譽堯非桀的動作。這些人世間的是非，自有史學家，政論家去評定，真人此刻正作逍遙之遊，沒有時間去作是非的討論。真人的忘，一方面是對下的忘是非，一方面是對上的忘於道。所以接著說「化其道」。「化其道」有兩解，按陳壽昌《注》為：「道謂分是分非之道，惟於卓者真者求之，斯是非渾忘矣。」王叔岷注說「『忘其道』猶『化於道』」。其實兩解都貫串在一個道上。「忘」和「化」是工夫的兩面，「忘」是對是非、古今、生死等相對現象的一種超越，「化」乃是把相對世界變成一真之道的境界的轉化。往往是忘而後化。即本注解常強調的「自忘而後自化」，「忘物而後物化」，「忘忘而後神化」。

❿「忘」的超越，「化」的轉化，並不是脫離現象界，而進入另一個形而上的境界，其實，現象和形上都在同一個世界中，所以接著莊子描寫這種工夫的實際方法。

「夫大塊載我以形，勞我以生，佚我以老，息我以死。」「大塊」即自然造化。莊子以大化為喻，就是說明這一切都是自然而然的，並沒有一個主宰在那裡操縱一切。「載我以形」，是給我形體，「勞我以生」，是使我生活勞累，「佚我以老」，是使我老時，因做不動，而自然的安閑，「息我以死」，是使我得以安息而死。雖然這「形」、「生」、「老」、「死」四者都是自然的賦予，但「形、老、死」三者，我們似乎都只有聽命的份，沒有能著力處，只有「生」這一點，卻值得推敲。所謂「勞我以生」，就「大塊」的賦予來說，有生必有勞，因為有了生，為了維持這個生，有許多勞累，這也是自然的。在這裡，須注意此處的「勞」並不包括一般人因欲望的追求，而自找的勞苦。這不是自然的，而是人為的，是可以避免的。所以莊子接著說：「故善吾生者，乃所以善吾死也。」近人有把「善」當形容詞，作以「生」為善的。可是莊子明說：「勞我以生。」所以直說生為善的，意義尚不夠深切，因為沒有著力處。這裡的「善」應作動詞用，指能善盡其生的意思。這是一種工夫。有兩個方面，一方面儘量減少因欲望而徒增生的勞苦，一方面對生的自然的勞累能泰然處之，而不傷神。這樣地能善於儘量做到生的自然，也就能死得自然了。

⓫ 就人的形體來說在從生到死的一段期間，雖我們能「善吾生」，也能「善吾死」。但我們是天地間的一物，我們的生死，還不限於形體的一段生死。否則便成斷滅論，認為一死便萬事休，這樣很容易又走入膚淺的享樂主義。所以莊子在下面這段話中，把生死納入天下萬物中來看。

「夫藏舟於壑，藏山於澤，謂之固矣。然而夜半有力者負之而走，昧者不知也。」「壑」是深谷，舟本來在水邊但把舟拖到深谷中。這是防備河水把舟沖走，也是很自然的。山雖然在澤之旁，但水中有高地，也可看作山在澤中，這也是很自然的，可是用一個「藏」，就顯出有意於掩藏，這是人的心態，而非自然了。「夜半」是喻不知不覺間。「有力者」指造化的潛移之力，「負之而走」，是把舟、把山抬了出來，這正是自然界的滄海變桑田的意思。於是藏舟的山谷變成了平原，藏山的大澤也變成了陸地。舟和山都無所藏，這也是自然。「昧者不知」，即指我們都在自然運化中，又那裡會察覺。「藏小大有宜，猶有所遯。若夫藏天下於天下而不得所遯，是恆物之大情也。」就一般人來說，舟在壑中，山在澤裡，當然是藏小於大之中，應該很合宜。可是仍然是有遯，「遯」即逃掉的意思，也就是藏不住。所謂「藏天下於天下」，乃是把舟藏在天下，把山藏在天下，無論造化如何變，舟和山都在天下之中，所以它們都逃不出天下，也就是「無所遯」。「藏天下於天下」，實際上就是一無所藏。這就是天下萬物的本然。把這段與前文相承接，可以看出生死都在大化之中。生無所藏，死也無所遯。

⑫ 接著莊子再強調這種「無所遯」的工夫。「特犯人之形而猶喜之。若人之形者，萬化而未始有極也，其為樂可勝計邪？」經過了這一生命的轉化，由形體的生死，而到萬化的無極。莊子語鋒一變，而把形之累，生之勞，而轉化為無限的喜悅。而說：「特犯人之形而猶喜之」，「犯」，成玄英《疏》「遇也」，也是「巧逢」的意思。陳壽昌注「犯者，偶然相值之意」，即是描寫在萬物的變化之中，很偶然的，我們投入這個形體中，而有了人形，當然人身難得，我們是欣喜無已的。雖然人的形體，有時而盡，但在萬物無盡的轉化中，這個生命的轉化，卻是沒有止境的。所以有了生命的喜悅，也是沒有限量的。「故聖人將遊於物之所不得遯而皆存。」「物之所不得遯」，就是物之「藏天下」，也就是物不以自體之片段存在為存在，而以天下萬物為一體。而「聖人之遊」也不只是一己之適意而遊，而是聖人以天下萬物為一體而遊。「善夭善老，善始善終，人猶效之，又況萬物之所係，而一化之所待乎！」再就人來說，無論人的壽命有短、有長；無論人的行事，有始、有末，只要能在某一部份善盡其生，都值得為人效法。譬如有的人雖然只活了二十幾歲，卻有不朽的成就，有的人到了七八十歲，才有機緣展露才華。有的人只創始事業，有的人卻繼承前人的步伐而完成之。「萬物之所係」，指萬物生命之所繫，也即萬物生命之所由。「一化之所待」，「一化」，即「大化」，也就是萬物的變化。「化」之所以稱為「一」，是因為萬物的變化本來參差不齊，好像各不相關，但在它們

的各自變化中，似乎又相互連綿，通向一個主體，而使這些變化成為一個整體，所以稱為「一化」。這個主體，即是「一化」之所待。如〈齊物論〉中以百骸、九竅、六藏都是臣妾，「其臣妾不足以相治乎？其遞相為君臣乎？其有真君存焉？」在〈齊物論〉中，稱真君、真宰，也即真我，在本篇中，就是大宗師，也即是道。這個道乃是萬物之「所係」，一化之「所待」。在本段中沒有言明，可是在下一段便一開始就揭出了這個「道」字。

⑬ 在〈齊物論〉中，也曾好幾次問及道，談過道，但都是扼要的點出這個道，而沒有對道本身作詳細的介紹，可是以下一段文字卻是在《莊子》全書中，對道描寫得最多，最詳細的。

「夫道，有情有信，無為無形；可傳而不可受，可得而不可見」，「情」字，據王叔岷引奚侗語：「情借為精，《老子》：『窈兮冥兮，其中有精，其精甚真，其中有信。』本文即襲《老子》之義。」王氏自謂：「情不必借為精，精者氣之微，情猶實也。〈齊物論〉：『若有真宰，而特不得其眹。可行己信，而不見其形，有情而無形』，真宰謂道，情亦猶實也。」這「精」「實」兩解，本書在〈齊物論〉「有情而無形」語下已有討論。雖然就文義來說「精」和「實」都是指無形背後的真體，但「實」只是文字的形容，而「精」卻有思想本身的意義。所以「精」較「實」為更符合道家的語言。不過這裡，莊子用「情」而不用「精」字，可能還有他微妙的作用。陳壽昌《注》說：「有情，靜之動也；有信，動之符也。」這裡寫出了「情」的作用。「情」和「精」的不同，「精」猶不免指本質義，而「情」則意含著道與萬化的感應。「有情有信」是指道有感化的作用，有感化的信驗。這個「信」，陳壽昌解為「符」，與德充符的符相同，是指符合於外。「無為無形」，這句話緊接著前句的「有情有信」，先寫「有」，再補以「無」。以「無為」來補充「有情」。以避免把「有情」看作有意，有愛。「無為」是指道的自然而然，沒有目的。以「無形」來補充「有信」，說明「有信」並非物質上的證驗，而是變化的真朕。所以接著說：「可傳而不可受，可得而不可見」，這是因「有情」而可傳，「有信」而可得。「無為」而不可受，「無形」而不可見。這是描寫自有天地以來，這個「道」，一直傳到今天，但道卻沒有形質可以授受。萬物體道，都有得於道，但道卻沒有形相可以見識。前面寫道的作用，接著寫道體。「自本自根，未有天地，自古以固存」，這是寫道以自己為根本，在道之上，沒有更高的創造主，也就是說道不是被創造的，是自己如此的。而且是在天地之前，就存在的，所以也是無始的。不過這個「本」和「根」卻另有含義，就是能生。道是萬化的生主，所以接著說「神鬼神帝，生天生地」。「鬼」是鬼靈，「帝」是天帝，兩者泛指山川鬼靈，天帝地祇。也就是說一切創生、造化的作用。這裡的「神」是動詞，是使其有神靈神明的意思。也就是賦予萬物以精神。「生天生地」，指道給予天地以生生的原則，使天地存在，也使天地生物。「在太極之先而不為高，在六極之下而不為深，先天地生而不為久，長於上古而不為老。」「太極」兩字見於《易經・繫辭傳》中，是指在陰陽兩儀之前的最高境界，這是以為道還在太極之上。六極是指四方上下，也即現象世間，這是以為道深入在現象界的最下層。「不為久」、「不為老」都是描寫道的恆久性。這四句話，乃是指道的超越空間和時間。

⑭ 以下一大段乃是寫道的「神鬼神帝，生天生地」的作用。「狶韋氏得之，以挈天地」，狶韋氏，傳說上古帝王名，「挈」，通作契字，指合的意思。意為狶韋氏得道，能使天地通氣。「伏戲得之，以襲氣母」，「伏戲」即傳說作八卦的伏羲。「襲氣母」，襲是入或順的意思，氣

母即元氣。但傳說伏羲製八卦，而八卦是通乎陰陽二氣，因此這裡的氣母，也即陰陽兩氣之所本，相當於太極，或無極。「維斗得之，終古不忒」，「維斗」是指北斗，因為它是天體的綱維，所以稱「維斗」，「忒」，即差，指北斗由於合道，而使天體的運作，恆久不差。「日月得之，終古不息」，日月是陰陽二氣的作用，由於合道，才能使陰陽二氣，不致乖離，不致衝突，而能相互銜接，相互運轉，正如《易經・恆卦彖辭》所謂「日月得天而能久照」。所謂「不息」，是指運轉不止，也是指光照不已。「堪坏得之，以襲崑崙」，「堪坏」，司馬彪《注》：「神名，人面獸形」，《淮南子・齊俗》謂「鉗且得道，以處崑崙」。無論堪坏，或鉗且，都是想像的神怪，後來的《山海經》中，便有很多這種類似的人物。「襲」是入，即入崑崙而成神。「馮夷得之，以遊大川」，《淮南子》注：「馮夷，河伯也。華陰潼鄉隄首人，服八石，而水仙。」可見馮夷是神名，但也為服金丹的神仙家之流。「肩吾得之，以處大山」，據《山海經・西山經》：「西南四百里昆侖之丘，是實唯帝之下都，神陸吾司之。其神狀，虎身而九尾，人面而虎爪。」此處陸吾即肩吾，但在《莊子》書中常提到肩吾，說肩吾問於連叔（〈逍遙遊〉）、問於孫叔敖（〈田子方〉），所以司馬彪、成玄英謂與孔子同時。可見肩吾也是神仙家之流。「黃帝得之，以登雲天」，黃帝為傳說的中國文化的始祖，戰蚩尤，發明火藥、指南針，垂衣裳而治，都有歷史的線索，但《史記・封禪書》說他乘雲氣，登天而成仙，卻是神仙家的傳說。「顓頊得之，以處玄宮」，「顓頊」，即高陽氏，《史記》說他是黃帝之孫，《大戴禮・五帝德》：「顓頊治氣以教民」，《史記》也說他：「治氣以教化」。「治氣」即運用四時陰陽之氣，而生養萬物。此處「玄宮」，指玄天之宮，也為陰陽二氣之所本。「禺強得之，立乎北極」，《山海經》謂禺強是北海神名，所以此處說他遠處北極。「西王母得之，坐乎少廣，莫知其始，莫知其終」，《山海經・西山經》：「西王母，其狀如人，豹尾虎齒，而善嘯。」這也是人面獸身的神怪。因西王母穴處（〈大荒西經〉），所以「少廣」即她所居的穴洞名。到了後來，西王母美化，如《穆天子傳》：「吉日甲子，賓于西王母。乙丑，天子觴西王母於瑤池之上」，這便美化成西王母娘娘了。「莫知其始，莫知其終」，這是指她得道的永恆。「彭祖得之，上及有虞，下及五伯」，「有虞」即堯帝時，「五伯」即五霸時，相隔八百餘年，即指他壽八百歲。「傅說得之，以相武丁，奄有天下，乘東維，騎箕尾，而比於列星」，傅說是商朝的宰相，武丁即商王高宗。在傅說死後，傳說他升天變成了星宿。「東維」，在東方箕斗星之間。「騎箕尾」即在箕星的尾上，今稱尾星為傅說星。「比於列星」即和各星辰相排比也。以上這一段文字從豨韋氏開始都是以神怪為例，今之注家都以為參雜了神仙家言，為後人所增添者。

⓯　以下一段是寫聖人入道的工夫。

「南伯子葵」，成玄英《疏》認為「葵」即「綦」字之誤，「南伯子葵」，即〈人間世〉、〈齊物論〉中的南伯子綦和南郭子綦。但這些人物都是莊子筆下所創造的，同與不同並無差別。「女偊」，有說是婦人名偊。這也是莊子筆下的人物，男女性別，並不重要。「卜梁倚」，卜梁為姓，倚為名，也為修道之士。「曰：『子之年長矣，而色若孺子，何也？』曰：『吾聞道矣。』南伯子葵曰：『道可得學邪？』曰：『惡！惡可！子非其人也。』」女偊的年紀很老，但形貌卻像小孩一樣，這是一種修養工夫的表現，所以當南伯子葵問到這點時，女偊答說：「吾聞道矣。」這句話有點問題，因為依據〈知北遊〉：「道不可聞，聞而非也」，那麼女偊如何去聞道呢？南伯子葵抓住這點，便問：「道可得學邪？」女偊知道南伯子葵問話的目的，便故意打了南伯子葵一棒，先說道不可學，再說南伯子葵不是學道之人。「夫卜梁倚有聖人之才而無聖人之道，我有聖人之道而無聖人之才，吾欲以教之，庶幾其果為聖人乎！不然，以聖人之道告聖人之才，亦易矣！」卜梁倚不知何許人，這裡只是借他來說明教人求道工夫的層次。本篇前面談真人，論道，可是在這裡突然轉到了「聖人」和「聖人之道」上。這是因為真人不可求，而道也不可學，所以只好降下一層來談聖人之道。在《莊子》書中，真人、至人、神人，是同一層次的理想人物，而聖人則稍低一層次。所以此處講教、講學，便以聖人為喻。此尤其女偊自稱「聞道」，這已不是真人的境界，因為真人之於道，自然而然，絕不言有道。此處女偊之聞道，只能降落到聖人層面，而說：「我有聖人之道」。這是指能懂得運用聖人應變的方法。至於「卜梁倚有聖人之才」，是指他具有學聖人之道的才質，女偊自稱：「我有聖人之道而無聖人之才」，一方面是女偊借無聖人之才，而不欲自稱為聖人，另一方面也是表示學聖人之道的不易。所謂「以聖人之道告聖人之才，亦易矣」，照理說，女偊懂得聖人之道，卜梁倚有聖人之才，應該很容易傳授，但這只是知識。要真能入道，卻須有實際的工夫，所以下面便用不同修鍊的時間來描寫不同的工夫層次。「吾猶守而告之，參日而後能外天下」，「守」指密切注意，待時而告。「參日」，只是指一段時間。「外天下」，天下是指我以外的世界，這個世界離我較遠，甚至可能成為一個抽象的存在。「外」就是把它放在一邊，不和我發生關係。成玄英《疏》：「外，遺忘也。天下疏遠，所以易忘。」「吾又守之，七日而後能外物」，「七日」也是指一段時間。「外物」，「物」與「天下」相較，便比較具體而逼近我們。因為我們日常生活所見所需者都是「物」。要把物放在一邊，便需有忘物的工夫。誠如龐蘊居士有詩：「吾自無心於萬物，無妨萬物常圍繞。」「無心於萬物」，就是「外物」的工夫。「吾又守之，九日而後能外生」，「九日」是一段更長的時間，因「九」是數之終。「外生」的生是指生命，這裡具體的講，是身體，也就是把自己的形體放在一邊，而忘記了自己。「已外生矣，而後能朝徹」，「朝」是早晨，「徹」是透徹。陳壽昌《注》「平旦清明」，這是根據《孟子．告子》：「其日夜之所息，平旦之氣，其好惡與人相近也者幾希。」這是寫早晨清明之氣，良知畢現，這是大家所共有的。在這裡莊子的朝徹，也是指早晨的時候，欲念不生，清明畢露。這也即禪家所謂悟的境界。「朝徹，而後能見獨」，「獨」，宣穎《注》：「獨即一也」，這個「一」指絕對，如成玄英《疏》：「絕待絕對，覩斯勝境，謂之見獨。」不過此處為什麼不用「一」，而用「獨」，可見這個「獨」比起「一」來另有深意。〈大學〉第六章：「君子必慎其獨也」，這個「獨」是「獨自」的意思。《老子》第二十五章：「寂兮寥兮，獨立不改，周行而不殆。」這裡的「獨」是指道的超越，不受外物的影響，即〈德充符〉所謂「審乎無假，而不與物遷」的意思。因此把這個「獨」解作「真我」更能符合莊子的思想，如〈齊物論〉的「喪其耦」，「吾喪我」，及「天地與我並生，而萬物與我為一」的「真我」。如果用禪家的話，這就是見性的境界。「朝徹，而後能見獨」，豈不正是頓悟而後見自性？反觀前面女偊教卜梁倚的工夫，似乎從「參日」外天下，「七日」外物，到「九日」外生為止。而從「外生」之後的「朝徹」、「見獨」卻是女偊自敘「見道」後的境界，未必是卜梁倚所能達到的。因為「外天下」、「外物」、「外生」，猶可說是「聖人之道」。而到了「外生」之後的「朝徹」、「見獨」，卻是真正入道的工夫，是真人的境界了。「見獨，而後能無古今」，「無」古今與前面的「外」天下、物、與生不同。因為「外」只是把它們放在一邊，它們仍然存在，只是「忘」之罷了。可是「無」卻壓根把它們否定了，甚至以為它們不存在。這便須要更深的工夫，所以要在「朝徹」、「見獨」之後才能「無古今」。因為只有證見真我之後，由於真我的獨存，才能亙古今而無古今。「無古今，而後能入於不死不生」，「不死不生」，雖然是無生死的意思，但卻不是消極的無，而是更高一層的境界。「不死」即生而不死，是永恆之生。「不生」並不是死，而是不落在生死的現象中。所以「不死不生」乃是一種超脫生死觀念的境界。於是莊子接著說：「殺生者不死，生生者不生。」「殺生」並非殺掉生命，而是去掉對形骸生命的執著。後代的神仙家把這種思想轉變到長生不老之術上而說：「殺機轉作生機，所謂死者，生之根也。」（魏伯陽《參同契闡幽》）「生生」即生生不已。「不生」有兩義，一是不以自生為生，即《老子》所謂「天之所以能長且久者，以其不自生，故能長生」（第七章）。一是指不為物所生，也就是不受物所限。這是說大化的生生不已，不以某一物，或某一片段的存在為生。這兩句正是前面「不死不生」的注解，也即是道的生死一體的境界。

「其為物，無不將也，無不迎也；無不毀也，無不成也。其名為攖寧。攖寧也者，攖而後成者也。」「其為物」是指道之為物，即是說道在現象界中與物相應相變的作用，也是寫修道者如何來應付物變。「無不將」，成玄英《疏》：「將，送也」。其實「將」有將就的意思，也就是說「道」和修道者無不與萬物將就，即順萬物之自然。「無不迎」即對萬物變化之降臨，而無分別揀擇之心。「無不毀」，萬物都有形骸，形骸必會毀滅，所謂「與物相刃相靡，其行盡如馳，而莫之能止」（〈齊物論〉），因此任順形體與萬物同毀，而不必求形體之獨存。「無不成」，萬物無論大小，高低，各有它們的成就。所以只要把握自己真實的存在，便能在宇宙的變化中，與萬物共存共成。「其名為攖寧。攖寧也者，攖而後成者也。」成玄英《疏》：「攖，擾動也。寧，寂靜也。」「攖」有接的意思。即接於物，而在萬物擾動中，保持心的寧靜。這裡的「攖寧」固然是整個「無不將、無不迎、無不毀、無不成」的結論，但「攖而後成」的「成」卻也照應了「無不成」的「成」。前人注都把「成」解作「定」，如陸長庚注：「擾擾之中而成大定。」其實「成」是萬物的化成，這是道使萬物的各有所成。

⑯ 對於女偊的這段話，南伯子葵深感訝異而問：「子獨惡乎聞之？」「獨」字，王叔岷《注》「獨猶乃也」。其實這段話不是普通人能聽到的，所以這個「獨」有單獨的意思，指女偊單獨地從那裡聽到這番有關道的深妙之言。「副墨之子」，「墨」是文墨，「副」指文墨乃記載語言，而非正本，「之子」指末節，所以這是指文字末節。「洛誦之孫」，陳壽昌《注》：「洛，猶樂也，誦，成誦也」，指樂曲歌頌的末節。洛誦比起副墨來，較高一層，因為它是歌唱之樂，不像文字只是死板的記載。「瞻明」，「瞻」是見，「明」是徹，所以「瞻明」指見理清楚。「聶許」，陳壽昌《注》：「附耳私語，聽之而心許」，也即心的感應。這比起前者較深一層，因為「瞻明」，還只是一種知見，而「聶許」已是感應於心了。「需役」，「需」，等待或需求的意思。「役」是役使的意思。前人把「需役」解作修行，似嫌籠統。因這段文字都就心上一層深入一層，所以這裡指心的作用，是描寫心的發動，有意於用物。這裡的「役」，是役物，而不是為物所役。「於謳」，「於」音烏，是讚歎之辭。「謳」是吟詠。這裡的「於謳」與前面的「洛誦」不

同。「洛誦」是外在的樂曲，而「於謳」卻是內心的喜悅，是一種遊心於和樂的表現。「玄冥」是指玄深幽寂，也即指心念的寂靜。「參寥」，「參」是入。「寥」是虛空，即指心入虛空，曠達無垠之境。「疑始」，「疑」是疑似未定之意，「始」是開端。即是指似有未有，似無不無的境界。這個「疑」字在心上有二種作用。一是在幽深虛無中，因「疑」而不落於虛無。冥冥中似有物，虛寥中似有存。一是對外物的無窮變化，因「疑」而不著於形相，迴光返照，實證自性之不與物遷。由這段話的層層上推來看，其間所用的都是一些象徵性的術語，並沒有一個具體的人物，也沒有一個確定的觀念，從發展軌跡來看，顯然是由外界向內心，由有形到虛曠。最後「聞之疑始」，也就是最後的答案，說明不在於外，而是內在於己。

⑰ 「子祀、子輿、子犁、子來」這都是莊子筆下虛構的修道之士，不必深究他們的真實生平。「孰能以無為首，以生為脊，以死為尻，孰知死生存亡之一體者」，就軀體來說，「首」是頭，「脊」是脊骨，「尻」是脊骨尾端，也是脊骨的一部。那麼「首」也是脊骨所承的一部份。可見這三部份都是頭尾一體的。就生命來說，我們只說生死兩義。生是我們形體的生命，死是生命的結束。可是這段話中「以無為首」卻是就生命的開端，也就是本源來說的。所謂「以無為首」，並非否定生命，而是以「無」來化解掉我們對這段形體生命的執著。我們普通人都愛戀這段形體的生命，而恐懼於生命的消失，總希望這段生命的無限延續。其實這段生命的開端處便是沒有形體的生命，如莊子在〈至樂〉中對妻子的死亡鼓盆而歌，他的理由是：「察其始而本無生，非徒無生也而本無形，非徒無形也而本無氣。雜乎芒芴之間，變而有氣，氣變而有形，形變而有生，今變而之死，是相與為春秋冬夏四時行也。」這段話正可作「以無

為首」的注腳。既然生命的開端是從「無」而來，所以有這個生命是暫現，最後仍歸於「無」，這是很自然的。所以「死生存亡」是一體，這個一體是以「無」貫串的。

⑱ 這段話是寫子輿突然有病，子祀去問病，子輿描述自己的病狀與心情。「『偉哉！夫造物者將以予為此拘拘也！』曲僂發背，上有五管，頤隱於齊，肩高於頂，句贅指天。」這幾句話是描寫他的身體上的病態。可是他一開頭便說「偉哉！夫造物者」，把這個病因推給造物者，一方面表現出他心情的曠達，一方面也呈顯出這是自然的大化。「拘拘」是指身體的拘攣，萎縮。「曲僂發背」，是描寫背部的彎曲，「僂」是傴僂之病。「上有五管」，五管指五臟血管。本來五臟正位於體內，現在身形彎曲，五臟血管都轉彎，好像向上朝天一樣。「頤隱於齊」，「齊」即「臍」字，因背彎而頭低，所以臉頰好像隱藏於肚臍下。「肩高於頂」，因頭低於臍，自然肩膀比頭頂高。「句贅指天」，這句話可與〈人間世〉「會撮指天」對照，會撮指髮會聚而成髮髻，同樣「句」即勾字，指勾髮為髻。「贅」如「撮」，指髮相聚。「陰陽之氣有沴，其心閒而無事，跰𨇤而鑑於井，曰：『嗟乎！夫造物者又將以予為此拘拘也！』」這幾句話寫子輿的曠達的心情。「陰陽之氣有沴」，「沴」，《漢書．五行志》：「氣相傷謂之沴。沴猶臨莅不和意也。」陰陽有兩方面的意義，一是指外在的陰陽，即天地間陰陽氣的變化。一是指陰陽之氣進入身體中，而有陰陽交感的作用。這裡的陰陽自是指後者，但前面指稱造物者的所為，也是兼指自然變化之所為，使身體的陰陽交感有錯亂，而產生了病變。「其心閒而無事」這句話是整段的重點，也是工夫語。因為這個「閒」字，不僅是道家的修養，也影響了禪家，儒家，及中國文學，如「絕學無為閒道人」（永嘉玄覺〈證道歌〉）、「閒來無事不從容」（程明道詩）。這

裡的「心間」，指心的逍遙自在，無牽無掛。不受物累，不為病困。「跰蹮」，陳壽昌《注》：「跰，並足貌。蹮，斜行貌」，這是因病，足不能前走，只能雙足相並，斜著身子而行。「嗟乎！夫造物者又將以予為此拘拘也！」這句話是感歎語，對於身體之有此病痛，不能不有此感歎。但感歎並非悲戚，並非怨恨，因為造物者是自然的大化，是無意而為此，是自然如此的。這句話中「又將以」三字有深意，說明了子輿在自然大化中有著不斷的、不同的變化，此刻形體的拘僂只是一段小小的變形而已。

⑲ 子祀因這句感歎，以為是子輿的怨言，因而問子輿是否厭惡，於是便引出了子輿對這種病變的看法。「亡，予何惡！浸假而化予之左臂以為雞，予因以求時夜；浸假而化予之右臂以為彈，予因以求鴞炙；浸假而化予之尻以為輪，以神為馬，予因而乘之，豈更駕哉！」這裡子輿先描述身體是自然的變化，心只有順其自然。「亡」是無的意思。「浸假」，「浸」是逐漸，「假」是假託，這兩字是指自然逐漸的變化，而使萬物的形體都有暫時的假託。譬如子輿在有此形軀之前，不知是什麼物體，自然的逐漸變化，而有此形軀。子輿死後，又不知變成什麼物體。所以此刻的軀體只是漫長變化中的一段假託而已。此處用「浸假」兩字，並非只是假設而已，而是有悠長變化中的意義。「時夜」，是指在夜中待時，即公雞的司夜而報曉。「彈」是彈弓，「鴞炙」即烤小鳥。這段話是說無論把我的左臂變作雞，或把右臂變作彈弓，把脊椎尾骨變作車輪，我就順其自然，是雞，就司夜而報曉；是彈弓，就射小鳥而享受烤鳥的滋味；是車輪，就以我的精神為馬來駕馭它。接著子輿又說：「且夫得者，時也。失者，順也。安時而處順，哀樂不能入也。此古之所謂縣解也，而不能自解者，物有結之，且夫物不勝天久

矣，吾又何惡焉！」這段話與〈養生主〉的末段相同，都是寫對於萬物變化而順其自然的心態。「得者」，是生之得，這是時間變化，使我有生。是一種假託。「失者」是生之失，這是生的歸趨，是順自然的發展。「安時而處順」，這是工夫語。「安時」即安心於時的變遷，而無揀擇。「處順」即心順物變，處其泰然。「哀樂不能入」，即指哀樂的情緒不入此心。這句話頗值得推敲。在〈德充符〉中莊子與惠子曾討論人的有情或無情的問題，莊子說無情乃是指不以情傷身。這也就是說人都有哀樂的情緒，但這情緒必須加以化解，使它們不致深入心中。譬如莊子妻死時，不能無哀，可是後來想通了，便把這種哀轉化了。然而哀固然不使它入於心，為什麼樂也不入於心呢？這裡的哀樂是相對而言，因死而哀，因生而樂，這都是有所執，而不是徹悟的心境。莊子妻死的鼓盆而歌，絕不是樂的表現，而是一種平靜心境的呈顯。「縣解」，就是生死之結解開後的徹悟。人們之所以不能解開這個結，就是由於「為物所結」，受物變的左右，為物情所困苦。「物不勝天久矣」，物之所以不勝天，原因是物乃造物者的安排，造物者即天，天即自然。而自然乃萬物變化之總稱。所以物不勝天，即物不勝自然，也即物不勝它自己的變化。明於此，又那有物結，物結也就不解而自解了。

⑳ 這段話是藉子來有病，臨死時，對生命的化解。「俄而子來有病，喘喘然將死，其妻子環而泣之。子犁往問之，曰：『叱！避！無怛化！』倚其戶與之語曰：『偉哉！造化。又將奚以汝為？將奚以汝適？以汝為鼠肝乎？以汝為蟲臂乎？』」先說子犁去探病。「叱、避」，是叫那些環而泣之的妻和子女們避開。「無怛化」，是指死本是一種生之化，所以不必哭泣，而驚動了自然的變化。鼠肝與蟲臂是指老鼠和昆蟲身上的一部份，死後，歸於萬物的變化，因此

變成鼠肝蟲臂，任何一物都不是我們能左右，也是自然而然的。子來回答說：「父母於子，東西南北，唯命之從。陰陽於人，不翅於父母。彼近吾死而我不聽，我則悍矣，彼何罪焉！」這段話先以父母與子女的關係為譬，子女遵從父母之命，不敢違背。何況陰陽之對於人，「不翅於父母」，王引之《注》：「翅與啻同」，即無異於父母。「彼近吾死」，「近」即陰陽變化迫近，使我將死。「彼何罪焉」，「彼」指陰陽。陰陽變化是我自然之死，而非陰陽有意於如此，所以不該歸咎於陰陽。「夫大塊載我以形，勞我以生，佚我以老，息我以死。故善吾生者，乃所以善吾死也。」這段話與前文重出，意思一樣，都是強調善盡吾生的自然。值得注意的是前後兩處，對於大塊的賦與都用「我」，對於善盡其生，都用「吾」，這是否正合〈齊物論〉開端之「吾喪我」之意，乃真我超脫了形軀之我。接著以大冶鑄金為例，「鏌鋣」是古代的名劍，金在鑪火中，一任大冶的鑄煉，不能要求大冶一定把它鑄成鏌鋣名劍。「以天地為大鑪，以造化為大冶」，人在天地之間，也一任造化的運作，沒有理由一直緊抓住這個人的形體不放。「成然寐，蘧然覺。」這兩句話是子來說了前面一大段話之後的動作。「成」是心有所成，內有所得，「寐」是閉眼入睡。這是寫子來講了前面一段話後，安然的閉目。「蘧」，成玄英《疏》：「驚喜之貌」，《釋文》：「有形之貌」，按〈齊物論〉末段，莊周夢醒時，有「蘧蘧然周也」一語，是指蘇醒而發覺自己的存在。所以「蘧然覺」是描寫子來又開眼對自己有所覺。這個「覺」，就形體上說雖是醒覺，但就精神上說卻是一種覺悟。陳壽昌《注》得好：「輕視死生者，必別有不生不死者在也」，子來的「成」與「覺」，即悟此不生不死者。

㉑「子桑戶、孟子反、子琴張」，這三人也是莊子筆下的人物，生平不詳，莊子只是借他們

來引出以下的一大段故事。「孰能相與於無相與，相為於無相為」，「相與」即朋友間的相互交往，「無相與」即沒有相互交往的目的。「相為」指朋友間的相互為善，「無相為」即沒有相互為善的形跡。「登天遊霧，撓挑無極」，「登天遊霧」，是寫心境的超脫世俗，而與天地精神往來。「撓挑」，「撓」是撓轉，「挑」是挑動，「撓挑無極」即轉動於無窮極的宇宙中。「相忘以生，無所終窮」，「相忘」是忘形軀，忘名相，忘彼此，甚至忘生死。「以生」是真正遊心於大化的生命中。由於這個大化的生命是萬物的相化以生，所以是「無所終窮」的。

㉒ 這一段是寫子桑戶死後，孔子遣子貢去問弔的故事。「莫然有間」，「莫然」即「漠然」，指寂漠無言。「有間」即有一段時間。「待事」，即孔子遣子貢去幫助喪葬。「編曲」，即編寫歌曲，「鼓琴」，即彈琴。「嗟來」，即嗟乎。「來」是語助詞。「而已反其真，而我猶為人猗」，指子桑戶雖死，但卻返回到自然大化的不死不生的真實生命，而孟子反，子琴張還拘束在人的軀殼中，受生死的限制。「敢問臨尸而歌，禮乎？」這是子貢就儒家的禮制來看的。「是惡知禮意」，這是孟子反、子琴張兩人就他們自己所了解的禮意來說的。儒家的禮制是承自周公的制禮。其中喪禮最為重要，因為生死是一大事，他們把生死限定在軀體的存在上，所以有三年之喪的規定，以表子女哀思之情。可是道家的思想不以世間的物事為念，不以軀體的生命為限，因此自然不受禮制的約束。那麼此處說「禮意」，是否他們也有真正禮的本意？當然有的，他們的編曲、鼓琴，就是他們表達對亡友的追思。在「而已反其真，而我猶為人猗」的歌聲中，更訴說了無盡的追慕懷念之情，這自非一般哭泣所能表達的。子貢只執著於傳統的禮制，不了解他們的真情，而批評他們「修行無有」，即沒有道德修持。「外其形骸」即不拘

形骸。「顏色不變」即表情沒有變得哀傷。

㉓ 接著孔子的回答，事實上，是莊子假託孔子，而描述道家的這種修養境界。「彼，遊方之外者也；而丘，遊方之內者也。外內不相及，而丘使女往弔之，丘則陋矣。」「方」是指四方，即世間，「遊方之外」，即遊於世間之外，以宇宙為範圍，「遊方之內」，即指遊於世間之內，以人間為對象。所謂「內外不相及」，即這兩方面互不相關。「彼方且與造物者為人，而遊乎天地之一氣」，一般來說，造物主都是指創造主，或上帝，但在莊子筆下，造物主只是天地造化，沒有神格的意義，這裡與造物主為人，就是把造物主拉下來，與人一齊看待，即前文所謂「天人不相勝」，也即〈天下〉所謂「與天地精神往來」。「天地之一氣」，指天地與萬物都是一氣的轉化。「遊乎天地之一氣」就是把自己的生命看作天地間萬物轉化的生命一樣。生生死死，也無所謂生，無所謂死。因為自己的生命在此刻的形軀上是短暫的一部份，卻也是大化運轉中的一部份，所以就大化來看，自己好像在作無限的漫遊。「彼以生為附贅縣疣，以死為決疣潰癰，夫若然者，又惡知死生先後之所在！」在這一段宇宙大化的漫長悠遊中，形軀的生命好像只是一個附生出來多餘的肉塊，或頸間懸下的一個肉瘤而已。那麼形軀的死亡，不正是像破決了這個肉瘤，潰爛了那些污積的血塊嗎？一般來說，總以為生是開端，死是結束。生是先，死是後，因此把死當作結尾。但如果我們把死看作「決疣潰癰」，豈不是「死」又變成了新生，反而成為死是先，生是後了。事實上，軀體死亡之後，就自然大化來說，又轉化成另一種生，如《易經．繫辭》所謂的「生生之謂易」。「假於異物，託於同體」，正是指在這種自然的大化中，我們與萬物同化，是假託萬物各別不同的形體，在各種物體的轉化中，

每一物體都是自己。譬如現在我們是人的形體，這是我們假託於人的形體，等到我們死了之後，變成其他物體，我們也就假託於其他的物體了。所以「託於同體」就是指萬物都是同一的體性，即〈齊物論〉「萬物與我為一」。「忘其肝膽，遺其耳目」，這時候，不執著自己為人的形體，當然能忘掉自己的肝膽，捨棄自己的耳目。肝膽是自己形軀的存在，耳目是自己對外的感覺。「反覆終始，不知端倪」，始終是指生死，因為一般都指生是始，死是終，但在自然的大化中，生死、死生本是相循環的，所以說「反覆終始」，即反過來說，也是終始死生。「端倪」即開端和邊際。也就是不知什麼是始，什麼是終。從那裡發端是生，到何處為止是死。「芒然彷徨乎塵垢之外，逍遙乎無為之業」，「芒然」是一望無際，「彷徨」，《釋文》「猶翱翔也」，「塵垢」即俗世。「逍遙」，指適性而遊。「無為之業」，「業」即事業之業，指無為之事。這兩句話，前一句是超拔到形而上的境界，後一句則是回到現象界，與世俗相處，但與俗人不同的，是他能處無為之事，所以才能逍遙而遊。「彼又惡能憒憒然為世俗之禮，以觀眾人之耳目哉？」「憒憒然」，指心亂，也即心受拘束的樣子。「觀眾人之耳目」，即做給別人觀看。因以莊子的思想來說，世俗的禮法，都是對性情的一種約束，都是把自己寄託於別人的評論。

㉔ 接著子貢再問孔子說：「然則夫子何方之依？」「依」即歸向的意思。因為子貢明知孔子是方內的，所以問孔子究竟以何方為最後歸向。孔子回答：「丘，天之戮民也。雖然，吾與汝共之。」「天之戮民」是對照〈德充符〉「天刑之，安可解」來說的。這也是孔子的自謙，認為自己心結太深，就同天的刑罰，無法縣解，所以只知遊方之內。但也深知人的終極，必須遊方之外，因此願和子貢一起以遊方之外為歸向，希望由遊方之內而走向遊方之外。子貢

又問：「敢問其方」，這裡的「方」，是由方內通向方外之路。事實上，是身在方內，而仍能有方外之遊。孔子回答：「魚相造乎水，人相造乎道。相造乎水者，穿池而養給；相造乎道者，無事而生定。故曰：魚相忘乎江湖，人相忘乎道術。」「造」，成玄英《疏》：「造，詣也。」陳壽昌《注》：「造，生也。」把兩解合起來，這個「造」字似可解為「成」，因為「詣」是達成，「生」也是生成。「魚相造乎水」，即指魚在水中，成就其為魚，「人相造乎道」也指人在道中，成就其為人。「穿池而養給」，「穿」是挖掘，即挖成池水，足以養活魚兒。就這句話來看，「穿池」也離不了人工，只是魚兒有水則活，不作他求。「無事而生定」，就這句話來看，也不一定作方外之遊，因為「無事」即「無為之事」，「生定」即內心不亂。所以雖處方內，仍然可藉「無為」、「生定」，使心不亂，而有方外之遊。「道術」有二解，一即是指的大道，一是指的道和術，也就是成道之術。後者正可以看作雖身處方內，仍然可以有道術使我們能作逍遙之遊。子貢仍然不解而追問：「敢問畸人。」「畸」即奇異。指不合禮法的奇異獨特之人。子貢這一問是回到前面指那兩位他所謂「修行無有之人」，前面子貢曾問孔子，他們是什麼樣的人，孔子回答是遊於方外之人。而此處子貢的問話，乃是既然人「相忘乎道術」，仍然可以遊方之內，無所而不自在，為什麼他們表現得那麼奇異獨特呢？於是孔子回答：「畸人者，畸於人而侔於天。」侔是比，或合的意思，即是說畸人是異於世俗的禮法，而合於天道的自然。接著孔子又說：「故曰：天之小人，人之君子；人之君子，天之小人也。」王先謙《注》說：「疑複語無義，當作『天之君子，人之小人』。」錢穆也贊成此說，而引成玄英《疏》：「子反、琴張不偶於俗，乃曰畸人，實天之君子也。」當然把前兩句改作「天之君子，人之小人」，表面上好像避免了重複，文意似乎較通。其實不然，因為「君子」兩字本為世俗的稱呼，指「天之君子」，實不合乎「天」道之自然。就天道來說，根本無「君子」的稱呼，所以莊子不用「天之君子」一語。那麼如果不改，莊子這幾句話，是否重複而無義，我們如果細體行文的用意，仍然有境界的不同。先說：「天之小人，人之君子」，這兩句話是就「天」來說的，這裡的小人並沒有道德價值的判斷，而是指人在天道大化中只是一個變化的角色而已，人的生死也只是大化的一小段，那麼人生活在其中的人間世，也只是一個小範圍而已。所以就天來說，人本來就是小，而說「天之小人」。至於「人之君子」，乃是指在這局部的人，或人間世中，卻有君子的稱呼，所以君子乃是「天之小人」中做得較好的人而已。可見前面這兩句話乃是就天來看人。接著「人之君子，天之小人」，乃是就人來推論，即使我們在人間世做到了君子，但仍然是天道自然中的「小人」一部份而已。不值得我們沾沾自喜，而自以為美。最後就這幾句話來看，孔子也並沒有直接對畸人加以評論，只是要子貢打破世俗的樊籬，把眼光放大一點，把心量放寬一點而已。

㉕ 接著莊子又假託顏回與孔子的對話，借喪禮來談生死與大化的關係。「孟孫才」，據《釋文》：「李云：三桓後，才其名也。」雖然真有其人，但「哭泣無涕，中心不慼，居喪不哀。無是三者，以善喪蓋魯國」，在喪禮特別重視的當時，孟孫才以這三點脫離喪禮的規範，而能在魯國以善喪為名，恐怕只是莊子的文學手法，所以顏回懷疑說：「固有無其實而得其名者乎？回一怪之。」「一」，陳壽昌解作「常」，即今所謂「一直」的意思。孔子回答：「夫孟孫氏盡之矣，進於知矣，唯簡之而不得，夫已有所簡矣。」「盡之」，是指盡喪禮之實，並非

顏回所指「無其實」。「進於知」，是指超過喪禮之知。因為一般對喪禮之知，都是從制度上認知，如三年之喪，都是從表面上判斷，如哭泣不已，心中悲慼，居喪盡哀等。超乎知，就是超乎一般喪禮的規範。「簡之而不得」，這是就一般喪禮之知來說，不能有所省略，據陳壽昌《注》：「簡者，略於事也」，即對於喪禮的制度有所省略，這在古代的社會中，是要遭受輿論的批評，甚至背上不孝的罪名。可是孔子卻說孟孫才「已有所簡矣」。這是指他在一般喪禮的儀式上雖然仍然依照禮制，但前面三點「無涕」、「不慼」和「不哀」，卻已是「有所簡」了。但這個所簡不是表面的忽略，不是有意的破壞，而是有更深一層的了解，所以「進於知」，也是在「知」的層次上，有更高層次的提昇。

㉖ 接著，孔子借題發揮，從孟孫才的「有所簡」，而談到生死的大化。「孟孫氏不知所以生，不知所以死；不知就先，不知就後；若化為物，以待其所不知之化已乎！」這裡指孟孫氏，不一定是孟孫才的境界，這裡借孔子的話，其實是莊子的思想。「不知所以生，不知所以死」，所以生，所以死，乃指為什麼生，為什麼死，也即不知天何以安排我生，何以安排我死。既然不知「所以」，因此也就不知生與死，孰重孰輕、孰先孰後，所以「不知就先，不知就後」，「就先」即是以為好，而先趨之，「就後」即是以為不好，而遲遲的不想走。「若化為物」，即把自己化為萬物中的一物。「以待其所不知之化已乎」，即萬物遷流變化，自己也在變化之中。現在雖然有此身的存在，卻遲早會化為他物，可是又不知他化為何物，所以好像在等待著變化成不知之物。不僅對未來自己變成何物而不知，就是對目前的變化也有所不知。因此接著說：「且方將化，惡知不化哉？方將不化，惡知已化哉？」「方將化」，指我們面臨形化，也

即老死的變，可是又那裡知道真心不與形體同化。「方將不化」，指此身仍在，似乎沒有變化，可是又那裡知道我們的形體已在大化中逐漸的變化了。「吾特與汝，其夢未始覺者邪！」「汝」，指顏回。由於前面所謂的「不知」，所以我們在變化中，就像在夢中，而不知自己在做夢，也就是不知自己在變化中。等我們覺醒之後，才發現我們正在變化中。可是我們畢竟尚在夢中，所以未能認清變化的真實。「且彼有駭形而無損心，有旦宅而無情死。」「彼」是指孟孫才。「駭形」，「駭」，有驚和動的意思，是指形體的變化，也許使人驚懼。但「無損心」，指心不與形化，也即形體的變動，不能使心有所虧損。「旦宅」，前人有種種不同的注解，把「旦」變作「怛」，把「宅」變作「侘」等等，其實「旦」，指「平旦」，即一朝一旦之意，「旦宅」，指形體如我們的住宅，只有一朝一旦之用，而不是永恆的歸宿。「無情死」，「情」字作實解，指身體雖是旦宅，有死亡之日，但在大化之中，卻沒有真實的死亡，都是生生不已的變化。又「情」字，也指孟孫才之情，即真情，真心，也即指真心不死。

㉗ 最後，藉孟孫才的另一面順乎世俗的情理，寫如何在不知大化的變動中，以自處。「孟孫氏特覺，人哭亦哭，是自其所以乃。且也相與吾之耳矣」，前面寫孟孫才的哭泣無涕，並不是說他沒有哭泣，而是指他沒有流涕。哭泣是指對逝者的哀思，而流涕卻是傷情的表現。這也是指孟孫才雖然對逝者表示難過，但他了解生死不能以軀體的存亡來論，因此不以為逝者就是永遠的斷滅、腐朽，所以他不至於傷情的涕流滿面。他了解「人哭亦哭」，這雖是世俗的，但也是自然的。「是自其所以乃」，「自」是自然，「乃」是如此，即是指自然地會如此的人哭也哭。「且也相與吾之耳矣」，「且也」是指既然如此的意思，「相與」是指「人

哭亦哭」的人相同，「吾之」的吾是指主體的我，「之」指「所以如此」，這是指「人哭亦哭」，乃是由於共同的這個「吾」使之如此。由於「吾」的執著，以逝者為「吾」的親友，逝者離「吾」而去，所以「吾」為之而哭，「吾」不得不哭，這都是一個「吾」的作祟。「庸詎知吾所謂吾之乎？」接著，深一層的探索，究竟這個所謂「吾之」的「吾」又是什麼東西呢？那個「人哭亦哭」的究竟是什麼樣的「吾」？「且汝夢為鳥而厲乎天，夢為魚而沒於淵。不識今之言者，其覺者乎，其夢者乎？」「厲」，王先謙《注》：「厲，戾同聲通用，至也。」在我們做夢的時候，夢中為鳥，便在空中高飛；夢中為魚，便潛游深淵。可是覺醒之後，卻以為是「吾」，現在講話的這個「吾」，究竟是從鳥夢、魚夢中覺醒的呢？還是在夢中，變鳥，變魚，又變為這個「人」呢！由這個夢，使我們想到在大化中，萬物遞相變化，在他們變鳥時，自以為鳥，而以「鳥」為「吾」，變魚時，以前面的鳥為夢，而以魚為覺，為「吾」，及至變到人時，又以魚為夢，以人為覺，為「吾」。這一連串的鳥、魚、人都相與為「吾」，而誰又是真正的「吾」呢？在這樣一個到處有「吾」，卻又不知「真吾」的情境中，我們又何以自處呢？接著，便是本段的結語。「造適不及笑，獻笑不及排」，「造」是有意去營造，「適」是適意。「造適」，即有心去求適意。「笑」，即行為上的開懷而笑。這句話是指有心求適，即還在意念上求，不如自然的笑。「獻笑」與上面笑不同，「獻」如獻策而求，也是有意去求笑，「安排」的排是大化的安排，這就是說有意求笑，還不如大化的安排。「安排而去化，乃入於寥天一」，「去」，就是入，和順的意思，就是安於大自然的排定，順著大化的變動。「寥」是虛曠無邊之意，「寥天」是指無邊無窮的大自然，同時，這個「寥」字也點出了這個「天」不是有意的，不作萬物的主宰，高高在上，操縱萬物的變化。「一」即萬物與我為一的「一」。當我們「安排去化」時，我們便不執著於現在的此身，更無所希求將來變成何物，這樣便能以萬物為「吾」，與大化為「吾」，也就與萬物為「一」、大化為「一」了。

㉘ 這段藉意而子與許由的對話，來表達如何超脫仁義是非的樊籬，以參天地之大化。意而子不知何許人，但許由問他：「堯何以資汝？」「資」即助益的意思，可見意而子是躬服堯舜之道的賢士之流。意而子回答：「堯謂我：『汝必躬服仁義而明言是非。』」「躬服仁義」即修身以仁義，「明言是非」，即明辨是非。許由回答：「而奚來為軹？夫堯既已黥汝以仁義，而劓汝以是非矣，汝將何以遊夫遙蕩恣睢轉徙之塗乎？」「奚來為」即為何來，「軹」，為語助詞。「黥」與「劓」，為古代刺額及削鼻的刑罰。這是指堯用仁義是非等世俗的道德觀念來束縛你，就像這種刺額削鼻的刑罰，使人受制，而無法逍遙。「遙蕩」，「遙」是遠遊，「蕩」是無羈，「遙蕩」即逍遙無羈。「恣睢」，「恣」是放恣，「睢」是怒目而視，「恣睢」本為負面意思，指縱目而視，旁若無人。此處解作縱任無拘。「轉」是運轉，「徙」是變遷，「轉徙」即指與物宛轉變化。「塗」即途字。整句就是指如何能在無羈無絆、任情任意的大化中逍遙而遊。意而子回答：「雖然，吾願遊於其藩。」「藩」即藩籬。意思是雖不能暢遊其中，但也希望能在籬邊徘徊。許由卻回答：「不然，夫盲者無以與乎眉目顏色之好，瞽者無以與乎青黃黼黻之觀。」「無以與」即不能有的意思，「黼黻」，按《周禮．冬官考工記》：「白與黑謂之黼，黑與青謂之黻。」即白、黑、青相雜的顏色，又黼黻也為祭祀之衣服。這幾句話說得很重，認為被仁義是非蒙住了眼耳，便不能欣賞萬化的真相。

㉙ 接著，意而子反駁的追問：「夫無莊之失其美，據梁之失其力，黃帝之亡其知，皆在鑪捶之間耳。庸詎知夫造物者之不息我黥而補我劓，使我乘成以隨先生邪？」無莊、據梁兩人前無所考，可能為莊子的寓託。無莊是美人，據梁有勇力，黃帝有睿知，可是他們聞道時，都自覺渺小，而不以為自己美，自己有力，自己有知。「鑪捶」指鍛鍊的爐鼎，這裡指大道或宇宙是我們的「鑪捶」。所以能把被仁義是非所黥劓的地方修補過來。「使我乘成以隨先生邪？」「乘成」的「成」有兩義，一是指前面被刺被削的地方修補完成，還我以原來的面目，一是指「成心」即現成的真心。「隨先生邪」，在這段對話中，先生指的是許由，然而許由在《莊子》書中卻並非至高境界的人物，如至人真人。所以這裡只是意而子謙稱跟隨許由一起去求道。許由回答：「噫！未可知也。我為汝言其大略。吾師乎！吾師乎！韲萬物而不為義，澤及萬世而不為仁，長於上古而不為老，覆載天地刻雕眾形而不為巧。此所遊已。」許由也自知他的無知，所以說未可知也，只能言其大略。這「未可知也」一句有兩種意思：一是指意而子是否能修補完整，乘成以遊，實不可知。一是指道的不可知，所以許由也不敢說知道。同時這句話，也為下面所謂「言其大略」作了聲明，以免誤執以為道。「吾師乎」，這裡點出了本篇題名「大宗師」的師。即是指的「道」。「韲萬物而不為義」，這句話在〈天運〉中有「韲萬物而不為戾」，許多注都因容易解通，而把此處之義改作「戾」。其實本段前文已提到仁義，此處還是就原文為佳。「韲」字有多義：一為細切，如《楚辭・九章》：「懲於羹者而吹韲兮」，洪注「凡醯醬所和，細切為韲」。一為和，如《莊子・知北遊》：「故以是非相韲也」，郭象《注》「和也」。三為亂，《莊子・列禦寇》：「而韲其所患」，《釋文》「亂也」。四為碎，〈大

宗師〉：「整萬物而不為義」，《釋文》作「碎也」。綜合以上各義，陳壽昌《注》：「整，碎而調和之意。」按以上四義，三處見於《莊子》，而是就《莊子》原文作不同的解釋，只有第一義出自《楚辭》，似乎就「整」的原義為解。現在我們就以原義「細切」來分析，本來道通萬物而為一，所以就道的本體來說，萬物是一體不可分的。可是就現象來說，萬物又是千差萬別，各各不同。然而這各各不同，仍然在道之中。就像大化雖然是一化，可是各別的物體仍然是有它們自己差別的變化。所以道在現象界仍然有萬物差別的殊相，這就像道把萬物切成細細的各片。但這細細的各片物體不是真正的碎，不是亂，也不是和，而是各物本身都有其殊才，都發展了它們自己的殊能，所謂山高水低，各有其宜。而「義」者宜也。這各有其宜，就是一般所謂的義。但道使各物皆有所宜，並非止於各物的本身，而是這各有所宜，共同的又體現了道通為一的大化，所以道雖然細分萬物使各有所宜，也不是一般的「義」可比。「澤及萬世而不為仁」，這裡的「仁」，當然是指儒家，或一般人所謂的「仁」，是仁愛、仁恩、仁德之意。道的大化是使萬物生生不已，而且對萬物一視同仁，並沒有偏愛，也沒有私心，正是《老子》所謂「天地不仁，以萬物為芻狗」（第五章），所以道超越了一般所謂的「仁」德。「長於上古而不為老」，一般指「老」，最多百年，所謂百年壽之大齊。道先天地，自古以固存，當然不以一般人所謂的「老」為老，其實道是無始無終，不能以時間的長短來衡量，我們以上古為古老，在道來說，那只是一瞬而已。「覆載天地刻雕眾形而不為巧」，「道先天地」，而又是天地形成及作用的原則，所以能覆載天地。道「整萬物」即「刻雕眾形」，賦於萬物以各種不同的形相，使每一片樹葉都是不相同的。這種「巧妙」，卻不是用人間的技巧所可以稱讚的。相反的《老子》說：「大成若缺」、「大巧若拙」（第四十五章），道成就萬物，卻似乎美中不足，這是因為道並沒有把萬物製造得十全十美，這樣萬物就定了形，反而不能變，所以道是給予萬物以生生之理，及顯現自體的潛能，這樣萬物才能蓬勃的發展，各呈其趣。所以道之「缺」，是在為萬物預留發展的空間。在人間的技巧看起來，還以為是「拙」呢？其實道之大巧，在於它無巧，一任自然，所以說「不為巧」。「此所遊」，這是說遊於大道，就要學道一樣，「不為義」、「不為仁」、「不為老」、「不為巧」。雖然許由說意而子是否能遊於樊籬，實不可知，但許由自己是否能有這樣境界的遊，甚至也在樊籬之外，套句他的話，也是「未可知也」。事實上，在這裡千萬小心，所謂「不為義」、「不為仁」、「不為老」、「不為巧」只是一種表現，而且是反面來說的，道的真工夫乃在「整萬物」、「澤及萬世」、「長於上古」、「覆載天地刻雕眾形」，沒有這種真功德，又如何能真正做到「不為義」、「不為仁」、「不為老」、「不為巧」。可見能真正作此大道之遊，還須有大鵬的真積力的工夫不可呢！

30 這段是託顏回與孔子討論坐忘的工夫。首先寫顏回的先忘仁義，接著過了一段時日，又忘禮樂。最後又過了一段時日，才達到坐忘的境界。前人對於顏回先忘仁義，再忘禮樂，頗有懷疑，如劉文典、王叔岷都根據《老子》：「失仁而後義，失義而後禮」（第三十八章）及《淮南子・本經》：「知仁義，然後知禮樂之不足修也」，而把此處仁義，和禮樂的先後倒過來，先忘禮樂，再忘仁義。其實《老子》和《淮南子》的話有它們推論的層次和議論的對象，《莊子》這裡的故事，並不一定需要和《老子》、《淮南子》的說法相同，更何況莊子又不是考據家，要看看前人的《老子》說什麼，後代的《淮南子》怎麼說。如果劉王二氏都以為把仁義放在禮樂之前，是「非道家之旨」，那麼此處是顏回的工夫，本非道家之旨。其實就這段話來說，仁義是道德觀念，比較抽象，所以容易去忘，而禮樂卻是具體生活上的實行，所以比較切近，而須多做工夫去忘。至於坐忘是忘掉自我，更為切身，所以放在最後，才能忘得掉。這也是很淺近的推論，那會有失道家之旨那麼的嚴重。本段真正的重點在坐忘。連孔子都有所不知，試看顏回如何說：「墮枝體，黜聰明，離形去知，同於大通，此謂坐忘。」成玄英《疏》：「墮，毀廢也。黜，退除也。」「墮枝體」是忘掉形體的我，是離形。「黜聰明」是忘掉意識的我，是去知。最後「同於大通」，是坐忘的最緊要處，因為坐忘只是忘了形和知的我，便易流於頑空死寂。「大通」指的是大道，但不言大道而言大通者，是因為此處特別工夫在一個「通」字，因為離形去知之後，我們的心才不受形累，不為知困，而能由內向外，通暢無阻。就大化來說，道通為一，萬物本是相通的。而「坐忘」之後，擺脫了形知，這個我，才能與萬物為一，所以這種境界就是大通。孔子接著說：「同則無好也，化則無常也。」「同」就是因為能「通」，才能與萬物相同，而無個人執著的私好私心。能與萬物相通，則能與萬物同化，而無個人不變的常軀。在這句「化則無常」中，化與常相對，這兩個字都是莊子思想的重要術語，前面，我們曾一再提及這兩個字，但都是就工夫和本體來說的，如化是化於道，常是常心。可是這裡說「無常」，卻把「常」當作負面的意思，如固定，執著，不化等。莊子的用語，這也是中國文字的特色，就是在運用上，都可以有正面和負面的意思。譬如「化」字，形化指形體的變化，也就是形體的消損以至於死亡，當然是負面的意思。而大化卻是指大自然的變化，無所謂生死，顯然是莊子歌頌的境界。但「形化」雖然是負面的，如果我們的心不隨形化而亡，相反的能「心化」，去化解形化，使形化又成為大化的一體，不以形化為不好，這便是化的工夫。再就「常」來說，這裡「無常」的常，是指固定，不變，也指前文執肢體，聰明而以為我的常。當然這是負面意義的常。在〈德充符〉中有「以其心得其常心」的常，我們在該注中，曾就《莊子》書中許多「常」字，都作真常解，所以常心即真心、真性，顯然是莊子追求的最高境界。再進一步來看，〈德充符〉解「常心」的作用是「不與物遷」，就「不與物遷」來說，也會有正負的兩面意義，全看我們如何運用，〈德充符〉的意思是我們把握常心，使心超脫形軀，使心不與物遷，這當然是正面的意思。相反的，如果我們的心執著於形軀，而念念以自己的形軀為常，以致不肯與萬物同遷，這便是執著形軀之常，而不能心化，也就不能進入大化。莊子的思想，就是要如何轉負面為正面。而化的工夫，就是在化與不化，常與無常之間使精神生命向上提昇。

㉛ 在本文的結尾，以子輿和子桑的故事，藉這個「命」字來表達〈大宗師〉的主旨，子輿和子桑都是假託的人物。「霖雨」，《釋文》：「霖，本作淋。」《左傳》云：「兩三日以往為霖」，即淫雨綿綿。子輿恐怕子桑因雨不能工作而臥病，便帶了飯團去見他，在門口聽到子桑的歌聲似哭的唱著：「父邪！母邪！天乎！人乎！」好像在哀怨的呼喊父母，天人。「有不任其聲而趨舉其詩焉」，「任」是勝任。指他因飢餓氣衰，聲音無力。「趨」，《說文》「疾也」，即急促，指歌聲急促如聲嘶力竭。子輿問他為什麼歌唱如此？他回答說：「吾思夫使我至此極者而弗得也。父母豈欲吾貧哉？天無私覆，地無私載，天地豈私貧我哉？求其為之者而不得也。然而至此極者，命也夫！」這段話常被後人看作莊子的宿命思想，就是子桑把他的貧窮

推給一個命字。就這段話來看，他先追究貧窮的原因，人是父母生的，可是父母私愛子女，當然不會讓子女貧窮。再說人是天地中的一物，也是天地所孕育的，可是「天無私覆，地無私載」，也就是說天地沒有自己的存在，以萬物的存在為存在，所以任何一物都是天地之一體，天地那裡還有私心去私覆私載。當然子桑的貧窮與天地無關。「求其為之者而不得也。然而至此極者，命也夫！」「極」即指如此貧窮之極。子桑從「父邪！母邪！天乎！人乎！」去推論，父母和天都得不到使他貧窮的原因，於是最後只有「人」了，這個「人」就是子桑自己，但子桑也不會要自己貧窮，於是只能說是人的命了。提出這個「命」字，好像是宿命。但莊子用這個「命」，和前面我們討論到的「化」和「常」都是一樣的，有正負的兩面意思，全看我們如何去運用。在中國文字裡，這個「命」字，有三層意義，一是「生命」，本無好壞，但執著，便有生命的長短，圍繞著生命，而產生很多執著，如貴賤，禍福等，如〈德充符〉上所說：「死生存亡，窮達貧富，賢與不肖毀譽，飢渴寒暑，是事之變，命之行也」，由於我們的知不能了解何以如此的原因，因此只有「安之若命」，把它們當作命運，這是命的第二層意思。然而莊子的「安之若命」，和一般人的安於命運有所不同，後者把一切都推給命運，而心也隨命運擺佈，向下墜落，而不能向上提昇。相反的，莊子的要旨是把無可奈何之事，安之於命運，而心卻超脫這些物累，與大化合命。也是所謂天命，這是命的第三層意義。本段的故事只是藉子桑的故事來安命，而本篇的大宗師之道，還在於我們安命之後的向上提昇。陳壽昌在此處注得好：「道所謂境殺心則凡，心殺境則仙也。水窮山盡，彼岸斯通。漆園述子桑傷貧之語以警世，此中微旨，固當於言外求之。」此所謂言外者，也就是生命的向上一路。

應帝王❶第七

齧缺問於王倪，四問而四不知。齧缺因躍而大喜，行以告蒲衣子。蒲衣子曰：「而乃今知之乎？有虞氏不及泰氏。有虞氏其猶藏仁以要人，亦得人矣，而未始出於非人。泰氏其臥徐徐，其覺于于。一以己為馬，一以己為牛。其知情信，其德甚真。而未始入於非人。」❷

肩吾見狂接輿。狂接輿曰：「日中始何以語女？」肩吾曰：「告我：君人者，以己出經式義度，人孰敢不聽而化諸？」接輿曰：「是欺德也，其於治天下也，猶涉海鑿河，而使蚉負山也。夫聖人之治也，治外乎？正而後行，確乎能其事者而已矣！且鳥高飛以避矰弋之害，鼷鼠深穴乎神丘之下以避熏鑿之患，而曾二蟲之無知！」❸

天根遊於殷陽，至蓼水之上，適遭無名人而問焉，曰：「請問為天下？」無名人曰：「去，汝鄙人也，何問之不豫也？予方將與造物者為人，厭，則又乘夫莽眇之鳥，以出六極之外，而遊無何有之鄉，以處壙埌之野。汝又何帠以治天下感予之心為？」又復問。無名人曰：「汝遊心於淡，合氣於漠，順物自然而無容私焉，而天下治矣。」❹

陽子居見老聃，曰：「有人於此，嚮疾強梁，物徹疏明，學道不勸。如是者，可比明王乎？」老聃曰：「是於聖人也，胥易技係，勞形怵心者也。且也虎豹之文來田，猨狙之便執斄之狗來藉。如是者，可比明王乎？」陽子居蹴然曰：「敢問明王之治？」老聃曰：「明王之治，功蓋天下而似不自己，化貸萬物而民弗恃。有莫舉名，使物自喜。立乎不測，而遊於無有者也。」❺

鄭有神巫曰季咸，知人之死生存亡，禍福壽夭，期以歲月旬日，若神。鄭人見之，皆棄而走。列子見之而心醉，歸，以告壺子，曰：「始吾以夫子之道為至矣，則又有至焉者矣。」壺子曰：「吾與汝既其文，未既其實，而固得道與？眾雌而無雄，而又奚卵焉？而以道與世亢，必信，夫故使人得而相汝。嘗試與來，以予示之。」❻明日，列子與之見壺子。出而謂列子曰：「嘻！子之先生死矣！弗活矣！不以旬數矣！吾見怪焉，見溼灰焉。」列子入，泣涕沾襟以告壺子。壺子曰：「鄉吾示之以地文，萌乎不震不正。是殆見吾杜德機也。嘗又與來。」❼明日，又與之見壺子。出而謂列子曰：「幸矣！子之先生遇我也！有瘳矣，全然有生矣！吾見其杜權矣。」列子入，以告壺子。壺子曰：「鄉吾示之以天壤，名實不入，而機發於踵。是殆見吾善者機也。嘗又與來。」❽明日，又與之見壺子。出而謂列子曰：「子之先生不齊，吾無得而相焉。試齊，且復相之。」列子入，以告壺子。壺子曰：「吾鄉示之以太沖莫勝。是殆見吾衡氣機也。鯢桓之審為淵，止水之審為淵，流水之審為淵。淵有九名，此處三焉。嘗又與來。」❾明日，又與之見壺子。立未定，自失而走。壺子曰：「追之！」列子追之不及。反，以報壺子曰：「已滅矣，已失矣，吾弗及已。」壺子曰：「鄉吾示之以未始出吾宗。吾與之虛而委蛇，不知其誰何，因以為弟靡，因以為波隨，故逃也。」⑩然後列子自以為未始學而歸，三年不出。為其妻爨，食豕如食人，於事無與親，雕琢復朴，塊然獨以其形立。紛而封戎，一以是終。⑪

無為名尸，無為謀府；無為事任，無為知主。體盡無窮，而遊無朕；盡其所受乎天，而無見得，亦虛而已。至人之用心若鏡，不將不迎，應而不藏，故能勝物而不傷。⑫

南海之帝為儵，北海之帝為忽，中央之帝為渾沌。儵與忽時相與遇於渾沌之地，渾沌待之甚善，儵與忽謀報渾沌之德，曰：「人皆有七竅以視聽食息，此獨無有，嘗試鑿之。」日鑿一竅，七日而渾沌死。⑬

語譯

有一次，齧缺向王倪請教，問了四個問題，王倪都回答說「不知」。齧缺高興得跳躍，跑去告訴蒲衣子。蒲衣子卻說：「現在你應該知道了，有虞氏比不上泰氏。有虞氏仍然是懷抱著仁的道德去要求別人行仁，雖然他的懷仁也能得到人心，但他的作法依然超脫不了是己非人的境域。至於泰氏，他睡的時候氣息安泰，他醒的時候無拘無束。有時他把自己當作馬，有時他把自己當作牛。他的智慧信而有實。他的德行真而無偽。他從來也不會進入是己非人的境域。」

肩吾遇見狂接輿。狂接輿問：「日中始教你些什麼？」肩吾回答：「他告訴我做君主的人，如能從自己去建立規矩義法，一般人那有不聽信你的話，而受你感化的？」狂接輿說：「這是一種騙人的道德啊。對於治天下，這種方法就像徒步過海，徒手開河，就像蚊子要扛山一樣的不可能啊！試問，聖人的治道，是著重在外表的嗎？聖人之治是要先端正自己才去實行，是能真真實實的順著事物的自然去行的。至於鳥兒也知道高飛以避弓箭的禍害，鼷鼠也知道藏身於神社的地下以躲避獵人們的薰香和鑿洞來逼牠出穴的大患。你連這兩個無知的小蟲都不如啊！」

天根漫遊於殷山之北，直到蓼水的上游，正好遇到無名人，便問說：「請問如何治天下？」無名人回答：「走開吧！你這個俗人，為什麼問得這麼不合時宜？我正要去和造物主相遊，當我倦累時，又將乘無限輕盈的飛鳥，超拔於六極之外，暢遊於沒有任何物障的鄉村，而處身於廣漠無垠的原野。你為什麼拿治天下的俗事而擾我清淨之心呢？」天根再問，無名人又回答：「你的心如能遊於淡泊，你的氣息如能入於虛漠。一切順物自然，而無一毫私心，這樣天下就自然而治了。」

陽子居拜見老聃而問：「這裡有個人，敏捷剛強，見事透徹，學道不倦。他是否可稱為一位明王？」老聃回答說：「就聖人來說吧！像他那樣為勞役的事務所牽絆，為技能所拖累，使他的形體勞苦，心神憂慮。這就同虎豹身上的文彩反而招致人們的田獵，猿猴的身手敏捷，以及會抓狸的狗兒，也因牠們的技巧反而被人們所拴住。所以像他這樣的人能比之於明王嗎？」陽子居慚愧的說：「那麼，請問什麼是明王之治呢？」老聃回答：「明王之治，他的功勞滿天下，卻好像不是他做的。他化育萬物，而人民都感覺是出於自然而不是依靠他。他做任何事都不提他的名義，使萬物自由自在各得其樂。他超然獨立於神化不測的境地，而遊心於虛無玄妙的境界。」

鄭國有一位神通的巫士名叫季咸。據說他能算出別人的死生存亡之期，禍福壽夭之事，而且能夠指出那年那月那天，好像神一樣的靈驗。使得鄭國的人們，深怕被他說中，看到他就逃跑了。列子遇到他，醉心於他的神通，便回去告訴他的老師壺子，而說：「開始的時候，我以為老師教我的道是最高的，可是現在我卻發現還有更高明的。」壺子回答說：「我和你所求的道，還只是表相，尚未觸及實質，而你卻以為自己得道了。就像都是雌的，沒有雄的，又怎能生卵？現在你自以為有道，和別人相較，而要別人相信你，這樣別人便會抓住這一點，而能看你的相，知道你的心念了。這樣吧，不妨請他來，讓我給他看看。」次日，列子帶季咸來見壺子。季咸出來後告訴列子：「啊！你的老師將死，沒有活的可能了。大約只能活十幾天吧！我看到的是很怪異的相，只見到一團溼透的死灰，一點生氣都沒有。」列子入內見壺子，哭得溼透了衣襟，把季咸的話告訴了壺子，壺子說：「剛才我給他看的是地的表象，萌生於一種毫無動態，也毫無有意端正的現象。恐怕他所看到的就是我封閉了一切生機之德的境界。你不妨再請他來吧！」次日，列子又帶季咸去見壺子。季咸出來後告訴列子說：「運氣好啊！你的老師遇到了我，他有救了。絕對地有生機了。我看出他在封閉中有變化產生了。」列子入內，把這話告訴了壺子。壺子說：「剛才我給他看的是一種有天機的土壤。這時外在的名相物體不能進入我心中，有一股生生的氣息從我的腳跟發動。恐怕他看到我的乃是純然至善的生機。你不妨再請他來吧！」次日，列子又帶季咸來見壺子，季咸出來後告訴列子說：「你的老師心念動靜不定，我無法看他的相。等他心念定了後，我再來看他。」列子入內告訴壺子，壺子說：「剛才我顯示給他看的是一種沒有一點優劣分別的太虛沖和之氣，恐怕他見到我的就是這種絕對平衡的氣機。鯨魚盤旋的水深處叫做淵，靜水積聚的水深處，也叫淵。流水相聚的水深處，也叫淵。淵有九種不同的名稱。我顯示給他看到的就是這三種淵。你不妨再帶他來吧！」次日，列子又帶季咸來見壺子。季咸還沒有站定，就如有所失的跑走了。壺子說：「去追他回來。」列子去追卻追不到，回來後，告訴壺子說：「已看不到他了，他已不知去向了，我再趕也追不及他。」壺子說：「剛才我給他看的是我始終未曾離開我的本真。我以本真的自虛與他周旋，使他不知道我們誰是誰。他的心念變化，我跟著他一齊變化；他的心念波動，我也跟著他一起波動。所以他嚇得逃走了。」聽了這話之後，列子自知以前未曾學到真的道，便回家去，三年都不出門。他替妻子掌廚燒飯也不在乎，他飼養豬像侍奉人一樣地沒有分別心。對於任何事情都沒有偏愛的感覺，修養自己歸於純真素樸。像自然大塊一樣沒有意識，只有形體。在紛紜的事物中，禁閉一切心念的蠢動。此後一直以這樣的方法終其天年。

不要做虛名的傀儡，不要做謀略的大本營，不要被俗事加重自己的負擔，不要被聰明才智所主使。自己的形體能化入於無窮，而心念暢遊於無物拘束的世界。完全接受天之所稟所賦，而沒有一點得失之心，這就是一個虛字。至人運用他的心就像一面鏡子一樣，對萬物既不有意去送去迎，因應萬物的變化，而心中毫無私心私意。這樣才能超越萬物，而與萬物兩不相傷。

南海的帝王名叫儵，北海的帝王名叫忽，中央大地的帝王名叫渾沌。儵與忽經常在渾沌的土地上碰面，渾沌待他們很好。儵與忽為了報答渾沌的相待的恩德，便說：「人都有七竅可以看、聽、吃、和呼息，可是渾沌卻沒有。我們不妨替他開鑿七竅。」每天他們替渾沌開一鑿，等到七日後，七竅開而渾沌卻死了。

解義

❶ 本篇題名應帝王。從題目上看，本篇好像是談政治之道的，可是就全文的內容來看，卻是重在修心。

應帝王的應可以有三種解釋：一是應該的應，如郭象《注》：「夫無心而任乎自化者，應為帝王也。」二是應合的應，即符合的意思。在這裡可以把帝王兩字分開，作應帝之王，即合於帝的王。在一般來說帝王連言，指的是君王。帝字單獨用，也是指君王，但帝字本身另有深意，如《說文解字》：「帝，諦也，王天下之號。」《書・堯典》傳疏：「帝者天之一名，所以名帝。帝者諦也。言天蕩然無心，忘于物我，公平通遠，舉事審諦。故謂之帝也。」這點可以證之於《老子》「象帝之先」（第四章）及《易經・說卦》：「帝出乎震」，都有天帝或創造主的意思。就拿本篇來說，「王」指明王，而「帝」卻寓託南海之帝，北海之帝，也較為深玄。總之把帝和王分開，而說應帝之王，乃是指明王之德可合於天帝。三是因應之應，如王夫之說：「應者物適至而我應之也，不自任以帝王，而獨全其天，以命物之化而使自治，則天下莫能出吾宗，而天下無不治。」總之分析以上三解，第一義作應當，就標題來說，似無深意。因本篇之主旨，無從凸顯。至於第二義和第三義可以融合，證之於本篇內容。本題可解為「因應無心乃帝王之德」，而本篇的主旨就在於無心之德。

本篇共分七段。第一段即開宗明義說明上古的帝王順任自然，不限於人治。第二段接著說明人治之患在君主以經典制度來規範人性，而失去自然的天性。第三段揭出治天下者，必須先超越天下。第四段強調明王之治在於無功無名。第五段是本篇的中心思想，是借神巫和壺子的故事，描寫修心的四個層次。最後的境界是由無心而和萬物渾同其心。這正點出了帝王之德的因應無心的真精神。第六段是本篇文意的結論，明白的指出如何用心的方法。第七段藉寓言託出無知無識的渾沌境界，也即帝王之心與萬物混同。

在前面，我們曾指出本篇好像在談政治之道，其實是在講修心之德。因此我們不能以政治之道來討論本篇。因為全篇並不涉及任何政治問題，我們如果以此來看本文，非但會失望，而且還會有錯誤的導向。所謂失望是我們在本篇中找不到任何具體的指示和方法去解決政治的問題，好像是文不對題，談了等於沒有談。所謂錯誤的導向，是我們用無治主義，或無政府主義來附會本篇。因為無治，無政府還是一種政術，而且無關於君主本身的德行。可是本篇卻是強調君主的德行。儘管這種德行在虛，在無心，但與無治和無政府的政術完全不同。本篇不談外在的治術，而不談並非就是無治、無政府。所以用外在的政術來看本篇，可能會誤導入另一錯誤的思路，這將失去了本篇的主旨。

❷ 這段由齧缺問王倪，四問四不知為開始，這四問在〈齊物論〉中已有詳細描寫。這裡只是強調「不知」兩字為本段，或本篇的切入點。「不知」不是真的不知，或無知，而是有更高境界，超越了這種知。「蒲衣子」，據《釋文》說是舜時人，《淮南子》說：「齧缺問道於被衣」，被衣也許即蒲衣子。總之這些都是傳說中的人物，無生平可考。「有虞氏」即虞舜。「泰氏」，《史記・封禪書》：「聞昔泰帝與神鼎」，《索隱》引孔文祥云「泰帝，太昊也」，總之泰氏為上古帝王。「有虞氏不及泰氏。有虞氏其猶藏仁以要人，亦得人矣，而未始出於非人。」所謂「藏仁以要人」，「藏」是「藏」之於己，「要」是要求別人。也就是以仁為標榜，來勉強別人行仁。「亦得人矣」，指雖然自己懷抱仁心，也能贏得別人親譽，能得人心。「未始出於非人」，這裡的「非人」，前人的解釋很多，如林希逸指「天」，宣穎、陳壽昌指「物」，王叔岷指「人性」，但連同後文的「入於非人」來解，都有顧此失彼，不甚貼切。按「非人」，就以最簡單的原字義來解，乃指批評人，也即人的相非。因為「藏仁以要人」，以仁為人，便不免用「仁」去批評別人。「未始出於非人」，即指仍然沒有超脫這種以仁為批評別人的是非之見。至於泰氏「其臥徐徐，其覺于于」，司馬彪《注》：「徐徐，安穩貌；于于，無所知貌。」「徐徐」

指寬緩，即無欲的樣子。「于于」，王叔岷：「于與盱聲近而義同，《說文》『盱，張目也』」，這與〈大宗師〉所謂「蘧然覺」相同，覺者形開。指開眼看萬物，無拘無束的樣子。「一以己為馬，一以己為牛。」是指對萬物沒有分別心，不以為人高於萬物，不以自己為異於萬物，所以把自己當作馬，當作牛也好。「其知情信，其德甚真。」這裡點出一個知字，與前文的「不知」成一對照。在不知「同是」、「不知」、「物無知」、「利害」（〈齊物論〉中的四問）之後，才不為觀念是非之知所拘限。此處的「知」乃是由不知而達無知之境的真知。「情」是實情，「信」是不疑，即了解宇宙大化的實情，而不疑萬物的變化有所不妥。投身其中，任順變化。「其德甚真」即指德性一片純真，毫無人為做作。「而未始入於非人」，這裡的「非人」與前文的「非人」一致，都是指人我分別的是非之見。也就是說他不會落於是己非人，或以仁為標榜去批判別人的境地。

❸ 這段話藉肩吾與狂接輿的談話，來繼續檢討前段「藏仁以要人」的治道。肩吾與狂接輿在〈逍遙遊〉中都已提及。日中始是一位偏於儒家治道的賢者，生平不詳。「君人者，以己出經式義度，人孰敢不聽而化諸。」這幾句話就是「藏仁以要人」的具體說明。「藏仁」是藏仁以心。但把這個仁推之於政治，便是經式義度。「經式」，是以經為式，即以經為法式。「經」是正，是常，即指禮法等典範。「義度」，是以義為度，即以義理去度量別人。也就是以道德標準去評判是非。「義」字，王念孫以為當讀為「儀」，即指儀法。但這樣「義度」與「經式」完全相同，而無特殊意義。其實「義」以原義來解，本很貼切。《老子》便說：「上義為之而有以為」，王弼《注》說：「愛不能兼，則有抑抗正真，而義理之者，忿枉祐直，助彼攻此，

物事而有以心為矣」，這正是以自己所知之義理為直，而去矯正別人。再看《孟子》以「仁，人之安宅也；義，人之正路也」（〈離婁上〉），也就是以義為路去規範別人。「人孰敢不聽而化諸」，這句話顯然是肩吾有意言重了。真正儒家的原意也是要使人心悅誠服，而躬行仁義道德。「人孰敢不聽」，好像人們把仁義道德當作可怕的法律，這也許是後代禮制僵化後的流弊，而不是儒家的原意。「化諸」的化是指教化，而非莊子的大化。「接輿曰：是欺德也，其於治天下也，猶涉海鑿河，而使蚉負山也。」在《莊子．德充符》中講的德是「德不形」的德，也即內在的德性，而不形諸於外。在〈人間世〉末段所謂的「臨人以德」，即是形諸於外的德。而此處「以己出經式義度」，乃是指形諸於外的德變成了禮制與道德規範從外面去約束人們。於是大家都以這些外在的規式約束別人，批評別人，正如《老子》所謂「失義而後禮，禮者，忠信之薄而亂之首也」（第三十八章），即是徒有德名，而無其實，也就是說大家以德相欺相騙。以這樣的方法來治天下，當然是不可能的。「夫聖人之治也，治外乎？正而後行，確乎能其事者而已矣！」「治外乎」即是針對前面的「藏仁以要人」，「以己出經式義度」來說的，是指這些都是從外面來攝服人心，這與用法律來鎮壓並沒有什麼不同。「正而後行」，正是正自己。像「存諸己」（〈人間世〉）、「幸能正生，以正眾生」（〈德充符〉）、「與乎止我德也」（〈大宗師〉），都是著重在自己內在德性之正。而「正而後行」的行，也是自然的行，即由內向外的流出。「確乎能其事者而已矣」，「確乎」，對照前面的「欺德」的欺，是指確確切切的意思，是對事物真真實實而說的。「能其事」有二義，一是指聖人之治，是從他本然的德性中流出，做他自己該做的事，而並沒有預設好如何去治世。另一是指順事物之本然，使萬事萬物都能各自盡其本身才能，所謂各適其性。「且鳥高飛以避矰弋之害，鼷鼠深穴乎神丘之下以避熏鑿之患，而曾二蟲之無知！」陳壽昌《注》：「結繳於矢，以弋飛鳥，謂之『矰弋』。」即縛絲於箭以射鳥的工具。又陳壽昌注：「鼷鼠，小鼠。神邱，社壇。」即小鼠鑿穴於神社的祭壇下，以逃避獵人們以煙來薰捉牠們。這兩種無知的小生物懂得避患，這是牠們的本能使然。難道人民比這兩種小生物還無知嗎？他們當然也知道如何避患。如果君主用這一套外在的禮法加在他們身上，就像是矰弋薰鑿一樣，他們也會逃之夭夭的。

❹ 這一段是藉天根和無名人的對話來進一步托出聖王的心境。天根和無名人顯然都是莊子筆下寓託的人物。天根取名雖然偉大，但說個「根」字仍然是「有」，不如無名人之「無」，這也是莊子的寓意。殷陽是山名，蓼水是水名，這也是寓意寄託於山水之間。在無名人正逍遙遊於自然大化之中，而天根卻問：「請問為天下？」這當然是煞風景的事，所以無名人說他是俗人，「何問之不豫也」，《釋文》：「簡文云，豫，悅也。」俞樾根據《爾雅・釋詁》：「豫，厭也」，以為憚煩的意思。按《易經》有〈豫卦〉，是豫悅的意思。而《老子》第十五章「豫焉若冬涉川」，豫字有小心的意思。總歸來說是問得不是時候。接著是無名人的兩段回答：

「予方將與造物者為人，厭，則又乘夫莽眇之鳥，以出六極之外，而遊無何有之鄉，以處壙埌之野。汝又何帠以治天下感予之心為？」「與造物者為人」一語曾見於〈大宗師〉，藉子桑戶等三人遊方之外，而把造物主拉下來一起同遊。但造物主並不是一個神，也不是獨立存在的一個客體。造物主就是大化本身。說得更具體一點，所有的萬物都是造物主，因為它們都是大化中的各個主體。所以與造物主為人者，也就是把萬物看作人一樣的交遊，而沒有人與物的差別之相。「厭」，指倦。因為與造化萬物相遊，畢竟是形體相化，所以有疲倦的時候。因此接著他要「乘夫莽眇之鳥」，莽是無限，眇是輕虛，鳥是譬喻，即指乘無限輕虛的氣息。「六極」指四方加上下，即指宇宙。「無何有之鄉」，指無的境界。「壙埌」即廣漠無邊。也就是說在形體之遊倦了的時候，就遊心無有的境界。「汝又何帠以治天下感予之心為？」《釋文》：「帠，徐音藝」，孫詒讓說「帠字字書所無，疑當作叚」，陳壽昌：「何帠，猶何故也。」即是指天根何故以這種治天下的瑣事來煩擾無名人的逍遙之遊。

「汝遊心於淡，合氣於漠，順物自然而無容私焉，而天下治矣。」「淡」是恬淡，是指心的無欲。「漠」是廣漠，是指精神與大化的氣息相通。「無容私」，是指不容有私心，即沒有自我的意思。然而這與天下治又有什麼關係呢？其實這裡的「天下治」與前面天根問的「為天下」完全不同。所謂「為天下」，就是前段所說「以己出經式義度」，以自己的觀念去統治天下。如《老子》所說：「將欲取天下而為之，吾見其不得已。天下神器，不可為也。為者敗之，執者失之。」（第二十九章）這是有意而為，反而破壞了萬物的自化，所以《老子》又說：「我無為而民自化」（第五十七章）。至於此處說「天下治」，是天下的自治，也就是自化。說得直截一點，即是不治天下而天下治。當然這段話不能當作具體的政治來看，但卻觸及了政治背後的根本問題，就是為治者的欲望和私心。這個根本的問題如果不能化解，所有的政治都是一直在忙著治天下，而無法真正的達到天下治。

❺ 這段藉陽子居和老聃的討論，說明聖王之治的不用智。陽子居，成玄英《疏》：「姓陽

名朱，字子居」，即楊朱。他提出「嚮疾強梁，物徹疏明，學道不勧。如是者，可比明王乎？」「嚮疾」指思想的反應敏捷。「強梁」指處事的勇敢果斷。「物徹」，指對外物的了解透徹，「疏明」指對事理的分析明白。像這樣的君主稱得上是聰明睿智的了，在一般來講，當然是明王了，可是老子卻說：「是於聖人也，胥易技係，勞形怵心者也。且也虎豹之文來田，猨狙之便執斄之狗來藉。如是者，可比明王乎？」「胥易」，古來注解很多，總嫌費解。不如就簡易處來看，「胥」也作胥吏、胥役，可解為役心之事，「易」是指為事所遷易。這是說他雖然「嚮疾強梁」，反應敏捷，可是為事所役，則反應跟著事轉，使心為事役。「技係」指為他的技藝技巧所拘係。這是說他雖然「物徹疏明」，能分析事理，可是正因為他有這種能力，卻自恃這種能力，反而成為一種用知過度的毛病。正如王弼在《老子》第四十九章注中說：「甚矣，害之大也，莫大於用其明矣，在智則人與之訟，在力則人與之爭。」所以說用自己的聰明才能，結果是「勞形怵心」。「勞」是勞累，「怵」是憂慮。這是說使他的形體為俗事所勞累，使他的心思為應變而憂慮。「虎豹之文來田，猨狙之便執斄之狗來藉」，「文」是虎豹身上的花紋，「來田」是招引別人來畋獵。「猨狙之便」指猨猴的身手便捷，「執斄」是指抓狐狸。「來藉」指招引別人來拴縛。這都是由於強調自己的技能反而引來了麻煩。聽了這番話後，陽子居便問什麼是真正的明王之治，老聃回答：「明王之治，功蓋天下而似不自己，化貸萬物而民弗恃；有莫舉名，使物自喜；立乎不測，而遊於無有者也。」「功蓋天下」是指真正有功德於天下，「似不自己」，指好像不是自己所為的。這正是《老子》所謂：「功成而弗居」（第二章）、「功遂身退」（第九章）的意思。「化貸萬物」的貸即《老子》「夫惟道善貸且成」的意思，也就是指化生萬物好像把生命無窮的貸給萬物，讓萬物自化。「民弗恃」，恃是依靠，好像是萬物自生自化，而不依靠別人的施貸。「有莫舉名」，是指前面所說，雖然有功能貸，卻不以為自己所有，而自舉其名。「使物自喜」，是指使萬物都以為是自己如此的，並沒有外力的影響，所以它們都能自由自在，而自得其樂。「立乎不測」，「測」，朱桂曜：「測當訓盡」，指自己立足於無窮盡的境界。但「不測」也可解作玄妙不可測，如《易經・繫辭》：「陰陽不測之謂神」，指陰陽變化之玄妙不可測。這個「不測」事實上是指神妙的境界，如陳壽昌《注》「所存者神」，也即〈逍遙遊〉中的「神凝」、〈養生主〉的養神，也就是純粹至神，不受物擾。「遊於無有者也」即遊心於無有的境界。「無有」即是「無」其所「有」。但這個「無有」並不是指外界萬物的沒有。如果外界萬物一無所有，又有什麼好遊。遊心於無有，是指心中的無其所有，也就是一無所執，一無所滯，像庖丁解牛一樣，把心中那些欲望執著都迎刃而解，此心虛曠，才能自由自在的逍遙而遊。

❻ 以下一大段是借季咸和壺子看相的故事來描寫如何修心用心。這一節寫列子介紹季咸給壺子。「神巫」，指有神通的巫士。「季咸」，巫士名，生平不詳。「期以歲月旬日，若神」，指他能說出被看相者的生死存亡、禍福壽夭的日期，甚至那一月，那一日。「若神」是似有神通。「鄭人見之，皆棄而走」，因沒有人願意聽到自己死亡或災禍的日期。「始吾以夫子之道為至矣，則又有至焉者矣。」列子求道於壺子。按壺子又作「壺丘子」（《列子・黃帝》）、「壺丘子林」（《列子・仲尼》）。又《高士傳》：「壺丘子林者，鄭人也。道德甚優，列禦寇師事之。」列禦寇即列子，可見列子師事壺子這是眾書所同的，也許是事實。唯列子在《莊子》書中是

以技藝術數見長的，而他的老師壺子除了技術之外，「道德甚優」，卻是值得注意的。因為這句話裡，列子以季咸之道為高，可見列子是以神通為道，所以壺子說：「吾與汝既其文，未既其實，而固得道與？眾雌而無雄，而又奚卵焉！」「既」，《釋文》：「李云：既，盡也。」王先謙：「列子『既其文』，作『無其文』」，錢穆引武延緒：「既疑[illegible]字譌。」各義相較，以「盡」較合文意。因為此處「文」是指文彩，是道之華。「實」是指實質，是道之體。如《老子》所說：「前識者，道之華。而愚之始。是以大丈夫處其厚，不居其薄。處其實，不居其華。」（第三十八章）所謂「文」，乃是指道的表現的一面。「實」是指道的真實存在。壺子雖然說他和列子只談及道的文，但實際上是指列子只知道的表面，而不知真正的道，所以說「而固得道與」？「固」是固執，指執此以為得道嗎？「眾雌而無雄，而又奚卵焉！」「雌」是喻「文」，所以指「眾雌」，因為文的表現是多樣的，就如語言文字上談道，當然是層次不同，歧義別出，而實質的道只有一個，所以只說一個「雄」字。按這個譬喻並不一定是指文和質一樣重要，就如雌和雄相合才能生物。這句話只是一個譬喻，只是強調「實」的重要而已。「而以道與世亢，必信，夫故使人得而相汝。」「亢」，《釋文》：「抗，或作亢」，是指以道來與世人相抗，也即是說以道來和別人相比相爭，這已經是落入了道之文，而不是道之實。「必信」，是為了使人必信自己的道。「夫故使人得而相汝」，「故」，是原故，即「因而」。因為心中有一念想別人相信你，所以別人便可以藉此而看透你。

❼ 這是第一次列子帶季咸去見壺子。季咸以為壺子不出十數天就會死亡，因為他在壺子的臉上看到「溼灰」的兆象。灰是死灰，已是沒有生機了，再加以用水使沾溼，使死灰不起，

當然了無生趣了。當列子把季咸的話告訴了壺子的時候，壺子卻說：「鄉吾示之以地文，萌乎不震不正。是殆見吾杜德機也。」「鄉」，《釋文》：「鄉，本作嚮，亦作向」，即剛才的意思。「地文」，指地的文彩，也就是說表現得如大地一樣。「萌乎不震不正」，這句話前人的注都有改字求解，如郭慶藩《集釋》引俞樾說：「《列子・黃帝》作『罪乎不誫不止』，當從之。罪讀為⿱山非，《說文・山部》作⿱山辠，云『山貌』是也。」《列子》是後出之書，以後出之書改前出之書，有點本末倒置，尤其改字太多，難免臆解，其實原文意義比所改之文較為清楚，不知注解家為何多此一舉，製造紛亂。「萌」是生，或出的意思，這正是指地之文。因為地的作用就是生，是出。可是此處之「地文」卻生於出於「不震不正」。「震」原字比誫為好，因《易經》本有「震」卦，就是講震動的，所以「不震」就是不動。再把「正」解作「止」也並不高明，因「不動」即止。既說「不動」，又說「不止」，當然費解，因此只有把「不止」解作「不求止」。既然「不止」可以解作「不求止」，那末「不正」也可解作「不求正」，如陳壽昌注：「正，音征，猶《詩》：『噲噲其正』之正。不正，不向明也。」這是釋正為「向明」。也即釋「不震不正」為「不動不明」。這比「不動不止」較為妥貼。不過再就「正」字本身的字義來說有正道、正色的意義，也就是不露一點「正」的形色，這與前面「以道與世亢，必信」相呼應。同時也承接了下面一句：「是殆見吾杜德機也」，因為「正」乃是扣緊了下面的「德」來說的。「杜」是杜絕，封閉之意。「機」，在《莊子》書中是指萬物變化的原質，如〈至樂〉：「人又反入於機。萬物皆出於機，皆入於機。」而此段下文所言「機發於踵」、「衡氣機」，可見這個「機」指的是氣機。那麼什麼是「德機」呢？「德」，〈大宗師〉上說：「德者成和之修也」，也即陰陽相合而生萬物。《易經・繫辭傳》也說：「天地之大德曰生」，所以此處的「德」字與「生」、與「和」、與「氣」、與陰陽都相關。一起把它們串連起來，就是陰陽相和而生的氣機。現在壺子的「杜德機」，就是杜絕了這種生機。也就是使陰陽無法相和而生。因為「地文」的偏於陰，而無陽，乃一片靜寂，當然是「不震不正」，當然是毫無生意。

❽ 第二次，列子又請季咸來見壺子。這次季咸卻說：「有瘳矣，全然有生矣！吾見其杜權矣。」「瘳」即病癒。「全然」，有認為全與痊為正俗字，全即痊（王叔岷《莊子校銓》），但全作完全解，語意本通。「生」即生機。「吾見其杜權矣」，這句話是季咸說的，是指看到壺子的「杜權」，這與前壺子自謂的「是殆見吾杜德機也」正好相對，所以郭象注說：「權，機也。今乃自覺昨日之所見。」這是指季咸自言昨日看到壺子是封閉了生機，言下之意，也就是這次發現他的生機自現，只是前次有意封閉而已。又陳壽昌：「於杜閉之中，覺有權變，所以決其有瘳矣」，是指這次看到雖然是杜閉，但其中有變動，隱隱間有生機出現。接著壺子解釋說：「鄉吾示之以天壤，名實不入，而機發於踵。是殆見吾善者機也。」「天壤」之壤，前人注都作天地之地（見王叔岷《莊子校銓》），這樣，把天壤作天地，只能講到天地之相合，而寫不出「壤」字的生意。因為「壤」是土壤，有生物的特性，這與前面靜寂的「地文」卻是一個對比。至於說「天壤」，是指天機入於土壤，就像《易經》中的乾的純陽之氣潛入坤地中，觸動了地中含藏的陰氣，而陰陽相和，生機發露。所謂「名實不入，而機發於踵」，「名實」是指外在的一切名相和物質，「不入」雖指外在的名相物質不能進入心中，事實是心中沒有雜念，也就是一片純淨。「機發於踵」，這時生機的氣息從腳跟發生。即〈大宗師〉所謂「真人

之息以踵」。「是殆見吾善者機也」，陳壽昌《注》說：「善，即大易繼善之善，甫離陰陽，而為人之性始者，是自無之有之一機也。」這段注解是根據《易經・繫辭傳》：「一陰一陽之謂道，繼之者善也，成之者性也。」（〈上傳〉第五章）可見這個善是繼陰陽之和而來，是生機發動之始。但這個「善者機」還在我們的成性之前，所以不是相對的善惡的善。善惡的善是「名實」。這時，是名實之前的絕對至善的境界。季咸看到了這境界，才認為是「全然有生矣」。

❾ 第三次列子又帶季咸來見壺子，這次季咸卻說：「子之先生不齊，吾無得而相焉。」「不齊」，指參差不齊，也就是說動靜不定，所以無法看相。壺子回答：「吾鄉示之以太沖莫勝。是殆見吾衡氣機也。」「太沖莫勝」，成玄英《疏》：「沖虛也。莫，無也。」「勝」字據俞樾解：「勝當讀為朕，勝本從朕聲，故得通用。」這指太虛之氣沒有一點朕兆，當然解得通，可是這與前面「地文」的靜寂也沒有一點動態，又有什麼差別呢？可見「莫勝」還不只是無兆而已。郭象《注》：「居太沖之極，浩然泊心，而玄同萬方，故勝負莫得厝其間也。」這也就是說像太虛之氣，一片沖和，沒有一點誰強誰弱，誰勝誰負的差別觀念。這個有差別的「勝」字，在〈大宗師〉上本有根源，如：「天與人不相勝也。」所以「莫勝」也即是指對外物沒有差別觀念。因為前面「善者機」發動以後，這一念至善到了現實生活中，便會產生善惡的相對觀念，也就產生了勝負的差別心態。因此這次壺子的所示，就是用太虛沖和之氣去沖淡了這種相對觀念。他說：「是殆見吾衡氣機也。」「衡」是平衡。這是指壺子所示的乃是一種太虛的平和之氣，不是純然的動，也不是絕對的靜，是一種動靜不可分的境界，所以

季咸無法看他的相。接著壺子為了說明這種「衡氣機」，而提出下面一段譬喻：「鯢桓之審為淵，止水之審為淵，流水之審為淵。淵有九名，此處三焉。」成玄英《疏》：「鯢桓以方衡氣，止水以譬地文，流水以喻天壤。淵有九名者，謂鯢桓、止水、流水、氿水、濫水、沃水、雍水、文水、肥水，故謂之九。並出《列子》，彼文具載，此略敘有此三焉也。」「止水」、「流水」是喻前面「地文」、「天壤」兩種境界，文義清楚。此處「鯢桓之審為淵」喻「衡氣機」。「鯢」是鯨魚之類，「桓」是盤桓，即盤旋。「審」，司馬彪《注》：「審當為瀋，瀋，聚也。」奚侗注：「審為瀋，沈之叚字。沈正作湛。《說文》：『湛，沒也。』引申之則有深意。」這是指鯨魚盤旋的深水中。由於是鯨魚所處的淵，水必大，淵必深，就像大海一樣，外面來看，好像平靜，但其中有鯨魚盤旋，又是動，所以是動靜混然一體的。

⑩ 第四次，列子又帶季咸見壺子，這次季咸還沒有站定，好像有所失的，便逃走了，列子追也追不到。壺子告訴列子說：「鄉吾示之以未始出吾宗。吾與之虛而委蛇，不知其誰何，因以為弟靡，因以為波隨，故逃也。」「未始」即未曾。「出吾宗」的「宗」，即〈德充符〉：「審乎無假，而不與物遷，命物之化，而守其宗也。」即吾的主體，也即真我，所以「出吾宗」，就是說離開真我。陳壽昌注：「宗，本性也，性真藏有於無，故曰未始出也。」解「宗」為本性，甚是，但「藏有於無」卻只說出了靜的一面，而未能把握動的一面。所謂「未始出吾宗」，乃是指無論如何動念，都不離真我。「吾與之虛而委蛇」，「委蛇」，即委移。「委」是曲就，「蛇」是宛轉。「委蛇」就是順著外境外物而變化的意思。這裡的「虛」是指沒有己意。唯其能「虛」，才使「真我」隨順對方的動念施為。這時候使得對方非但不能以季咸的主體來

看壺子的客體。相反的壺子的主體卻與季咸的主體相融。「不知其誰何」，即是說季咸不知道誰是誰，不知道壺子是壺子，或壺子是季咸，也不知季咸是季咸，或季咸是壺子。所以季咸要看壺子的相，卻看到了自己，又把自己看成壺子，而失去了自己。「因以為弟靡，因以為波隨」，「弟靡」，《釋文》：「弟，徐音頹。弟靡，不窮之貌。」郭象《注》：「變化頹靡，世事波流，無往而不因也。」按「弟靡」之靡，即〈齊物論〉「與物相刃相靡」之靡。「弟」有順的意思，也就是順著外物的相靡。因為萬物的變化有生有死，有興有衰，也就是有高潮有低潮。「靡」就是低潮。「弟靡」就是低潮時，順著它為低潮。接著「波隨」，正是波起潮高，也就是高潮時，順著它為高潮。這比喻用之於季咸身上，就是當季咸心念退時，跟他退；心念進時，跟他進。這樣一來，壺子的心念和季咸的心念一致，使得季咸不知那是自己的心念，還是壺子的心念，就像影跟形競走一樣，季咸想看壺子的相，卻看到了自己，想走，而自己又跟著自己走，於是便嚇得落荒而逃了。

這段故事在禪宗文獻裡有一個相似的公案：

「時有西天大耳三藏到京，云得他心慧眼，帝敕令與國師（慧忠）試驗，三藏才見師，便禮拜立於右邊，師問曰：『汝得他心通耶？』對曰：『不敢。』師曰：『汝道老僧即今在什麼處？』曰：『和尚是一國之師，何得卻去西川看競渡？』師再問：『汝道老僧即今在什麼處？』曰：『和尚是一國之師，何得在天津橋上看弄猢猻？』師第三問，語亦同前。三藏良久，罔知去處。師叱曰：『這野狐精，他心通在什麼處。』三藏無對。」（《景德傳燈錄》）

在這段公案裡，並沒有說明慧忠第三次把自己藏在那裡。《傳燈錄》中對這段公案有二段按語：

「僧問仰山曰：『長耳三藏第三度為什麼不見國師？』仰山曰：『前兩度是涉境心，後入自受用三昧，所以不見。』」

「僧問趙州曰：『長耳三藏第三度不見國師，未審國師在什麼處？』趙州云：『在三藏鼻孔裡。』僧問玄沙：『既在鼻孔裡，為什麼不見？』玄沙云：『只為太近。』」

在這兩段按語裡，仰山的回答是指慧忠不把自己藏在任何外面的地方，所以三藏找不到。趙州和玄沙的意思是，慧忠把自己藏在三藏的鼻孔裡，三藏不知自反，只一味向外找，當然找不到。這段公案和按語之和壺子第四次表現有異曲同工之妙，是因為「未始出吾宗」，相當於「自受用三昧」。「與之虛而委蛇，不知其誰何，因以為弟靡，因以為波隨」相當於「在三藏鼻孔裡」，「只為太近」。這也就是說壺子以他的真我和季咸的自我相融，使季咸分不清是誰。

把壺子的第四個層次和莊子思想境界相比，即是使真我與萬物同化，也就是〈齊物論〉中的「天地與我並生，而萬物與我為一」的境界。壺子不異季咸，這也即是〈應帝王〉的因應無心，與萬物同化的主旨。

⓫ 在壺子四示後，接著列子如有所悟，重新修道。「列子自以為未始學而歸」，這是指他悟以前所學都是道的名相，而不是真參實證。「三年不出。為其妻爨，食豕如食人」，「為其妻爨」是指他替妻子掌廚，意思是忘男女之別。「食豕如食人」，「食」是飼養，指餵豬如餵人，是指無人與畜的不同。「於事無與親，雕琢復朴」，「事」是世事、人事。「無與親」，有二義，一是指不親世事，也就是不熱中於世俗的事務。一是指於事無親疏，也就是說對任何事務沒有分

別心。「雕琢」有二義，一是當名詞用，指人為的修飾，一是當動詞用，作修飾，也就是修養，「復朴」，是回復純樸，合起來，就是由人為修飾而返於自然的純樸。「塊然獨以其形立」，「塊然」是譬喻像自然之大塊，混然一體。「以其形立」，譬喻只有身形獨立，而沒有意識情態。「紛而封戎」，《釋文》：「紛而，崔云：『亂貌。』哉，崔本作戎，云『封戎，散亂也』。」郭慶藩《莊子集釋》引李楨作「紛而封哉」，章太炎以為仍作「紛而封戎」較佳。按「紛」字正對前文之「塊然」，如果前面的「塊然」，是因自然之大塊而寓意。那麼自然有靜如大塊，而也有動如大化，所以這個「紛」並不一定是亂，而是指萬物的紛紛紜紜。以萬物的紛紜來喻自身，便是指念頭的發動，所以「紛」也指動念時。「封戎」，「封」是指封閉。「戎」，本是指兵戎，而「戎」字有爭競，好鬥之意，這與前文「莫勝」之勝字相對照，所以「封戎」相等於「莫勝」。即沒有一點爭競之心，好勝之意，也就是萬物變動，而順其變動。「一以是終」，陳壽昌《注》：「得其一，萬事畢」，王叔岷《注》：「案《列子注》引向《注》：『遂得道也』，一猶皆也，總也。是猶正道也。」這些都把「一以是終」，看作列子得道的意思。其實列子在《莊子》書中並不是代表很高的境界，如〈逍遙遊〉：「夫列子御風而行，泠然善也，旬有五日而後反。彼於致福者，未數數然也。此雖免乎行，猶有所待者也。」即是指列子的工夫還有所待，還不夠究竟。這裡的「一以是終」，即是指他以後完全以前面的方法終其一生。這裡面有褒意，有貶味，還須斟酌。

⑫ 這段內容似為本文的結論，只有理論，而無故事。「無為名尸，無為謀府；無為事任，無為知主。」這裡的四個「無」字，寫出了如何處世處事的原則。「尸」是主的意思，《爾雅・

釋詁》：「尸，主也。」本是古代祭祀時，有人坐在神位，以代表神靈，這叫做尸位。其實就是傀儡的意思，這裡就是不要為名所主，也就是做名的傀儡。「謀府」，即謀略的府庫。也就是整天在勾心鬥角，策劃計謀，如〈齊物論〉所謂：「與接為構，日以心鬥。」「事任」，指為事所任。「任」是責任。本來責任是好的意思，尤其儒家強調「任重而道遠」。道家並非要人不負責任，而他們所謂的「責任」之所以有負面的意思，乃是因為「無事而生事」，而自以為是，或野心太多，自己製造了不該負的責任。所以這裡的「事任」，乃是指無端生事，而為這些事所拘束。「知主」，指為知所主。「知」，即聰明才知。這在一般來說，當然是好的，可是道家之治卻是要無知，即不以自己為有知，如《老子》「絕聖棄智，民利百倍」（第十九章）。這裡的「知主」，就是為自己的才知所主使的意思。「體盡無窮，而遊無朕；盡其所受乎天，而無見得，亦虛而已。」這裡的三個「無」字，是扣緊自然大化，來說明「虛」的道理。「體盡無窮」的「體」字，憨山、陳壽昌等注都把它當作體悟，意義雖無不可，但把它當作身體的體，也合《莊子》形體與自然共化的旨趣。這個「盡」字，王叔岷《莊子校銓》以為「案『體盡無窮』，既曰盡，又曰：『無窮』，義頗難通」，其實，「盡」作動詞，是「盡於」的意思。「盡無窮」即盡極於無窮，也即以無窮為它的究竟。如果我們再以莊子整個思想的旨趣來看，「體盡」還可以解作形體的結束，這是所謂的形化。但形體的結束雖然就此形軀來說只有數十年，但在自然大化中，形體卻可以變化無窮，所以「形化」又可以解作形隨大化而化。所以體雖盡卻盡於無窮之化而又無所謂盡。「而遊無朕」，是指遊心於無朕。「朕」是朕兆，也是跡象。因為「體盡無窮」，我們既不執著於這一段生死的形體，當然也不會泥滯於萬物萬事的各種差別現象，所以此心便能暢遊於無任何物質朕象的精神境界。「盡其所受乎天，而無見得，亦虛而已」，這裡的「盡」字與前文「體盡無窮」的「盡」字是息息相關，並非如王叔岷《莊子校銓》所謂「盡字疑涉下文『盡其所受乎天』而衍」。由於我們的形體能「盡無窮」，才能「盡其所受乎天」，也就是說能完全盡到自然賦予的一切，譬如〈大宗師〉所謂，「大塊載我以形」，我就好好地拖載這個形體；「勞我以生」，我就善盡其生，而不以為苦；「佚我以老」，我就高高興興的享受安佚，不厭自己的老；「息我以死」，我就坦然的接受活到的天年，而不更貪生畏死。「而無見得」，就是不去求得，而一任其自然。「亦虛而已」，這個「虛」不是大化的虛，不是萬物的虛，而是體順大化，心遊萬物，自由自在，毫無障礙。這個「虛」就是指對內無執，對外無礙的境界。「至人之用心若鏡」，本篇講「帝王」，而前文幾段又多涉「聖人」、「明王」，因此有的注家以為此處至人應改為聖人，或以為「聖人猶至人」（王叔岷《莊子校銓》），其實聖人和至人是兩個層次，在《莊子》書中，內七篇雖也讚美聖人，但外、雜篇卻貶抑聖人。即就內七篇來說，至人、真人、神人都是最高的境界，而聖人仍屬稍低層次。尤其談到聖人多指聖王，而涉及治道。因此本篇前幾段多談治道，所以多指聖王而言。此處專就內心修養和順化的工夫，所以很自然的以至人為喻。〈應帝王〉雖借託於帝王的治天下，但帝王因應無心的工夫，卻以至人為最高的境界。「用心若鏡」，就是用心像鏡子的無自體，所以用心就是用無。「不將不迎」，取譬於鏡子，自體不動，而能照物不窮。對於外物的來往，「不將」即不送其去，「不迎」即不求其來。一任萬物的自來自往。「應而不藏」，「應」是應物，即如鏡子的照物，「藏」是藏為私有，即如鏡子的不留影於內。這種作用就是一個「虛」

字。「故能勝物而不傷」，「勝物」的勝字與「天人不相勝」（〈大宗師〉），及「太沖莫勝」的勝字相似，是指超越的意思。「勝物」就是超越於物，即是不執著於外物，不為物遷，不為物累。而不是戰敗物、控制物的意思，所以接著「勝物」而說「不傷」。「不傷」，陸長庚、陳壽昌都注為：「不傷本體。」是指不傷自體，也即不勞傷自性。但這個「不傷」，也可解作不傷物體。如《老子》「大制不割」（第二十八章），即不割傷萬物的意思。合而言之，「不傷」可作不自傷，也不傷物的兩種意思。如《老子》所謂：「以道莅天下，其鬼不神。非其鬼不神，其神不傷人。非其神不傷人，聖人亦不傷人。夫兩不相傷，故德交歸焉。」（第六十章）同樣人與萬物兩不傷，自能同遊而共化。這是「交歸」之德，也正是帝王之德。

⑬ 最後這段話藉渾沌的寓言，來表達混然一體的境界。「南海之帝為儵，北海之帝為忽，中央之帝為渾沌。」儵，《廣雅・釋詁》：「疾也。」忽，也指快速。南海，北海，都是指變幻快速的知的性能。「中央」指陸地，「渾」是混而為一（《老子》第十四章）的意思，「沌」是沒有分別的意思（《老子》第二十章王弼注）。這正是取象於地的大塊而沒有分別心。「儵與忽時相與遇於渾沌之地，渾沌待之甚善，儵與忽謀報渾沌之德」，儵忽遇於渾沌之地，象徵陰陽相合。渾沌待之甚善，寓意「善者機也」。儵忽謀報渾沌之德，即生生之德。「人皆有七竅以視聽食息，此獨無有，嘗試鑿之。」七竅，即二眼、二耳、一口、二鼻孔，代表了眼的視，耳的聽，口的食，鼻的呼息的官能。這些官能的作用在意識分別，本來，這些官能用得當，眼能看物，耳能聽聲，口能進食，鼻能吸氣，可以維護我們的生命。可是由於貪欲，這些官能卻助長了無厭的欲求，眼貪色，耳喜聲，口嗜吃，鼻聞香，求之過度，則使我們的精神向

外漏失。渾沌沒有七竅，表示他精神自足，不向外求。「日鑿一竅，七日而渾沌死。」七竅一開，精神便向外流失，渾沌的境界便破滅了。就本篇主旨「應帝王」來說，首段以上古帝王為喻，末尾以南海之帝、北海之帝，及中央之帝為喻，可見前後對應，旨趣一致。那末「渾沌」就是因應無心、為帝王之德的境界。在這段譬喻裡，「渾沌」是相對於七竅的意識來說，但這只是寓言。我們為人早已被鑿了七竅，我們沒有可能還原到沒有七竅的狀態，那時「渾沌」復活，人卻死了，所以我們不能沒有七竅。本篇真正的意思是如何慎用七竅，而不要為七竅所役。一個「無」字、一個「虛」字便是本篇的鑰匙。能用「無」、致「虛」，我們才能「沌沌兮」，與萬物渾然一體。

國家圖書館出版品預行編目資料

新譯莊子內篇解義／吳怡著.－－三版一刷.－－臺北市：三民，2024
面； 公分.－－(古籍今注新譯叢書)

ISBN 978-957-14-7735-0（平裝）
1.莊子 2.注釋

121.331　　112021108

古籍今注新譯叢書
新譯莊子內篇解義

著作人｜吳怡
發行人｜劉振強
出版者｜三民書局股份有限公司
地址｜臺北市復興北路386號(復北門市)
臺北市重慶南路一段61號(重南門市)
電話｜(02)25006600
網址｜三民網路書店 https://www.sanmin.com.tw

出版日期｜初版一刷 2000年4月
二版七刷 2021年8月
三版一刷 2024年1月
書籍編號｜S031760
ISBN｜978-957-14-7735-0

三民書局

參考書目

莊子注　郭象、向秀
經典釋文莊子音義　陸德明
莊子疏　成玄英
莊子口義　林希逸
莊子翼　焦竑
莊子內篇注　釋德清
莊子因　林雲銘
莊子解　王夫之
南華經解　宣穎
莊子雜志　王念孫
莊子平議　俞樾
南華真經正義　陳壽昌
莊子集釋　郭慶藩
莊子集解　王先謙
莊子解故　章炳麟
莊子補注　奚侗
莊子內篇注　曹受坤
莊子哲學　蔣錫昌
莊子校銓　王叔岷
莊子學案　郎擎霄
白話莊子讀本　葉玉麟
莊子新釋　張默生
莊子纂箋　錢穆
新譯莊子讀本　黃錦鋐
莊子今註今譯　陳鼓應
逍遙的莊子　吳怡
禪與老莊　吳怡